“十二五”国家重点图书出版规划

ECONOMICS

行为和实验经济学经典译丛

经济学和心理学

一个有前景的新兴跨学科领域

布伦诺·S·弗雷（Bruno S. Frey）
阿洛伊斯·斯塔特勒（Alois Stutzer） 主编

单爽爽 张之峰 王淑玲 等译

ECONOMICS AND PSYCHOLOGY

A Promising New Cross-Disciplinary Field

中国人民大学出版社
·北京·

行为和实验经济学经典译丛

总 序

经济学作为一门经世致用之学，从其诞生之日起，就与复杂的社会经济现实发生着持续的碰撞与融合，并不断实现着自我的内省与创新。尤其在进入 20 世纪后，经济学前期一百多年的发展，使得它此时已逐步具备了较为完整的逻辑体系和精湛的分析方法——一座宏伟而不失精妙的新古典经济学大厦灿然呈现于世人面前。这座美轮美奂的大厦，巧妙地构筑于经济理性与均衡分析两块假定基石之上，而经济学有赖于此，也正式步入了规范化的研究轨道，从而开创了它对现实世界进行解释与预测的新时代。

然而近几十年来，随着人类经济活动的日趋复杂与多样化，对经济世界认识的深化自然亦伴随其中，以新古典理论为核心的主流经济学正受到来自现实经济世界的各种冲击与挑战，并在对许多经济现象的分析上丧失了传统优势。这些“异象”的存在构成了对主流经济理论进行质疑的最初“标靶”。正是在这样的背景下，行为经济学应运而生，这也许是过去二十年内经济学领域最有意义的创新之一。

什么是行为经济学？人们往往喜欢从事物发展的本

源来对其进行定义。行为经济学最初的产生动机是为了满足解释异象的目的，即从心理学中借用若干成熟结论和概念来增强经济理论的解释力。因而一种流行的观点认为，与主流经济学相比，行为经济学不过是在经济学中引入心理学基本原理后的边缘学科或分支流派。然而，行为经济学近年来的一系列进展似乎正在昭示它与心理学的关系并不像人们初始所理解的那样。如果把它简单地定位为区别于主流理论的所谓“心理学的经济学”，则与它内在的深刻变化不相对应。为了能够对它与主流经济学的关系做出科学准确的判断，首先必须了解它是如何解决主流经济学所无法解答的问题的。

主流经济理论丧失优势的原因在于，它所基于的理性选择假定暗示着决策个体或群体具有行为的同质性（homogeneity）。这种假定由于忽略了真实世界普遍存在的事物之间的差异特征和不同条件下认识的差异性，导致了主流理论的适用性大打折扣，这也是它不能将“异象”纳入解释范围的根本原因。为了解决这个根本性的问题，行为经济学在历经二十多年的发展后，已逐渐明晰了它对主流经济学进行解构与重组的基本方向，那就是把个体行为的异质性（heterogeneity）纳入经济学的分析框架，并将理性假定下个体行为的同质性作为异质性行为的一种特例情形，从而在不失主流经济学基本分析范式的前提下，增强其对新问题和新现象的解释与预测能力。那么，行为经济学究竟是怎样定义行为的异质性的？根据凯莫勒（Colin F. Camerer）2006 年发表于《科学》杂志上的一篇文章中的观点，我们认为，行为经济学通过长期的探索，已经逐渐把行为的异质性浓缩为两个基本假定：其一，认为个体是有限理性（bounded rationality）的；其二，认为个体不完全是利己主义（self-regarding）的，还具有一定的利他主义（other-regarding）。前者是指，个体可能无法对外部事件与他人行为形成完全正确的信念，或可能无法做出与信念相一致的正确选择，而这将导致不同的个体或群体会形成异质的外部信念和行动；后者是指，个体在一定程度上会对他人的行为与行为结果进行评估，这意味着不同的个体或群体会对他人行为产生异质的价值判断。在这两个基本假定下，异质性行为可较好地被融入经济分析体系之中。但是，任何基本假定都不可能是无本之木，它必须具有一定的客观理论支持，而心理学恰恰为行为经济学实现其异质性行为分析提供了这种理论跳板。这里还要说明一点，心理学的成果是揭示异质经济行为较为成熟的理论与工具，但不是唯一的，我们也注意到神经科学、生态学等对经济学的渗透。

经济学家对行为心理的关注由来已久，早在斯密时代，就已注意到了人类心理在经济学研究中的重要性。在其《道德情操论》中，斯密描述了个体行为的心理学渊源，并且展示了对人类心理学的深刻思考。然而，其后的经济学研究虽然也宣称其理论对心理学存在依赖关系，但其对心理学原则的遵从却逐渐浓缩为抽象的经济理性，这就把所有个体都看成了具有同质心理特征的研究对象。而实际上心理学对人类异质心理的研究成果却更应是对经济行为异质性的良好佐证。因此，我们所看到的将心理学原理纳入经济学分析的现状，实际上是对开展异质经济行为分析的诉求。但需要留意的是，经济学对心理学更多的是思想性的借鉴，而不是对其理论的机械移植，并且经济学家也正不断淡化着行为经济理论的心理学色彩，因此不能简单地将行为经济学视为主流经济学与心理学的结合形式，也不能将行为经济学打上心理学的“标签”。心理学的引入不是目的，只是手段，它自始至终都是为主流经济学不断实现自我创新服务的。

我们还想着重强调的一点是，行为经济学对心理学原则的引入和采用与实验经济学的兴起和发展密不可分。在行为经济学的早期研究中，来自心理学的实验方法扮演了十分重要的角色，许多重大的理论发现均得益于对心理学实验的借鉴，甚至许多行为经济学家如卡尼曼（Daniel Kahneman）等人本身就是心理学家。然而，实验经济学与行为经济学在范畴上有着根本性的不同之处。罗文斯坦（George Loewenstein）认为，行为经济学家是方法论上的折中学派，他们并不强调基本研究工具的重要性，而是强调得自这些工具的研究成果在经济学上的应用。而实验经济学家却更强调对实验方法作为分析工具的认可和使用。类似于计量经济学可理解为经济计量学，实验经济学也可理解为经济实验学，它是经济学实验方法的总称，并且是行为经济学的重要实证基础来源。只有当来自实验经济学的实验结果被凝练为行为经济理论，才完成了经济研究从实验层面向理论层面的抽象与升华。与行为经济学相比，实验经济学似乎更接近经济学与心理学之间的边缘学科，它具有更为浓厚的工具性色彩。

现在，我们可以初步对行为经济学与主流经济学的相对关系做一评判了。纵观行为经济学的发展简史和其近年来的前沿动态，我们大胆地认为，近二十年来逐渐兴起的行为经济学不是区别于主流经济学的分支流派，而是对主流经济学的历史顺承与演进，是主流经济学在21世纪的前沿发展理论。行为经济学的产生、发展乃至日益成熟，正体现了它对主流经济学从内涵到外延上所作的量变调整与质变突破——它通过借鉴心理学的相关理论，并从实验经济学中获取实证支持，而将个体的异质性行为纳入了经济学的理论体系并涵盖了以往的同质性分析。同时，这也意味着行为经济学并未把主流经济学排除于它的理论体系之外而否定其理论逻辑，而是使主流经济理论退化为它的特例情形。故而凯莫勒曾畅言：“行为经济学最终将不再需要‘行为’一词的修饰。”然而，这并不意味着主流经济学将会退出历史舞台。事实上，新古典理论仍然是行为经济学重要的理论基础来源和方法论来源。以新古典理论为核心的主流经济学作为更广范畴下的行为经济学的一个特例，将成为经济学研究不可或缺的参照理论。

鉴于行为与实验经济学近年在国外的迅猛发展及其对经济学科的重要意义，以及国内该领域相对滞后的研究现状，我们为国内读者献上了这套经过慎重选译的丛书。这套丛书囊括了近年来国外长期从事行为与实验经济学研究的学者的主要论著，读者从中既可了解到行为经济学各种思想发端和演进的历史踪迹，又可获得翔实丰富的实验方法论述及其成果介绍。同时，我们还专门为读者遴选了一些反映行为与实验经济学最新前沿动态的著作——这些著作涉及了宏观经济学、微观经济学、金融学、博弈论、劳动经济学、制度经济学、产业组织理论等领域。它们由于经受验证的时间较短，也许并不成熟完善，但却能使我们的研究视野更具有前瞻性。我们衷心地希望海内外读者同仁能够不吝赐教，惠荐佳作，以使得我们的出版工作臻于完善。

贺京同　汪丁丁　周业安

2009 年仲夏

目　录

第一部分　绪论

第二部分　亲社会行为和信任

第三部分　神经经济学

第四部分　经济学与幸福感

第五部分　过程效用和决策机制

第六部分　评价

第一部分

绪　论

第1章　经济学与心理学：发展和问题

布伦诺·S·弗雷（Bruno S. Frey）
阿洛伊斯·斯塔特勒（Alois Stutzer）

经济学与心理学之间的联系包括引入和输出：心理学要素被引入经济学，反之亦然。因为作者是经济学家，所以本文中仅论述心理学对经济学的影响。至于经济学对心理学的影响则留给心理学家去思考吧，不过我们的整体认识是，到目前为止很少有经济学要素被引入心理学。本文涉及的发展和问题是基于我们的个人评估，所做的选择也主要是基于我们的研究兴趣。而且，我们也未将任何精力放在实现“客观性”上，即使有这种可能。相反，由于了解到其他学者会将注意力集中在不同方面并进行不同评价，于是我们提出了自己的观点以便引发讨论。[1]

我们认为经济学和心理学这两个独立的学科领域间的相互作用包含以下几方面：交流科学观点、改进实证方法和个人学术交流。与将行为决策研究（心理学的一个分支）——有时被称为“行为经济学”——引入经济学相比，这是一个更广阔的视角。经济学与心理学并不局限于行为方面[2]，而是延伸到这个范围以外，例如，幸福学研究中的主观评价。

我们将从四个方面简要概括经济学与心理学之间的

联系：反常现象、实验、动机和幸福感。

一、反常现象

经济学中很少有像“反常现象”一样由某些学者强势主宰的领域。卡尼曼（Kahneman）和特韦尔斯基（Tversky）发表在《计量经济学》(*Econometrica*)(1979）中的“前景理论”一文是经济学中被引用最多的文章之一。心理学家卡尼曼正是因此而获得了诺贝尔经济学奖。[3]

由于提出了一种古典经济学主观期望效用最大化理论的替代理论，特韦尔斯基和卡尼曼的文章吸引了很多经济学家的注意。此外，前景理论中的特定元素，如“损失规避”，已经广为人知并且被用在了许多不同问题中。尽管事实上大多数学者认为这两种观点不符合新古典主义理论（他们中的很多人对这个理论的其他方面还是很拥护的），但是它们确实已经成了现代经济学的一部分。这并不一定意味着前景理论已成为本科教学大纲的一部分。事实上，许多微观经济学教科书还是习惯选择忽略这种观点。

特韦尔斯基与卡尼曼理论的主导地位很可能使心理学家在这一领域的其他著作黯然失色。吉仁泽（Gigerenzer 2000）的著作就是一个例子，他宣称，当描述不确定性的概率公式被频率公式代替时，许多与主观预期效用理论相矛盾的结果本质上就会消失。吉仁泽还认为个体采用的许多试探法。乍一看并不符合理性，但却完全符合有限理性的更广阔视角。

心理学中的反常现象或悖论（部分也出现在了经济学中，如 Allais（1953））主要通过两种理论被引入到了经济学中：第一种理论对人的哪种认知制约引起哪种行为反常现象的问题进行了分析。该理论主要利用实验并得出了令人信服的证据——在各种情况下，个体更容易出现反常现象，而不是表现出完全或充分的理性。第二种理论对如果将这些反常现象纳入经济理论那么必须对正式决策理论做出何种程度的调整的问题进行了研究。目的就是为了将“反常现象”变成“规律性现象”。

然而，第三种可能的理论却被忽略了。这种理论对人们出现反常现象时的激励进行了分析。激励理论对个体在出现反常现象时的反应进行了研究。[5]一方面，出现反常现象的人常常至少部分注意到了这些反常现象，而且知道自己遭受了效用损失并会从规避这些反常现象中获益。他们能够在多大程度上预防降低效用的行为取决于可用技术或这样做的边际效益和成本。另一方面，当个体易出现反常现象时，其他行为人就有了去探究这种非理性的激励。无论这种相互作用是否产生符合理性模式预测的总结果，或是否产生较大偏差，都取决于相互作用的结构（Fehr and Tyran 2005)。如果个体 i 购买、出售或生产更多的某一种商品，个体 j 就可能有去降低其需求和供给（就是行为间存在战略替代性）或增加其需求和供给（就是行为间存在战略互补性）。通过战略替代性，少数理性主体即可产生一个理性结果，而通过互补性，很小一部分非理性主体便能引起对市场基本面的巨大偏差，就像 20 世纪 90 年代末的股市泡沫。

因此，显著的反常现象的平衡程度取决于一套决定保护和开发效益及成本的制度条件。总的来说，反常现象不可能通过这种相互作用被完全消除，只是形式改变了。似乎很少有实验充分考虑了这种相互作用。市场实验就是一个例外，有些实验表明反常现象在完全竞争的条件下可被消除（List，2003）。但市场只是一种决策机制，个体也是在许多其他条件下行动的，所以反常现象表现出了不同的平衡程度和状态。

二、实　验

实验室实验是心理学家的支撑要素。尽管经济学家长期以来一直认为这种方法不适合他们的学科，但态度却发生了巨大变化。如今，实验已经被广泛认可和使用。心理学家大会期间对这种方法进行了专门研究，此外还存在关于实验经济学的专业团体和期刊。[6]

实验室实验的常见优势主要在于对因果关系推断进行对照干预的可能性，这一点是社会科学研究的关键，为检测反常现象和了解人类偏好，从而促进（过去十年间进行的）一些最有影响力的经济学研究铺平了道路。尽管也存在劣势，但与优势相比，似乎并不那么广为人知。其原因可能是经济方面的。为了在课堂环境以外进行实验，一个昂贵的实验室必不可少。实验室的建立和运营也需要相应的资金。要获得拨款，研究者须提交申请，并说明实验对于其研究的重要性。成功获得资金实际上是通过实验室将研究者限制在了研究中。因此他们往往会主要甚或单从潜在实验方面来研究社会问题。为了捍卫其立场，他们不愿意接受外行对这种方法的批评，更不用说自己提出质疑了。实证研究法与标准计量经济学之间确实存在着差别，后者采用的是官方发布的数据。现如今，数据和电脑一应俱全，一般都对研究者免费开放。他们因此也很少致力于使用相应的技术。

实验室实验者在某种程度上不得不组成一个自给自足的团体，将主要精力放在维持其实验的高内在有效性，或哈里森（Harrison）与李斯特（List）所称的“对抽象脚本的激情”（2004，1029）。如果环境因素影响对象行为，那么提供一个尽可能不受环境影响的抽象的实验条件成为可能并不会带来更具有一般性的研究结果。相应地，很少有人强调外部有效性，换言之，就是质疑实验及其结果在实验室以外意味着什么。有些人察觉到了实验不容忽视的一部分（来自学科内部的自我界定因素），即某些基本博弈的微小变化，如最后通牒或独裁者博弈。这一点或许在经济学的其他领域中也成立。然而，结果却是实验经济学已在某种程度上与经济学其他领域分离开，产生的影响与其能力相比较低。

有些从事实验室实验的经济学家非常明白这些局限性，并且面对挑战找到了对研究问题来说最适合的实证研究法。例如，调查与实验结合（如 Dohmen et al. 2005），或是现场数据与实验结合（如 Fehr and Götte 2007）。传统的实验室实验也通过接受非标准实验对象群体（也就是，不仅是学生）开放，而且更重要的是从实验室开始进入现场（参见 Harrison 和 List 2004 年的调查实验）。通过从现场实验（构架现场实验）中或自然现场（对象并不知道他们身临实验中并且自然地完成任务）中获取商品、任务和实验对象会用到的信息集，可以降低控制程度。实验室以外的另一个步骤是社会实验——政府部门或其他机构进行新的项目，并研究其结果（调查参见 Ferber and Hirsch 1978，1982；Hausman and Wise 1985）。这种发展应该受到欢迎，而不应被主要视作因控制实验条件而产生的损失。实际上，可以说抽象的实验室实验不能控制调查对象解决问题时所处的环境。与此同时，这种发展也提高了一般经济与社会问题的实验研究的相关性，结果更易与基于官方统计和调查进行的计量经济学研究联系起来。

三、动　机

心理学已经帮助经济学家克服了有关“经济人”（homo oeconomicus）的狭隘观点，尤其是人类无时无地不在追求个人利益这一假设。通过实验和实地研究，已经明确了人类完全能够有更高级的动机，例如，利他主义和互惠公平（参见，如 Fehr and Schmidt 2003 和 Meier，chapter 3，for surveys）。亲社会行为在许多情况下都很重要。这并不奇怪，就捐赠和志愿行为来看这是至关重要的（参见，如 Frey and Meier 2004；Meier and Stutzer 2007）。这是相当大的进步，不只是因为它使经济学更合乎其他学科拥护者（他们常因为经济学对人性的看法过于愤世嫉俗而放弃理性的选择推理）的口味。

从心理学中成功引入经济学中的另一个概念是过程效用。它有力地证实了人们不仅重视结果，也重视产生结果的方式。他们有时还做好了接受较差结果的准备，只要他们觉得这个过程是以公平的方式实行的（Lind and Tyler 1988）。在社会交互作用中，目的也很重要（Falk，Fehr，and Fischbacher 2000）。在许多社会经济环境中，如经济政策或企业的民主参与，或对待纳税人的方式（参见 the survey by Frey，Benz，and Stutzer 2004），都涉及过程效用。

心理学家还指出了内在动机的重要性，这也影响了经济学家的思维。这为从更广阔的视角来探讨激励开启了大门（经济学中的激励仅限于外在因素，常指金钱补偿）。内在动机可归因于内化规范或进行该类工作的乐趣。实地研究已能够证明，与人为制造的一些外在动机相比，许多经济活动和反应可以通过接受内在动机的存在而被更好地理解。以追求独立性为主要激励的企业家们就是一个例子，他们追求的是更高的工作自主性，一种内在价值。他们做好了选择风险更大的工作的准备，尽管事实上通常他们的收入偏低，而工作量偏大（如 Benz 2005）。

作为附加激励的内在动机的存在并不是唯一重要的事。或许更重要的是拥挤理论的观点：并不能像微观经济理论中假设的那样简单地对外在和内在动机进行概括。更确切地说，外在动机的使用能够挤出或者挤入内在动机，这取决于可识别的条件（Frey 1992；Gneezy and Rustichini 2000）。经济学上，挤出比挤入更相关，因为这会导致基本相对价格效应的逆转——向个体支付金钱反而削弱了他们的工作士气，从而使他们工作得更少。这种负面效应可归结为许多原因。一些学者倾向于将其视作一种信息反馈（Bénabou and Tirole 2003），而其他人则更直接地借助于心理学著作中给出的解释（参见如 Frey 1997；参阅 Deci，Koestner，and Ryan 1999）来理解它。

拥挤理论对于公司管理学的基石——委托代理理论（Gibbons 于 1998 年进行的调查；Prendergast 1999；Becht，Bolton，and Röell 2003）有重要意义。委托代理理论的一般主张是对员工的金钱补偿应尽量与其绩效相一致。这种观点引起了，或至少刺激了“绩效工资”运动，并且已超出了企业的范围，尤其是延伸到了公共职能部门（这里称为“新公共管理”）。然而，最近围绕着美国和其他国家中的大型企业管理层的惊人丑闻已经促使人们重新思考。观察家们已经注意到了危险——主要以金钱补偿作为激励机制可能会降低员工士气，减少诚信行为，甚至可能造成深远的政治和社会影响。维护和培养员工内在动机的方法，可能更强调选拔，为依赖金钱补偿作为激励机制提供了一种替代方式（参见 Frey and Osterloh 2002）。

四、幸福感

由于 20 世纪 30 年代序数革命的影响，传统经济学完全确信效用不能也无需衡量 —— 这种观点至今仍然存在，并且不仅仅存在于经济学教材中。心理学家给我们上了与众不同的一课。长期以来，心理学家都在讨论幸福指标在什么条件下能够可靠地表明个体的幸福程度。这使经济学“回到了边沁（功利主义?）理论”（Kahneman，Wakker，and Sarin 1997；更具有一般性的是 Kahneman，Diener，and Schwarz 1999）。一些有深刻见解的经济学家，如森（Sen 1986），长期以来严厉地批判仅仅通过显示性偏好来分析人类行为的严格限制。然而，只要认为效用无法衡量，这种批判对经济学的教学和研究就不会产生多大影响。

目前，心理学家向经济学家提供了若干衡量近似效用的不同方法。最常用的是一些具有代表性的调查，如欧洲晴雨表、世界价值观调查或国民家庭调查中收入的全景自我评估问卷。其他指标是基于经验取样、日重现法和 U-指数（Kahneman and Krueger 2006)。而另一种理论采用了脑扫描，从而牵扯到了一个新兴领域——神经经济学（Davidson，Shackman，and Maxwell 2004；Camerer，Loewenstein，and Rabin 2005）。这些技术并非衡量个体幸福的相同方面。举例来说，对生活满意度的调查最适合于捕捉长期的全景生活评估，而脑扫描捕捉到的是短期的正面和负面情绪反应。

经济学和心理学在对生活满意度的实验分析中已经具备了真正的跨学科性质。个性、社会人口学特征、文化、经济环境（特别是收入、失业和通货膨胀），以及制度因素（例如，民主与政治分权的类型和程度）在横向和时间序列分析中都被确定为生活满意度的决定因素（Frey 和 Stutzer 于 2002 年进行的调查 a、b)。出现了两种观点：

适应及相关评估已经被证实对幸福的许多决定因素有重要意义，特别是对收入和失业的影响，也包括婚姻（Clark 2003；Stutzer 2004；Layard 2005；Stutzer and Frey 2006）。也可以从与其他国家和其他人相比较的相同认知过程和潜意识过程方面来理解适应及相关评估。

环境和幸福之间的因果关系常常是双向的。例如，高收入带来更高的主观幸福感，而满意度高的人在社会和经济生活中也更成功，收入也往往更高（Lyubomirsky，King，and Diener 2005）。同样，失业的个体显然不那么幸福，而不幸福的人也很难找到工作或保住饭碗。虽然这种双重因果关系是公认的，但却很难分析，尤其是有严格的数据限制时。

对幸福感的调查使我们研究了经济学与心理学之间的联系中的许多问题。有两个例子就足够了：

公共产品提供的效用能够进行实验评估。现有的捕捉支付意愿的方法存在严重不足，亟须完善。依赖价格反映的方法假定的是一个灵活且几乎完美的市场，对于房价或租金以及工资而言，大多数国家并不存在这种市场。条件评估方法依赖于有关公共产品支付意愿的问题，因此容易使个人回答出现偏差。在某些情况下，这些人是第一次被诱导对这个问题做出思考（“你愿意付出什么来防止阿拉斯加海峡的石油泄漏”）。某些研究者意识到这可能会引导他们的注意力并不得不引起霍桑效应，但这是很难避免的（参见 Harrison and List 2004）。相反，由于幸福数据独立于任何特定的公共产品，因此就绕开了这种偏差。这种新理论可应用于许多不同的公共产品中，例如机场噪音和恐怖主义。(Frey，Luechinger，and Stutzer 2004；van Praag and Baarsma 2005。)

除极少数例外情况外，个体的决策中会包含未来效用。当然，经济学理论已经假设，人们能准确预测其从未来消费中可获取的效用量。假设偏好不会发生改变，那么现在与未来相同选择的效用是一样的，实际上标准的微观经济学就是通过这个假设解决了这一问题。

心理学家已提出了非常具有说服力的观点以表明这种假设严重脱离实际（Loewenstein and Schkade 1999；Wilson and Gilbert 2003）。人们相当错误地预估了商品的未来效用。范·普拉格（van Praag）在 1968 年提出，人们高估了他们从未来收入中所能获取的效用。对经济学来说，最重要的一点是对不同商品的错误预期程度和方向是不同的。尽管人们往往高估了有形物品的未来效用，却低估了社会交互作用的未来效用。实证研究表明，人们因此倾向于将更多时间花在工作上，同家人和朋友相处的时间却少得可怜。根据他们自己的评估，如果他们不出现这种系统化的错误预期，他们就只能获得比自己所能争取到的更低的幸福程度（Stutzer and Frey，chapter 7 in this volume）。

五、结　论

如果读者能够认识到经济学与心理学的结合是一个充满活力而又多产的领域，那么本绪论便达到了其预期的目标。我们已证明心理学对经济学产生了巨大的影响：通过隔离个体行为的反常现象帮助取代完全理性假设；使实验成了一种有效且被广泛接受的研究方法；通过展示人类喜好的亲社会性、内在性和过程性拓展了有关人类天性的观点；通过证明效用是可衡量的，进一步了解了人们所关心的事情。由于心理学家从一开始就引入了强大的经验（实验）分析导向，在经济学和心理学领域应用数学知识，充分展示数学能力所带来的危险比起其他领域要小得多。

我们认为，我们已经具备了卓越的洞察力，但同时，我们也完全意识到我们对很多领域仍知之甚少。该领域为未来研究敞开了大门。

注　释

我们非常感谢 Christine Benesch、Matthias Benz、Simon Lu¨chinger、Stephan Meier、Susanne Neckermann 和 Anna Winestein 对本文所做的有用评论。

[1] 参见有关经济学和心理学的调查，如 Choemaker（1982）和 Rabin（1998，2002）。作者也提供了他们自己的调查，参见 Frey and Stutzer（2001）。

[2] 行为经济学的研究表述如下："大多数论文修改了标准理论中的一两个假设，使其更接近心理现实主义"（Camerer and Loewenstein 2004，3）。有关行为经济学进展的调查和讨论，参阅 Camerer，Loewenstein，and Rabin（2004）和 Fudenberg（2006）。

[3] 人们可能会对此存有争议，这也是 Herbert Simon 和他的"有限理性"观点的实例，不过 Simon 不是纯粹的心理学家，而是政治科学家出身。

[4] 我们最早查阅且没提到预期理论的三本教材是 Jehle and Reny (2001), Mas-Colell, Whinston, and Green (1995), and Varian (1992)。

[5] 参见 Conlisk (1996, 684), 以及 Frey and Eichen-berger (1994) 更早的尝试。

[6] 参见 Sugden (2005)。

参考文献

Allais, Maurice. 1953. "Le Comportement de I'Homme Rationnel Devant de Risque: Critique des Postulats et Axiomes de I'École Amercaine." *Econmetrica* 21: 503 - 546.

Becht, Marco, Patrick Bolton, and Ailsa Röell. 2003. "Corporate Governance and Control." In *Handbook of the Economics of Finance*, vol. 1A, ed. George M. Constantinides, Milton Harrison, and Rene M. Stulz, 1 - 109. Amsterdam: Elsevier North-Holland.

Bébabou, Roland, and Jean Tirole. 2003. "Intrinsic and Extrinsic Motivation." *Review of Economic Studies* 70, no. 3: 489 - 520.

Benz, Matthias. 2005. "Entrepreneurship as a Non-Profit-Seeking Activity." IEW Working Paper No. 243, University of Zurich.

Camerer, Colin, and George Loewenstein. 2004. "Behavioral Economics: Past, Present, Future." In *Advances in Behavioral Economics*, ed Colin Camerer, George Loewenstein, and Matthew Rabin, 3 - 51. New York: Russell Sage Foundation.

Camere, Colin, George Loewenstein, and Drazen Prelec. 2005. "Neuroeconomics: How Neuroscience Can Inform Economics." *Journal of Economic Literature* 43, no. 1: 9 - 64.

Camere, Colin, George Loewenstein, and Matthew Rabin. 2004. *Advances in Behavioral Economics*. New York: Russell Sage Foundation.

Clark, Andrew E. 2003. "Unemployment as a Social Norm: Psychological Evidence from Panel Data." *Journal of Labor Economics* 21, no. 2: 323 - 351.

Conlisk, John. 1996. "Why Bounded Rationality?" *Journal of Economic Literature* 34, no. 2: 669 - 700.

Davidson, Richard J., Alexander J. Shackman, and Jeffrey S. Maxwell. 2004. "Asym-metries in Face and Brain Related to Emotion." *Trends in Cognitive Sciences* 8, no. 9: 389 - 391.

DecimEdward L., Richard Koestner, and Richard M. Ryan. 1999. "A Meta-

Analytic Review of Experiments Examining the Effects of Extrinsic Rewards on Intrinsic Motivation." *Psychological Bulletin* 125, no. 6: 627 - 668.

Dohmen, Thomas J., Armin Flk, David Huffman, Uwe Sunde, Jürgen Schupp, and Gert G. Wagner. 2005. "Individual Risk Attitudes: New Ecidence from a Large, Representative, Experimentally-Validated Survey." IZA Discussion Paper No. 1730, Bonn, Germany.

Falk, Armin, Ernst Fehr, and Urs Fischbacher. 2000. "Testing Theories of Fairness—Intentions Matter." IEW Working Paper No. 63, University of Zurich.

Fehr, Ernst, and Lorenz Cötte. 2007. "Do Workers More When Wages Are High? Evidence from a Randomized Field Experiment." Forthcoming in *American Economic Review*.

Fehr, Ernst, and Klaus M. Schmidt. 2003. "Theories of Fairness and Reciprocity: Evidence and Economic Applications." In *Advances in Economics and Econometrics*, vol. 1, ed. Mathias Dewatripont, Lars Peter Hansen and Stephen J. Turnovsky, 208 - 257. Cambridge: Cambridge University Press.

Fehr, Ernst, and Jean-Robert Tyran. 2005. "Individual Irrationality and Aggregate Outcomes." *Journal of Economic Perspectives* 19, no. 4: 43 - 66.

Ferber, Robert, and Werner Z. Hirsch. 1978. "Some Experimentation and Economic Policy: A Survey." *Journal of Economic Literature* 16, no. 4: 1379 - 1414.

Feber, Robert, and Werner Zvi Hirsch. 1982. *Social Experimentation and Economic Policy*. Cambridge: Cambridge University Press.

Frey, Bruno S. 1992. "Tetium Datur: Pricing, Regulating and Intrinsic Motivation." *Kyklos* 45, no. 2: 161 - 184.

Frey, Bruno S. 1997. *Not Just for the Money: An Economic Theory od Personal Motivation*. Cheltenham: Elgar.

Frey, Bruno S., Matthisa Benz, and Alois Stutzer. 2004. "Introducing Proceduarl Utility: Not Only What, But Also How Matters." *Journal od Institutional and Theoretical Economics* 160, no. 3: 377 - 401.

Frey, Bruno S., and Reiner Eichenberger. 1994. "Economic Incentives Transform Psychological Anomalies." *Journal of Economic Behavior and Organization* 23, no. 2: 215 - 234.

Frey, Bruno S., Simon Luechinger, and Alois Stutzer. 2004. "Valuing Public Goods: The Life Satisfaction Approach." IEW Working Paper No. 184, University of Zurich.

Frey, Bruno S., and Stephan Meier. 2004. "Pro-Social Behavior in a Natural Setting." *Journal of Economic Behavior and Organization* 54, no. 1: 65 - 88.

Frey, Bruno S., and Margit Osterloh, eds. 2002. *Successful Manggement by Motivation: Balancing Intrinsic and Extrinsic Motivation*. New York: Springer.

Frey, Bruno S., and Alois Stutzer. 2001. "Economics and Psychology: From Imperialistic to Inspired Economics." *Revue de Philosphie Économique* 4: 5-22.

Frey, Bruno S., and Alois Stutzer. 2002a. *Happiness and Economics: How the Economy and Institutions Affect Well-Bing*. Princeton, NJ: Princeton University Press.

Fery, Bruno S., and Alois Stutzer. 2002b. "What Can Economists Learn from Happiness Research?" *Journal of Economic Literature* 40, no. 2: 402-435.

Fudenberg, Drew. 2006. "Advancing beyond 'Advances in Behavioral Economics.'" *Journal of Economic Literature* 44, no. 3: 694-711.

Gibbons, Robert. 1998. "Incentives in Organizations." *Journal of Economic Perspectives* 12, no. 4: 115-132.

Gigerenzer, Gerd. 2000. *Adaptive Thinking: Rationality in the Real World*. Oxford: Oxford University Press.

Gneezy, Uri, and Aldo Rustichini. 2000. "Pay Enough or Don't Pay at All." *Quarterly Journal of Economics* 115, no. 3: 791-810.

Harrison, Glenn W., and John A. List. 2004. "Field Experiments." *Journal of Economic Literature* 42, no. 4: 1009-1055.

Hausman, Jerry A., and David A. Wise. 1995. *Social Experimentation*. Chicago: University of Chicago Press.

Jehle, Geoffrey A., and Philip J. Reny. 2001. *Advanced Microeconomic Theory*. Boston: Addison-Weslet.

Kahneman, DanielEd Diener, and Norbert Schwarz, eds. 1999. *Well-Being: The Foundations of Hedonic Psychology*. New York: Russell Sage Foundation.

Kahneman, Daniel, and Alan B. Krueger. 2006. "Developments in the Measurement of Subjective Well-Being." *Journal of Economic Perspectives* 20, no. 1: 3-24.

Kahneman, Daniel, and Amos Tversky. 1979. "Prospect Theory: An Analysis of Decision under Risk." *Econometrica* 47, no. 2: 263-291.

Kahneman, Daniel, Peter P. Wakker, and Rakesh Sarin. 1997. "Back to Bentham? Explorations of Experienced Utility." *Quarterly Journal of Economics* 112, no. 2: 375-405.

Layard, Eichard. 2005. *Happiness: Lessons from a New Science*. New York: Penguin.

Lind，Edgr Allan，and Tom R. Tyler. 1988. *The Social Psychology of Procedural Justice*. New Yoek：Plenum Press.

List，John A. 2003. "Does Market Experience Eliminate Market Anomalies?" *Quarterly Journal of Economic* 118，no. 1：41－71.

Loewenstein，George，and David A. Schkade. 1999. "Wouldn't It Be Nice? Predicting Future Feelings." In *Well-Being：The Foundation of Hedonic Psychology*，*ed.* Daniel Kahneman，Ed Diener，and Norbert Schwarz，85－105. New York：Russell Sage Foundation.

Lybomirsky，Sonja，Laura King，and Ed Diener. 2005. "The Benefits of Frequent Positive Affect：Does Happiness Lead to Success?" *Psychological Bulletin* 131，no，6：803－855.

Mas-Colell，Andrew，Michael D. Whinston，and Jerry R. Green. 1995. *Microeonomic Theory*. New York：Oxford University Press.

Meier，Stephan，and Alois Stutzer. 2007. "Is Volunteering Rewarging in Itself?" Forthcoming in *Economica*.

Prendergast，Canice. 1999. "The Provision of Incentives in Firms." *Journal of Economic Literature* 37，no. 1：7－63.

Rabin，Matthew. 1998. "Psychology and Economics." *Journal of Economic Literature* 36，no. 1：11－46.

Rabin，Mattew. 2002. "A Perspective on Psychology and Economics." *European Economic Review* 46，no. 4－5：657－685.

Schoemaker，Paul J. H. 1982. "The Expected Utility Model：Its Variants，Purposes，Evidence and Limitations." *Journal of Economic Literature* 20，no. 2：529－563.

Sen，Amartya K. 1986. "The Standard of Living." In *Tanner Lectures on Human Values*，Volume Ⅷ，ed. Sterling McMurrin，1－51. Cambridge：Cambridge University Press.

Stutzer，Alois. 2004. "The Role of Income Aspirations in Individual Happiness." *Journal of Ecomomic Behavior and Organization* 54，no. 1：89－109.

Stutzer，Alois，and Bruno S. Frey. 2006 "Does Marrige Make People Happy，or Do Happy People Get Married?" *Journal of Socio-Economics* 35，no. 2：326－347.

Sugden，Robert. 2005. "Experiment，Theory，World：A Symposium on the Role of Experiments in Economics." *Journal of Economic Methodology* 12，no. 2：177－184.

van Praag，Bernard M. S. 1968. *Individual Welfare Functions and Consumer Behavior：A Theory of Rational Trrationality*. Amsterdam：North-Holland.

van Praag, Benard M. S., and Barbara E. Baarsma. 2005. "Using Happiness Surveys to Value Intangibles: The Case of Airport Noise." *Economic Journal* 115, no. 500: 224 - 246.

Varian, Hal R. 1992. *Microeconomic Analysis*. New York: Norton.

Wilson, Timothey D., and Daniel T. Gilbert. 2003. "Affective Forecasting." In *Advances in Experimental Social Psychology*, vol. 35, ed. M. Zanna, 345 - 411. New York: Elsevier.

第二部分

亲社会行为和信任

第2章 有条件合作：实验室实验和现场实验得出的行为规律及其政策含义

西蒙·加西特（Simon Gächter）

一、自愿合作的问题

来自公共产品理论的一个众所周知的事实是自愿供给将导致无效率的供给不足（Samuelson 1954）。原因就是有名的“搭便车”问题：因为按照公共产品的定义，一个人即使未对公共产品有所付出或贡献，也可以从中获益，但每个人都有希望别人提供公共产品的动机。更具体地说，就是一个理性、自私的消费者只会让他或她自己个人的边际效益等于公共产品的成本，而如果公共产品的提供要有效率，就要求总的边际效益应等于边际成本。因此，个体理性与集体理性之间存在着一种对立，这是许多合作问题的典型特征。这种对立也是许多不同领域的问题的核心所在，如战争、环境保护、百姓管理、守法纳税、腐败、选举、参加示威游行和罢工等集体活动、慈善捐款、团队合作、企业共谋、禁运和消费者抵制运动等。

尽管利己主义逻辑简单明了，但数据却似乎与源于理性和自私联合假定的“搭便车”假说并不一致。人即使在匿名情况下也会参加选举投票或者参加其他集体活动，而他们一般都未过度使用公共资源，并且爱护环境，而且通常也不会大额逃税，还会捐款给公共广播事业及慈善机构。这些事实表明，绝对利己主义假设并不符合我们观察到的周围的自愿合作程度。

那么我们该如何解释呢？公共政策与管理的含义又是什么？本章概述了针对这两个问题的一些可能答案。我们的主要信息来源是受控制的实验室实验和现场实验。[1]正如我要在本章中呈现的，从过去 30 年中在各种情景下进行的大量实验中得出的主要结论是，合作远比标准理论预测的要多（Ledyard 1995）。但实验也表明，公共产品博弈重复进行时，合作会随时间减少。从这个意义上来说，自愿合作是很脆弱的。

我们又该如何解释自愿合作（的脆弱性）呢？一个重要解释是人都有“温情”偏好。换句话说，人们从自己的捐赠行为中即可得到一些正效用（如 Andreoni 1990）。第二个解释是许多人都有利他主义的偏好 —— 他们想有益于其他人。第三个原因是错误 —— 人们犯错了（如 Anderson，Goeree and Holt 1998）。在一个巧妙的构思中，帕尔弗里（Palfrey）和普利斯布里（Prisbrey 1997）检验了“温情”、利他主义和错误，发现利他主义不能解释捐赠，而有些人有“温情”偏好。“错误”也很重要，可以解释为何重复实验中捐赠率通常都有所下降。

要注意利他主义和“温情”这两个动机均与其他人的合作行为无关。而最近的一组实验对这种假定提出了质疑。许多人是“有条件地合作” —— 如果他们相信别人也合作，他们自己才合作。但相当一部分人却很“称职”地扮演着搭便车者的角色。总的来说，最近的证据表明，人的合作偏好有相当大的异质性，换句话说，就是有各种类型的博弈者。

后文中我将继续就偏好的异质性这个问题对 4 种预期结果展开论述。

(1) 自愿合作是脆弱的。在没有进一步的制度补救，如缺乏交流、惩罚或相互协调的情况下，这一点表现得尤其明显。究其原因，就是那些有条件合作者因为曾经有过搭便车经历，所以会自动停止合作。

(2) 社会的相互作用会对自愿合作产生影响。这就是说，有条件合作者会改变自己的行为来适应其所在的群体。如果群体其他成员推卸责任，他们也会这样做；如果其他人合作，他们也会合作。这种社会相互作用意味着人们的行为受到其群体其他成员的影响。

(3) 群体结构对自愿合作的成败有重要影响。举例来说，如果有条件合作者知道群体其他成员也都是合作者，那么他们应能够保持高水平的合作。志趣相投的合作者的团队精神应足以保持高水平的合作。同样，我们可以预期，知道其他人也都是搭便车者的搭便车者也会变卦。

(4) 信念管理对自愿合作影响巨大。如果有条件合作者相信其他人也合作，他们当然也会合作。因此，任何影响信念的因素都会影响合作行为。

我将提供从为检验这些预测而进行的新实验中获得的证据。从这些新实验获得的证据明确地证实了有条件合作及偏好异质性对于理解合作行为的重要性。我将实验看做可帮助我们理解一些重要现场现象的行为模式。因此在后文中我将从逃税、贿赂、福利欺诈、对福利国家的态度、慈善捐赠及工作士气等方面对现场证据进行阐释。

有条件合作和偏好异质性的研究结果对理论和政策都有一定影响。如果人们在很大程度上受到温情偏好的激励，如果捐赠的减少是由于捐赠者减少了犯错，那么建模的方法可能不同于当人们是搭便车者或有条件合作者的时候。在前一种情况下，明显出现了“错误”的建模法可能是更可取的。（参见如 Anderson，Goeree，and Holt 1998）。而在后一种情况下，可能会采用一种社会偏好论（有关模型的调查参见如 Camerer 2003，Fehr and Schmidt 2003，Sobel 2005，政策应用参见 Tyran and Sausgruber 2006）。实验数据将影响公共政策与管理。我将在后文中对其进行论述，并得出结论。

二、实验室和现场中的有条件合作

本部分先通过呈现从实验室实验得出的一些典型事实来展开。这只是一个简单描述，感兴趣的读者可以查阅莱迪亚德（Ledyard 1995）、加西特和赫尔曼（Gächter and Herrmann 2005）来获得重要经济学实验结果的更完整信息。道斯（Dawes 1980）论述了从社会心理学实验得来的证据。后文中我将对与本部分的实验室数据一致的近期现场实验进行论述，并对证明实验室中的行为与自然发生的现场行为一致的证据进行说明。

（一）来自实验室的证据

线性公共产品博弈（或自愿捐赠机制）对于在实验室中测试搭便车者极为有用。在典型的线性公共产品实验中，n 个人构成一个小组。给予小组的所有成员 z 个代币。每个人 i 必须独立决定向公共项目（公共产品）捐赠多少代币（$0\sim z$ 个）。然后汇总计算整个小组的捐赠数量。实验者将捐赠总数乘以 α（$\alpha>1$），并将所得结果平均分给 4 名小组成员。因此，每个人 i 的得益为：

$$\pi_i = z - g_i + \frac{\alpha}{n}\sum_{j=1}^{n} g_j, j=1,\cdots,n, \alpha>1, \alpha/n<1 \tag{1}$$

第一项（$z-g_i$）是指未捐赠给公共产品的代币得益（“私人得益”）。第二项是公共产品得益。捐赠给公共产品的每个代币现在都值 α（$\alpha>1$）个代币。得到的结果平均分给 n 个小组成员 —— 不论每个人向公共产品捐赠多少。因此每个人都获益于小组其他成员的捐赠，即使自己未向公共产品捐赠。一个理性、自私的个体有保留自己全部代币的动机，因为其每捐赠 1 个代币，从公共产品获得的仅为 α/n（$\alpha/n<1$）个代币，而如果保留代币，手中就有 1 个代币。相比之下，当 $\alpha>1$ 时，如果每个人都捐赠出全部代币，小组作为一个整体就会获得最大收益。

图 2—1 描述了公共产品实验的一个典型结果，实验中，完全相同的博弈重复了十次。实验对象每 4 人为一组，他们都知道实验会重复进行。每个阶段中，每个人获得 20 个代币并决定留下多少或捐赠给公共产品多少。每轮后，告知每个人其他三人的捐赠情况。图 2—1 显示了“陌生人”和“合作伙伴”条件下的不同合作模式。在“陌生人”条件下，每轮实验成员都会任意变换，而“合作伙伴”条件下组员则一直不变。

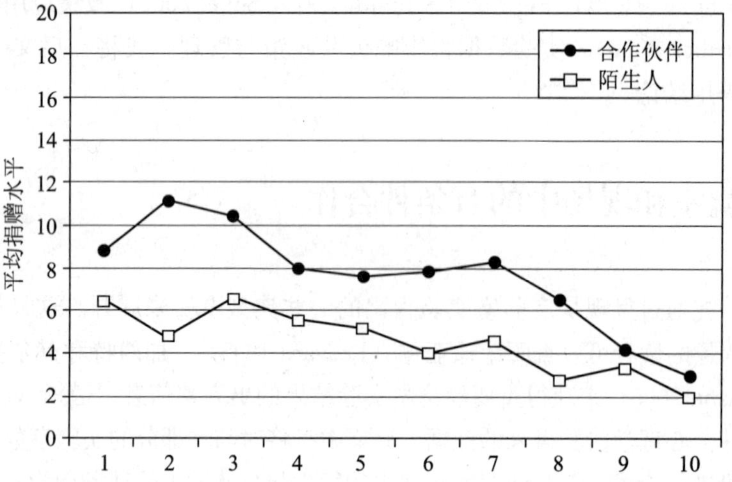

图 2—1　重复 10 次的博弈中成员不变的小组（合作伙伴）和成员随机变化的小组（陌生人）对公共产品的捐赠水平

资料来源：Fehr and Gächter (2000)。

图 2—1 说明了从多次公共产品实验中得出的两个典型事实。第一，人们实际上的捐赠要比理论预测的多。大多数实验中，合作伙伴比陌生人的捐赠多（概述参见 Keser and van Winden 2000 和 Andreoni and Croson 1998）。这个结果及相关结果的意义在于，人们能够立即分辨出他们是（“合作伙伴”条件）否（“陌生人”条件）处于需要策略合作的形势下，以便他们随之调整自己的行为。

第二个典型事实是，合作是非常脆弱的，而且在反复的相互作用下很容易崩溃。为什么会这样呢？一个解释就是人们有利他主义或温情偏好，但他们也必须学会如何博弈。因为错误是一个方向，所以任何错误的决策都好像是一种捐赠行为。帕尔弗里和普利斯布里（1997）验证了这些解释，他们发现数据与利他主义相矛盾。他们为温情找到一些证据，而且得出了人们学习和所犯错误随时间而减少的结论，这就是捐赠减少的原因。

要注意，温情、利他主义和错误都独立于其他人捐赠的动机。长期以来，心理学家们认为人们的合作行为取决于其他人的做法（如 Kelley and Stahelski 1970）。克泽和范文登（Keser and van Winden 2000）是利用实验经济学的方法论对有条件合作的普遍性进行论证的第一批经济学家。科洛森（Croson 2002）通过诱发其他小组成员捐赠的信念而迈出了决定性的一步。她发现信念与捐赠之间存在着显著的相关性：预期他人捐赠得多的人更可能比那些预期其他人搭便车的人多捐赠。这一结果清楚地表明，人的捐赠行为并不是独立于其对他人的预期的。由此可见，科洛森的结论与有条件合作是一致的。

科洛森（2002）并未研究个人行为。她的观察结果是，通常人们都表现为有条件合作，因为他们的捐赠和信念是正相关的。费施巴赫（Fischbacher）和加西特（2006）也得出了和科洛森完全相同的结论，相信信念与捐赠之间存在着正相关的关系。在个体层面上，他们发现，对于有些实验对象来说，信念与捐赠之间呈正相关，而对于其他实验对象来说，即使相信其他人的捐赠为正数，也仍然选择不捐赠。

将信念与捐赠的相关性作为有条件合作的标志存在至少三个问题：第一，信念本身在实验中发生变化，因而超出了实验者的控制范围。第二，搭便车者相信其他人捐赠为零，因而自身也不捐赠，根据观察，他们与那些因为相信其他人是搭便车者而捐赠很少的悲观的有条件合作者是对等的。第三，人们可能会将自身的行为倾向影射到其他人身上，换句话说，信念会反射出一种“假共识效应”（参见，如 Kelley and Stahelski 1970，Orbell and Dawes 1993）。

费施巴赫、加西特和费尔（2001）以及费施巴赫和加西特（2006）通过利用公共产品博弈中的显示性偏好法来推断人们的捐赠偏好，并以此作为其他小组成员捐赠的函数，从而克服了这些难题。因此，实验对象在实验中并不选择一个固定的捐赠量，而是将捐赠量作为小组其他成员平均捐赠量的一个函数。公共产品博弈以 4 个实验对象为一组进行，得益函数与前文中的一样。博弈仅有一次，其目的是为了避免与策略考虑因素相混淆。每个人必须根据其他人的平均捐赠量来决定一个捐赠量。换句话说，其他人的平均捐赠量有 21 个可能值，对于其中的每一个数值，每个人都必须决定其想捐赠的代币数量。

费施巴赫、加西特和费尔（2001）以及费施巴赫和加西特（2006）根据捐赠函数对他们的实验对象进行了分类（详见他们的论文）。实验对象当且仅当在所有 21 种情况下的捐赠量为零时才被称为搭便车者。如果实验对象的捐赠计划是其他人平均捐赠量的正函数，则实验对象被称为有条件合作者。还有一种奇怪的三角捐赠者：当其他人的捐赠量低时，其捐赠量反而增加，而当其他人的捐赠量高时，其捐赠量却减少。图 2—2 展示了费施巴赫和加西特（2006）的实验中不同类型实验对象的平均捐赠函数。

全部实验对象中半数以上是有条件合作者。23%是搭便车者。其余的就是三角捐赠者或无法分类者。费施巴赫、加西特和费尔（2001）得出了一个非常类似的类型分布甚至可以说是平均捐赠模式的分布。奥肯菲尔斯（Ockenfels 1999）、巴德斯利和莫法特（Bardsley and Moffatt 2005）、布兰多和瓜拉（Burlando and Guala 2005）、穆勒等（Muller et al. 2005）、万斯和普特曼（Ones and Putterman，即将出版）以及佩奇，普特曼和由奈尔（Page，Putterman and Unel 2005）也在相关实验设计中发现了异质性合作偏好的证据。这些研究在许多细节上都不同，所以不可能直接比较不同类型的分布。但几乎在所有研究中，多数实验对象都被分为搭便车者和有条件合作者，而后者占大部分。

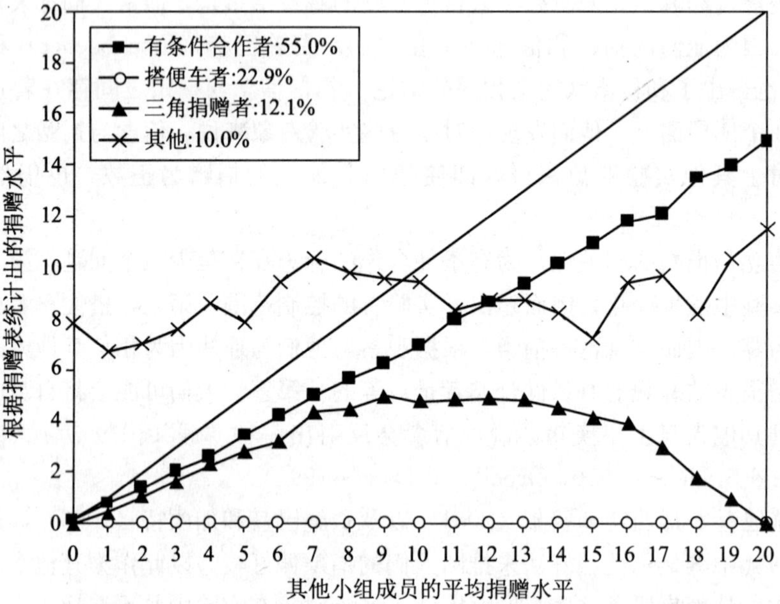

图 2—2　各类型的平均捐赠函数：搭便车者、有条件合作者、三角捐赠者和其他

注：对角线上的数据对应完全的有条件合作者。

资料来源：Fischbacher and Gächter（2006）。

总之，来自实验室的证据明确表明，合作水平远比标准理论预测的要高。而且，我们发现了更强有力的证据：许多人对自愿合作的态度取决于其他人的合作。这表明"温情"并不是一个主导动机。此外，人们捐赠越多，其他人捐赠就越多。这一事实与纯粹利他主义解释相悖，纯粹利他主义预测：当知道其他人已经向公共产品做出捐赠后，人们会减少自己的捐赠量。

第二个重要结论是人们的捐赠偏好是异质的。当很多人看似是有条件合作者时，其实对其中很大一部分人的最贴切形容是搭便车者。而其他人则表现出了更复杂的形式。在后文中我将对直接检验偏好异质性的含义的实验进行论述。但在这之前，我要先谈谈来自现场实验的证据。

（二）来自现场实验的证据

现场实验提供了一个绝好的在自然发生的背景下检验实验室得出的行为相关性结论的机会（也可参见 Harrison and List 2004）。本节中，我将对得出与实验室实验一致的结论的几项现场实验进行论述。

弗雷和迈耶（Frey and Meier 2004）进行了一项有趣的研究。他们的实验对象是苏黎世大学的学生。每个学期注册报到时每位学生都会被问到除学费外他们是否愿目的两项基金捐款 —— 一项是以低息贷款帮助家庭经济困难学生的基金；另一项是资助外籍学生的基金。对前一项贷款基金的捐款额为 7 瑞士法郎（大约 4.7 欧元），而对外籍学生资助基金的捐款额为 5 瑞士法郎。学生们可以捐赠前述固定数额或者不捐，不存在折中数额。该数据集包含 37 624 名学生。现场实验中，随机选择了 2 500 名非新生，其中 2 000 人获悉了其他人捐款的信息：有 1 000 名学生获悉之前有很大一部分人（64%）已捐款，其余的 1 000 名学生获悉之前只有很小一部分人（46%）已捐款。[2]通过对 500 名学生的调查，弗雷和迈耶预计出了捐款学生所占的比例。

实验结果符合有条件合作理论。首先，那些期望其他更多人捐款的学生自己也更可能捐款。明示期望与实际捐款之间的相关系数为 0.34（$p<0.001$）。其次，logit 回归表明，获悉了之前有 64%的人已捐款的学生，与那些获悉了只有 46%的人已捐款的学生相比，更有可能捐款。

海尔特（Heldt 2005）用了一个与弗雷和迈耶（2004）类似的方法来检验有条件合作。在他的自然现场实验中，实验对象是使用越野滑雪坡道的游客，他们被要求为坡道的铺设捐款。海尔特（2005）也巧妙地利用了人们获悉的信息。他发现，那些获悉其他游客中有 70%的人已为坡道铺设捐款的游客比未获悉这一信息的游客的捐赠水平要高得多。因此，这种行为符合有条件合作。

马丁和兰德尔（Martin and Randal 2005）进行的研究在本质上是相似的。在他们于新西兰博物馆里进行的现场实验中，参观者可以通过向一个透明盒子里放钱来向博物馆捐款。实验者操纵着盒子里是否有钱。与有条件合作一致，他们发现盒子里有钱时人们的捐款要比盒子是空的时多得多。

尚和科洛森（Shang and Croson 2005）进行了一项向公共广播电台捐款的现场实验，这是一个自然出现的公共产品。这项研究在本质上与费雷和迈耶的研究（2004）类似。在筹募资金的活动中，那些打电话来捐款（为了延续其会员资格）的人们获悉了之前人们捐款的信息。具体来说，在实验条件下（但非控制条件下），实验者念出下面的话："我们其中有成员捐赠了 75 美元（180 美元或 300 美元）"，然后接着问"今天你想捐多少?"之后，打电话的人可做出承诺（他们想捐赠的任意数额）。结果，共有 538 名成员打电话进行了捐款。捐款的基准水平是上一年的捐款额，上一年的平均捐款额为 135 美元，中间额为 75 美元。这次实验所用到的数额在去年的捐款活动中相当于第 50 个百分位数（75 美元），第 85 个百分位数（180 美元）和第 90 个百分位数（300 美元）。结果再次支持了有条件合作。那些打电话时获悉之前人们承诺捐款 300 美元的人比那些在控制条件下未被告知该信息的人的捐款额要高得多；打电话获悉别人捐款额为 75 美元或 180 美元的人的捐款额比控制组的捐款额也要多，但这一影响并不明显。[3]

综上所述，现场实验结果证实了有条件合作在实际应用中的重要性。下一节中我将简要地讨论一项检验同一个人在实验室内和实验室外表现出的有条件合作程度的研究。这是一个有趣的问题，因为实验室实验有时候由于缺乏外在有效性而备受苛责。

（三）实验室与现场之间的联系

为了获得有关实验室与现场行为之间联系的信息，实验对象参加了一项由本茨和迈耶（Benz and Meier 2005）进行的实验室实验，实验中他们做出了捐款决定。在一个自然发生的环境下，观察到了同一批实验对象对（上述弗雷和迈耶（2004）描述和分析的）两项学生资助基金的捐款决定。在一项称为“社会基金”的实验（$n=99$）中，捐款对象是与自然情况下完全一样的基金；在第二项称为“慈善事业”的实验（$n=83$）中，捐款对象是与大学无关的另一个慈善机构。

结果表明，实验室中和自然情况下发生的行为是有相互关系的。在社会基金实验中，实验中的平均捐赠水平与过去四个学期的平均捐赠水平的相关系数为 0.28（$p<0.01$）。慈善实验中的相关系数是非常接近的（0.27；$p<0.01$）。一项检验多元回归中的社会人口变量的更精确的统计分析证实了主要结论。因此，虽然实验室是一个人为环境，但也可以观察到在自然发生环境下触发的行为。

另一项关于实验室行为与现场行为之间联系的有趣研究是由卡朋特和赛琪（Carpenter and Seki 2005）进行的，他们以一种创新的方法结合了两种环境的优点。他们的研究对象是日本渔民，渔民们既参加了实验室实验，也在日常的捕鱼活动中被观察。具体来说，卡朋特和塞琪从捕鱼量中收集数据，并以此来衡量渔民的社会偏好。卡朋特和塞琪利用一项公共产品有限重复实验（分为有受到社会反对的机会和没有受到社会反对的机会两种情况）来得出对每位渔民社会偏好的 5 个统计学衡量指标：无条件合作水平；有条件合作水平；反对的倾向；渔民对受到的社会反对的反应；对反对的无条件反应水平。结果表明，捕鱼量与实验得出的社会偏好衡量指标显著相关。

我认为，本茨和迈耶（2005）以及卡彭特和赛琪（2005）的实验结果高度强调了实验室与现场的互补性。在实验室和现场中，我们都观察到了真实行为。实验室中，我们是在人为环境下观察行为，而在自然发生的情况下，行为发生在一个背景复杂的环境下。就研究的问题而言，复杂背景和人为性既是缺点也是优点。实验室的优点在于我们可以观察到在实验室外一般不可行的具有一定透明度的动机和行为模式。事实上，我们在严格控制的实验室实验中观察到了有条件合作，这就支持了用有条件合作来解释现场实验结果的观点。现场观察到的有条件合作告诉我们，有条件合作的心理由实验室延伸到了现场。

下节中，我将利用实验室的力量来检验有条件合作和偏好异质性的含义。我把这些实验看作 4 种行为模型，这样可以帮助我们更好地理解在政策相关领域（如税收道德和福利国家的政策）以及管理领域（如工作场所行为）中自然发生的现场情况。这 4 种行为模型还会指导我对公共政策及管理的影响等方面的论述。

三、有条件合作和偏好异质性的 4 种影响

本节中我将介绍检验有条件合作和偏好异质性一般含义的 4 项实验。可检验的影响有：(1) 在随机选择成员的群体中，自愿合作很脆弱；(2) 群体间存在交互作用，也就是说人们会改变自己的合作行为来适应他们所属的群体；(3) 小组结构很重要—— 由志趣相投的成员组成的群体（由合作者或搭便车者组成的群体）中，我们将看到明显不同的合作模式；(4) 信念管理很重要，换句话说，能改变对其他人捐赠多少的信念的因素将影响捐赠行为。我将依次讨论这 4 个假定及其实验支持。

（一）自愿合作是脆弱的

本节中，我将提供证据证明在随机组成的群体中异质动机会导致脆弱的合作。原因是搭便车者可能不会向公共产品捐赠，而有条件合作者的捐赠水平可能并非是最低的，这取决于他们对群体其他成员捐赠的信念。在反复的相互作用下，实验对象了解到了群体其他成员的捐赠情况。搭便车者没有理由对那些消息做出反应。另一方面，有条件合作者会更新他们的信念。考虑到一般的有条件合作者与其他人的捐赠并不完全匹配，其结果很有可能是捐赠量的减少。而且没有理由指望其他类型的人（三角捐赠者和其他人）的行为会抵补这种负向的趋势。

为了严谨地验证这一论点，费施巴赫和加西特（2006）将上述捐赠函数的捕捉过程与一个标准的 10 阶段公共产品博弈结合在了一起。实验以陌生人的模式进行，也就是说，在每个阶段，把每期 24 个实验对象随机分为 4 人一组。不出所料，全部 6 个实验期中的实际捐赠水平是随时间而下降的（从最初的平均 40%降到了最后一个阶段的 10%）。

这种下降实际上应归因于各种异质动机的相互作用吗？利用得出的捐赠函数来预测捐赠水平，就强有力地支持了这一猜测。回想一下，我们的策略是，询问实验对象在所有可行的群体其他成员的平均捐赠水平下，将打算向公共产品捐赠多少。在标准的 10 阶段公共产品博弈中，费施巴赫和加西特（2006）还得出了每个阶段

每个实验对象对于群体其他成员捐赠量的信念。因此，假如对群体其他成员的平均捐赠水平的信念是固定的（stated），我们就能够预测如果某一实验对象与其得出的捐赠函数相一致，他或她会向公共产品捐赠什么。图 2—3 描述了 10 轮公共产品博弈得出的实际平均捐赠水平和依据固定的信念和捐赠计划而预测出的捐赠水平。

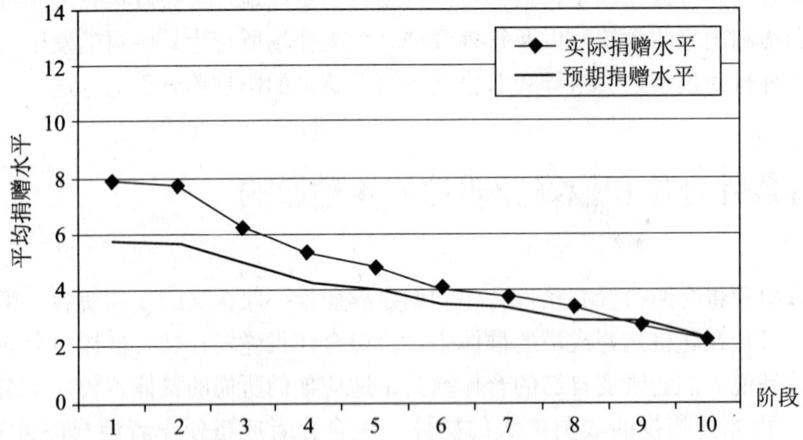

图 2—3　依据信念和计划而预测出的实际平均捐赠水平

资料来源：Fischbacher and Gächter (2006)。

虽然与实际捐赠水平相比，预期平均捐赠水平过低，但我们发现从捐赠函数和信念得出的预期捐赠水平下降并与实际水平逐渐趋同。这个结论证实了偏好异质性将导致不稳定合作的论点。

（二）合作中存在着社会相互作用效应

假如人们被有条件合作激发，这样就可能引起社会相互作用效应，这发生在个体改变自己的行为而成为各群体成员行为的函数时。识别社会或者群体的相互作用（常称为“邻居”或“同群效应”）是十分困难的（Manski 2000）。理想的数据集是在不同群体中同时观察同一个体，除了不同的群体成员外，其他都是一样的。很明显，这在实际应用中是不可能的。相比之下，在实验室里则有可能非常接近这种反事实的状态。在实验中，可以在两个相同的经济环境下同时观察同一实验对象的决定。社会相互作用——一个人会受到其群体成员行为的系统影响的事实——是在这两种环境下表现不同的唯一理由。福克（Falk）、费施巴赫和加西特（2005）设计验证了这一主张：每个实验对象同时是两个群体——群体 1 和群体 2 的成员，并提供两种独立的公共产品。两个群体各包括三名成员，除了同一人外，两个群体中的其他两名成员是不同的人。群体结构在为期 20 个阶段的博弈中都是不变的。福克、费施巴赫和加西特论及了社会相互作用效应，如果下列情况成立的话：在上一阶段群体 1 和群体 2 成员的捐赠水平差别越大，一个群体成员目前的捐赠水平与两个群体的差别就越大。图 2—4 提供了从参加本实验的 126 名实验对象得出的证据。

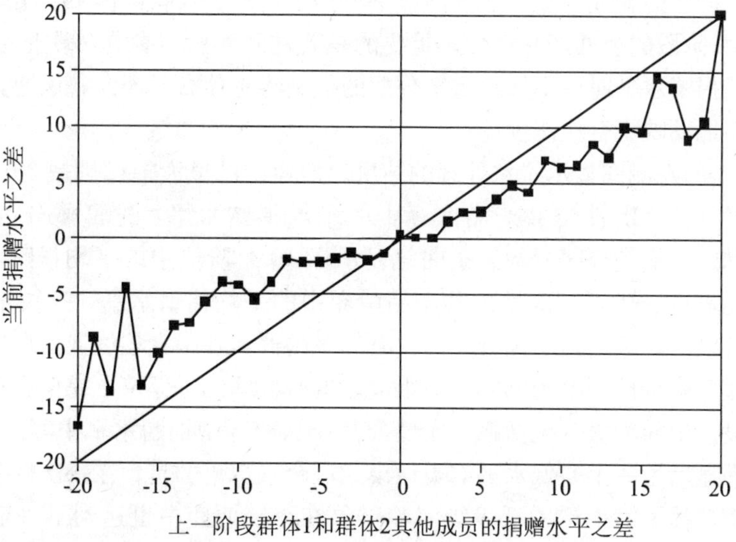

图 2—4　社会相互作用效应：自己的捐赠水平之差作为两个群体中群体成员捐赠水平的一个函数

资料来源：Falk，Fischbacher，and Gächter (2005)。

这些结果为社会相互作用假定提供了强有力的支持。在特定阶段内，大多数实验对象向上一阶段捐赠水平较高的群体捐赠更多。这一结果对于全部 14 个独立的观察单位来说都是成立的，纯属偶然的可能性很小（$p<0.000\ 07$）。

（三）群体结构是重要的

我们已经知道有条件合作者和搭便车者的混合群体不利于在公共产品博弈中达成合作。根据我们的第三个假设，有条件合作者可能更喜欢与志趣相投的合作者进行博弈。假如博弈成员知道他们是志趣相投的一群人，那么合作应该是很简单的。同样，如果"真实博弈"对象正在进行的是一种均势合作的博弈（搭便车是另一种），则知道其他人都是志趣相投的合作者应该使实验对象可以容易地协调合作和阻止搭便车。同样，如果搭便车者知道自己身处搭便车者群体中，那么搭便车将是首要的。

加西特和托尼（Gächter and Thöni 2005）进行了一个实验，实验对象（105 人）按志趣相投分组。志趣相投指的是实验对象的类别一致，根据是搭便车者还是合作者分类。实验从一项 3 人一次性公共产品博弈开始。所有实验对象选定了各自的捐赠水平后，根据其捐赠水平排列。然后实验对象被重新分成 3 人一组，按下列方法进行重新分配：在一次性公共产品博弈中捐赠水平最高的三个人构成第一组。捐赠水平第 4～6 位的构成第二组，以此类推。最后，最不合作的三个人构成最后一组。只有在完成第 1 轮博弈后，实验对象才会被告知再分配程序。然后实验对象获悉其所在群体的新成员在一次性博弈中的捐赠情况。在新群体中，实验对象进行一项为期 10 阶段的公共产品博弈。重要的是要注意实验对象在一次性公共产品博弈中选择其捐赠水平时并不知道重新分配的机制将是什么。因此，该博弈中的高水平捐赠可靠地反映了合作态度。

图 2—5 的左侧图显示了主处理的结果。博弈中的最大捐赠量是 20。为了论述方便，根据其在一次性公共产品博弈中的平均捐赠水平，把群体分为三个等级（高、中、低）。按等级区分的三条曲线显示了 10 个阶段中的平均捐赠水平。在 0 阶段的不连贯点描述了一次性公共产品博弈中的平均捐赠水平，这决定了群体结构。各个阶段的等级仍是明确分开的。高等级的群体在很大程度上由那些在一次性公共产品博弈中全额捐赠的实验对象组成。这些群体几乎保持了完全合作直到倒数第二个阶段。中间等级（包括在一次性公共产品博弈中捐赠水平中等的实验对象）的捐赠水平显示了一个略低水平的类似模式。令人惊讶的是，在一次性公共产品博弈中几乎都选择了零捐赠的低等级实验对象在重复博弈中也达到了一定的合作水平。对于这一观察数据有两种解释：首先，如果不合作的实验对象知道其周围都是不合作的伙伴，那么显然不会有合作的实验对象让其搭便车。这就有可能激励不合作的实验对象为激励其他搭便车者捐赠而进行捐赠。其次，与一次性博弈相反，一个为期 10 阶段的重复博弈甚至可以促使搭便车者策略上假装合作。但直到最后一个阶段，假装合作也不能带来任何得益，因而搭便车实验对象的捐赠水平也下降到零。

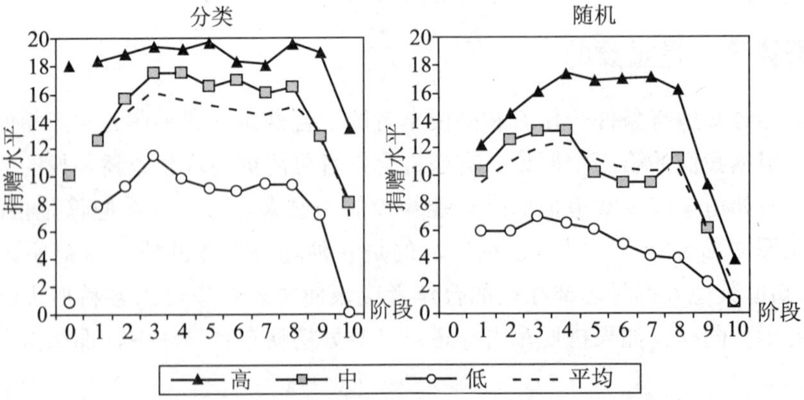

图 2—5　左侧：分类组中已被划分为高、中、低三类的为期 10 个阶段的平均捐赠水平，0 阶段中的不连贯点代表分级组中的平均捐赠水平。右侧：多数、中等和少数合作群体为期 10 个阶段的平均捐赠水平

资料来源：Gächter and Thöni (2005)。

图 2—5 的右侧图显示了来自控制实验的结果。该实验中，群体是随机组成的，也就是说未按合作与否及其程度重新进行分配。为了使两种处理可比较，依然根据

其平均捐赠水平将实验数据分成高、中、低三个等级。而这种划分仅仅反映出捐赠水平不同这样一个事实。控制实验中，实验对象能够在各个百分位点上一直保持高的捐赠水平直到第 8 阶段；只有在倒数第二个和倒数第一个阶段捐赠才降到很低的水平。对于固定群体有限阶段重复的公共产品实验来说，“终局效应”（endgame effect）是很典型的（参见如 Keser and van Winden 2000）。

分类处理的最高级群体中的合作水平比随机处理群体的平均捐赠水平要高得多（右侧图中的虚线）。但如果我们将最高级群体与随机处理中排名第三的最合作群体相比，分类机制的实际价值就很容易看出来了。志趣相投的最高级群体的平均捐赠水平明显高于随机处理中排名第三的最合作群体的平均捐赠水平。

总的来说，身处志趣相投的人中间会强烈地影响各类人的合作行为。相关实验显示了类似的结论。在刚瑟斯德迪，豪泽和麦凯布（Gunnthorsdottir, Houser and McCabe 2007）的实验中，实验对象根据其捐赠函数被重新组合，但是他们并不知道这一情况。在万斯和普特曼（即将出版）还有佩奇、普特曼和由奈尔的著作（2005）中，实验对象知道其他人的捐赠情况，并根据他们的偏好，对其重新进行组合。在所有实验中，重新组合出现了与随机组合显著的不同。因此，由于其偏好的异质性，如万斯和普特曼所巧妙形容的“集体行为生态学”对于自愿合作的效率很重要。[4]

（四）信念管理很重要

由于对他人捐赠的信念对于有条件合作者来说很重要，所以我们的第四个假设主张的是任何改变这些信念的因素都会影响合作。举例来说，费施巴赫和加西特（2006）的实验通过使实验对象的信念发生内在变化模拟了合作水平的降低。为了检验信念是如何被影响的，加西特和雷纳（ Gächter and Renner 2005）在 4 人一组的 10 轮（实验对象知道轮数）博弈中设计了一种主从（领导者—跟随者）模式。具体来说，指定一名群体成员为领导者，群体所有成员具有相同的得益函数（参见公式 2.1）。领导者与跟随者的唯一区别在于，领导者做出了第一个捐赠决定，跟随者在决定其捐赠量前已经看到了领导者的捐赠。在实验中，加西特和雷纳（2005）还让跟随者相信了其他人的捐赠。这就使其能够确定领导者的捐赠是如何影响对其他跟随者捐赠的信念的。

图 2—6 左侧图中空心方格的连线显示了在第 1 阶段领导者的捐赠积极影响了跟随者对其他跟随者捐赠的信念。第 1 阶段特别有趣，因为跟随者并没有观察到其他跟随者的实际捐赠。第 1 阶段中领导者捐赠得越多，在跟随者的信念中其他跟随者的捐赠水平也就越高。这是领导者控制跟随者信念的最主要和最直接的证据。而在实际捐赠中，跟随者的捐赠水平与其信念水平非常接近（参见实心方格的连线）。

图 2—6 右侧图利用各个阶段的数据显示了跟随者的信念与实际的捐赠水平呈显著正相关关系。计量经济学的分析结果表明，这些信念有两个来源：在给定阶段

$t>1$，信念与该阶段中领导者的捐赠水平显著正相关。但信念也与上阶段（$t-1$）中其他跟随者的捐赠水平显著正相关。此外，数量上，对于跟随者对其他跟随者在 t 阶段的捐赠的信念来说，跟随者在 $t-1$ 阶段的捐赠要比领导者的捐赠更重要。因此，捐赠量上有重要的路径相关性。如果领导者在第 1 阶段的捐赠很少，跟随者就很有可能也捐赠很少。这一观察数据——除了领导者的捐赠——也会形成对其他跟随者捐赠的信念。反过来，如图 2—6 右侧图所示，信念与实际捐赠呈正相关。换句话说，一个坏的开始将令领导者很难通过模范带头作用来领导他的群体实现高的捐赠水平。相反，一位从一开始便树立了一个好榜样的大胆领导者将积极影响跟随者的信念和捐赠水平。

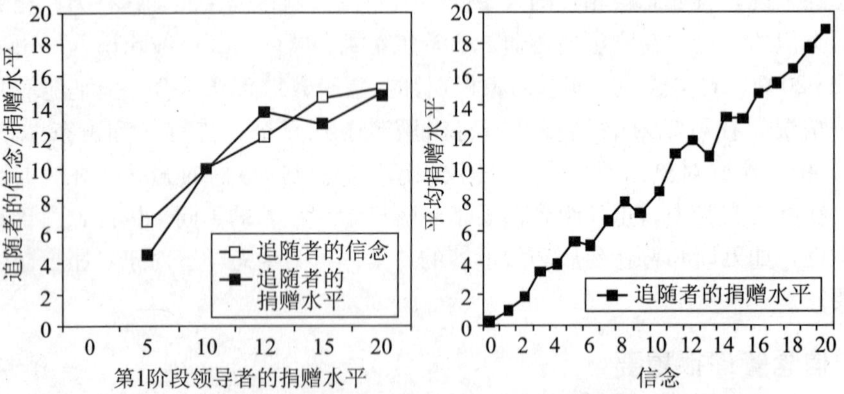

图 2—6　左侧：第 1 阶段领导者的捐赠水平和追随者的信念及实际捐赠水平

右侧：各轮中信念与追随者的实际捐赠水平之间的关系

资料来源：Gächter and Renner (2005)。

总的来说，本节中我介绍了检验有条件合作和偏好异质性含义的 4 项实验。如前所述，我把这些实验看作在某种意义上反映有条件合作和偏好异质性的行为逻辑的行为模型。因此，在最后两节中，我将利用这些行为模型来研究现场现象，以及论述公共政策和管理的含义。[5]

四、理解现场现象

（一）慈善捐赠

前南斯拉夫内战期间，三家奥地利慈善机构组织了一场名为“Nachbar in Not”的募捐活动，为战争受害者提供食品、衣物和医疗救助。三年的时间里，人们仅向“Nachbar in Not”就捐赠了超过 9.5 亿奥地利先令（约合 7 000 万欧元）——还不包括向其他慈善机构的捐赠。由奥地利广播公司组织的“让光明代替黑暗”（Licht ins Dunkel）是另一个非常成功的大型慈善募捐活动案例，多年来一直在圣诞节前后举行。

在这两项活动中，常规做法是在电视或者报纸上登出所有支持该募捐活动的捐赠人的姓名、祖籍和捐款金额。对著名政治家和名人的捐赠予以特别报道。后文中论述的现场实验结果以及实验室实验得出的有关领导者捐赠如何决定跟随者捐赠的结果表明，募捐活动的组织者并不仅仅依靠人们的利他主义情感、同情和温情，也依靠有条件合作。种子基金效应是一种至少部分利用了有条件合作心理的相关现象（List and Lucking-Reiley 2002）。同样，资金募集者常向捐款者赠送一个象征性的礼物。作为有条件合作的一种形式，互惠性理论预测礼物越精美，捐款额就会越高。福克（2004）利用现场实验检验了这种预测，发现实验结果明确支持了这一预测。

有条件合作当然不是人们向慈善机构捐赠的唯一原因（大量评论参见 Andreoni 2006 and Vesterlund 2006）。人们当然也会因为导向原因（Glazer and Konrad 1996）、社会认可（如 Andreoni and Petrie 2004；Soetevent 2005），或因为看到其他人提供有关慈善的信息（Romano and Yildirim 2001；Vesterlund 2003）而捐赠。我们得出的结果表明，除了所有其他动机外，真正的有条件合作可能是人们是否表达善心的重要决定因素。

（二）税收道德、救济金欺诈和贪污

互惠性和有条件合作的规范可能也会影响税收道德。税收道德是一个非常有趣的案例，因为税收一般用于为公共产品提供资金，一个人即使没有纳税，也可以从中获益。的确，来自现场和实验室的证据表明，人们的纳税额比标准偷逃税经济模型预期的要多（如 Andreoni，Erard，and Feinstein 1998；Webley et al. 1991；Torgler 2002）。我们得出的结果表明，在被查到的概率一定的情况下，有条件合作者如果觉得其他人也偷逃税（或冒领救济金），那么他们就更有可能这样做。骗税者太多会破坏税收道德。证据与这一预测相符。如果其他人表现诚实，人们就不太可能再骗税或冒领救济金（如 Cialdini 1989；Slemrod 1992；Andreoni，Erard，and Feinstein 1998；Rothstein 2000）。弗雷和托格勒（Torgler 2004）提供了针对有条件合作与税收道德的相关性的最直接证据。他们利用来自欧洲价值观调查的数据，在 30 个国家进行了多变量分析（每个国家至少 1 000 人）。弗雷和托格勒（2004）发现了人们的税收道德（通过对问题“如果你有机会，你是否会偷税漏税？”的回答来衡量）与人们对其他人是否骗税及其程度的感知存在着正相关关系。[6]但弗雷和托格勒（2004）却不能证明其数据中的因果关系，而费施巴赫、加西特和费尔（2001）以及费施巴赫和加西特（2006）的策略法实验得出的结果表明，因果关系是由于持有对其他人骗税的信念因此自己也骗税，而不是相反。

腐败的普遍性似乎也受类似于有条件合作的动机影响（实验和更多文献资料参

见 Abbink，Irlenbusch，and Renner 2002）。在这些现象中也存在着重要的社会相互作用效应（Bertrand，Luttmer，and Mullainathan 2000；van der Klaauw and van Ours 2003），这也是有条件合作和我们的社会相互作用效应模型的预测。

有一项特别有趣的观测就是对税制公平性的感知很重要（Seidl and Traub 2001）。同样，当局的处理显然也是人们税收道德的一个重要决定因素（Pommerehne and Weck-Hannemann 1996；Frey 1997；Goette and Kucher 1998；Scholz and Lubell 1998；Feld and Frey 2002；Torgler 2003；Cummings et al. 2005；Alm and Torgler，即将出版）。举例来说，卡明斯等（Cummings et al. 2005）公布了他们在博茨瓦纳和南非进行的实验室实验得出的结果。实验表明，税收管理的公平性、感知到的财政交换情况和对政府的态度的差别可以解释观察到的税收遵从度上的差别。卡明斯等人得出，通过在相同国家使用调查答复来衡量税收遵从度，进一步证实了实验结果。

我们的模型如何解释这些实验数据呢？首先，这可能是来自相关个体的一种直接效应，这些个体可能因当局和税收制度的不公平待遇而报以较低的税收道德，而这仅仅是因为纳税人怨恨这些不公平的待遇（Smith 1992）。其次，如前文所述的领导实验中，领导者在很大程度上决定了跟随者对其他跟随者行为的信念，税收当局可能通过对其他纳税人行为的信念而产生间接效应。原因是如果许多人的感受和经验相似，就会降低对其他人拥有高税收道德的信念，进而破坏税收道德。同样，政府对公民诚信的信赖可以引起"信任是相互的"（Feld and Frey 2002）的直接效应，这可能是因为人们希望被视为可以信任的。此外，如果这些感受很普遍，就会影响对其他公民税收道德的信念，从而提高纳税人的税收道德。

还有一项有趣的观测值，瑞士市区的逃税水平比那些公民拥有更多直接民主权利的行政区要高（如 Torgler 2005）。根据我们的模型，直接的民主程序对税收道德可能有积极的影响。这是因为当税法通过公民投票时，直接的民主政策可影响对于其他人税收道德的信念。公民投票代表着人们对一项议题的意见，通过公投结果进行的意见传播会影响人们对其他人行为的信念。泰伦和菲尔德（Tyran and Feld 2002）通过实验检验了这种直觉并为其找到了根据。

（三）对福利国家的团结和支持

专门研究福利国家政策的观察家们（如 Wax 2000；Fong 2001；Fong，Bowles，and Gintis 2005；Lindbeck ，Nyberg，and Weibull 1999）指出，许多人心中的互惠原则都类似于在我们的实验中观察到的有条件合作。方、鲍尔斯和金蒂斯（Fong，Bowles，and Gintis 2002）甚至主张："人们支持福利国家是因为它顺应了根深蒂固的互惠原则和对其他人的有条件义务"。有证据证明，如果人们认为接受者是一名能够自食其力的搭便车者，那么他们就会憎恨某些福利政策（Wax 2000；Fong，Bowles，and Gintis 2005）。在他们有关纳税人愤慨的著作中（即对福利资金的愤慨），贝斯利和考特（Besley and Coate 1992，175）引用了一位英国知名专栏作家——琳达·李·波特（Lynda-Lee Porter）的话，琳达·李·波特巧妙地表达了这种愤慨心理："这支已被晒成古铜色、健康、享乐、自我解雇的年轻大军正在尽情地享受海边的假期，却要我们用一年来买单，是的，我确实对此感到愤怒。我讨厌为了供养那些嘲笑我们昂贵的慷慨体制的无业游民而工作，而恰恰正是因为有了这种体制才使他们可以侥幸地掠得合法收益。"

（四）工作士气

业内人士一致认为，"工作士气"（即忠诚、主动、有创造力、乐于助人、工作热情等）是生产力的关键（Bewley 1999；2005）。我们的模型预测，管理人员和同事行为在很大程度上决定了工作士气。首先，可能存在社会相互作用效应，因为人们会调整自己的工作士气来适应其同事的工作士气。有实验证据证实了这一预测（Ichino and Maggi 2000；Falk and Ichino 2006）。

另外，我们在前文中论述的领导模式，以及针对领导者的进一步实验（如 Potters Sefton，and Vesterlund 2004；Güth et al. 2004）表明，管理者显著地影响着士气和自愿合作水平。据我们所知，并没有系统的证据，只是一些口头流传的轶事证据证实了这一点。举例来说，劳伦斯·温斯坦（Lawrence Weinstein）——尤利（Unisys）公司负责人，在安然丑闻（Enron scandal）之后表示："作为首席执行官（CEO），一旦你越界，那么人们就会认为他们自己也可以越界。"[7]这句话明确地表达了对"榜样领导对于员工的道德行为很重要"这一观点的深信不疑。而且，我们从前文得出的结果表明，由于路径依赖效应，首席执行官的行为对公司士气和文化有着长期影响。

最后，我们从前文得出的结论——群体结构很重要可以解释为何公司明知解雇好像是一种通过威胁来管理的政策，但有时还是解雇工人。而比利（Bewley 1999）指出，公司解雇偷懒者和无能力者来恢复其他人的工作士气。我们的模型可以解释这一点。记住，上面的实验数据表明，由于有条件合作者有过搭便车经历后便停止合作，所以异质群体的捐赠水平下降到了低水平。如果有条件合作者知道他们身处志趣相投的合作者中间，便可建立很高的合作水平。在一个公司内，这可能意味着，只要很少的偷懒者便能破坏工作士气。积极的员工更希望搭便车者被解雇，因为他们不想被其同事利用，并且这样可以重建对其他人的团队精神的信念。

五、对公共政策和管理的影响

本节中，我将根据实验数据和前述4种行为模型来简单地论述政策的含义，先论述公共政策的含义，然后再谈对管理的影响。

(一) 公共政策

公共政策主要与前文中涉及的领域相关。首先观察到的是领导者——政治家和高级官员的行为可能显著影响公民的士气。领导者除了要承担其他职能外，还是信念的管理者。榜样领导很大程度上决定了对其他人行为的信念，如前文中进行的实验。因此，存在一个“乘数效应”，因为一个坏榜样（骗税、贪污和其他方面的不道德行为）可能不仅对相关个体产生直接影响，而且可对其他人将如何应对产生间接的信念影响。其次，可能存在显著的路径依赖效应，从长远来看这会对士气造成不利影响。因此，领导者应该为普通公民树立更高道德标准的榜样。如有针对不廉和不当行为的确凿证据，领导尤其应当快速辞职。

信念管理不仅要通过领导者，还要通过如对税收制度的公平感知、当局的公正对待和直接的民主参与权利等来实现。上述实验结果表明，这些因素都非常重要而且应该得到加强。税制改革应提高税收制度的公平性（基于对税收制度公平性的感知度的切实证据），不仅因为公平是每个人都渴望得到的，也是由于对其他公民税收道德信念的间接效应。类似的结论也适用于税务机关的改革。税务机关如何公开处理逃税会深刻影响人们对逃税的一般信念，从而影响税收道德（详见 Kahan 2005），正如弗雷和托格勒（2004）所证明的。举例来说，税务机关不仅应将逃税者公之于众，而且应该传达出这样一个信息，就是大多数公民都缴纳了应付税款。[8]直接的民主参与权利也可能对税收道德产生巨大影响（参见如 Feld and Frey 2002；Feld and Tyran 2002；Torgler 2005；Torgler and Schaltegger 2005）。由于程序公正性的缘故，人们很看重参与（Benz 2005）。而且，公投结果会向人们传递有关许多问题的规范和价值观，从而决定人们对其他人的规范和价值观的信念。由于宪法的缘故，授予直接民主权利在代议民主制中毫无疑问并不是一件易事。

前文的实验结果表明，搭便车者的存在导致合作减少。若搭便车者未受到惩罚，合作便崩溃了，因为有条件合作者同样也会减少他们的合作。实验表明，如果对搭便车者实施定向处罚成为可能（如 Fehr and Gächter 2000），或将搭便车者从群体中排除（Gächter and Thöni 2005；Cinyabuguma，Page，and Putterman 2005），那么就可以推翻这一结果。如果实施处罚，搭便车者就有了合作的动机，合作者就不会觉得受骗，因此也乐于合作。这表明，政策应着力于惩罚搭便车者（例如，逃税、冒领救济金和贪污）。上述实验表明，目标应该是惩罚搭便车者，并通过使人们相信他们不会被搭便车者欺骗而使他们保持乐观的信念。因此，他们继续与其他志趣相投的合作者们一同维持其道德。

但除了通过法律来强制实施（可能较简单）外，考虑到上述行为规律，这并不是一件易事。惩罚需要公民的监督和普遍质疑。由于两个原因这尚存在问题。首先，有证据表明，监督有可能将内在激励和互惠行为排挤出去（Frey 1993，1997；Bohnet，Frey and Huck 2001；Fehr and Gächter 2002）。其次，监督可能表现出不信任（Falk and Kosfeld 2006），除了挤出效应外，这对于对其他纳税人税收道德的信念有可能产生不利影响。因此，为了避免不信任多数公民带来的负面影响，政策应致力于严惩重罪者，宽待轻犯者（只要他们不是连环犯罪者）（例如，不动用刑法的全部力量）。这样做有两个优点。首先，严厉制裁有一种威慑效应，又能让诚实的公民相信大规模的反社会行为将会受到惩罚，这就降低了所谓的“傻瓜效应”。其次，通过信任公民并提高税收制度和税务机关的公平性，就可以避免可能出现的内在激励和自愿合作被排挤出的现象。

人们实际进行的博弈可能是一种多重平衡，这就使问题变得复杂（参见 Kahan 2005）。流行欺骗是一种平衡，因为当其他所有人都欺骗时，有条件合作者也会欺骗。由于存在多重平衡，所以根据当前有效的平衡，可能需要不同的政策。在拥有高度的信任、高水平的税收道德和低腐败率的平衡的社会中，必须通过有选择性地惩罚骗子和维持有条件合作者的信念的政策来保护这种平衡。假如一个社会陷入劣均衡，就可能需要改进直截了当的惩罚和监督机制了。要了解在偏好异质性和多重平衡存在的情况下什么才是最优策略还需要进行更多研究。

（二）管理

管理结论与公共政策结论非常类似。首先，管理者，特别是高层管理者，应当意识到他们是行为榜样，他们树立榜样并且通过行为的路径相关性能在很大程度上塑造企业文化。就像政治家一样，他们应当树立高道德标准。

其次，在一个组织里处罚偷懒者的问题与在公共政策领域内如何对待反社会行为的问题也很类似。通过威胁的手段进行管理不会带来忠诚，相反却会毁掉内在激励和自愿合作。因此，根据程序上公平这一标准来解雇偷懒者（Bewley 1999；Benz 2005）有助于在具有团队精神的员工中继续保持较高的工作士气。

最后，由于群体结构效应对于合作行为非常重要，所以如果协作对于工作很重要，那么雇佣有团队精神的人就至关重要。志趣相投的人组成团队有助于在不存在威胁和监督及不信任的负面影响的情况下维持高合作水平。

六、结束语

本章中我论述了来自实验室实验和现场实验的证据，这些证据表明，许多人是有条件合作者，而其他人很好地扮演着搭便车者的角色。我相信这种偏好异质性会帮助我们更好地理解实际生活中的重要现象，如税收道德和对福利国家的态度。如果许多人是有条件合作者，对于其他人行为的信念又与自愿合作的程度显著相关，那么政策不仅应考虑到对个体行为的激励效应，也应考虑到政策是如何影响大多数作为有条件合作者的公民的信念和行为的。本文中论述的证据只能被视为一个起点。要想更正确地理解政策对有条件合作和偏好异质性的影响还需要进行更多研究。

注 释

[1] 实验室中可以在一定程度下进行一些在自然场景下通常无法实行的对照实验。在下文所有的实验中，我将讨论这些实验的参与者，他们因自己的决策而赚取了数额可观的钱。因此，实验室中可以观察受控情况下真实的经济行为，并进行因果关系推断，而这些是无法利用自然数据进行的。关于经济学和博弈论中实验的全面概述，参见 Kagel and Roth (1995)、Camerer (2003)；关于实验经济学方法论的讨论，参见 Guala (2005)。

[2] 由于使用的是真实频率（不同时期得来），所以不存在任何欺骗。

[3] 本文的一位评审员认为，一个潜在问题可能是打电话者会担心他们自己的形象以及接电话者是如何看待他们的。

[4] 对于相关文献的进一步讨论，参见 Ones and Putterman（即将出版）和 Gächter and Thöni (2005)。

[5] 相关的讨论和进一步的示例，参见 Falk (2003)、Fehr and Fischbacher (2002)、Kahan (2005)。

[6] 逃税者也可能接受一种其他多少人会逃税的利己信念，从而为自己的不当行为辩护。因此，因果关系不可能来自于对逃税率的信念，但逃税可以引发利己信念。对于提出这一可能性的评审员，我深表感谢。

[7] 引自 2002 年 7 月 27 日版的《经济学人》第 58 页。

[8] 一位匿名评审员引用下列轶事证据指出，交流可能非常重要。印度 1997 年的税收赦免被视为一次财务上的成功（从 35 万多人那儿筹集到了 25 亿美元）。此次税收赦免被媒体炒得沸沸扬扬。体育和电影明星等知名人士均倡导参与赦免项目，这在很大程度上促成了该项目的成功。

参考文献

Abbink, K., B. Irlenbusch, and E. Renner. 2002. "An Experimental Bribery Game." *Journal of Law, Economics and Organization* 18, no. 2: 428 - 454.

Aim, J., and B. Torgler. 2006. "Culture Differences and Tax Morale in the United States and in Europe." *Journal of Economic Psychology* 27, no. 2: 224 - 246.

Anderson, S. P., J. K. Goeree, and C. Holt. 1998. "A Theoretical Analysis of Altruism and Decision Error in Public Goods Games." *Journal of Public Economics* 70: 297－323.

Andreoni, J. 1990. "Impure Altruism and Donations to Public Goods: A Theory of Warm-Glow Giving." *Economic Journal* 100: 464－477.

Andreoni, J. 2006. "Philanthropy." In *Handbook on the Economics of Giving, Reciprocity and Altruism*, ed. L.-A. Gerard-Varet, S.-C. Koim, and J. M. Ythier, 1201－1269. Amsterdam: Elsevier.

Andreoni, J., and R. Croson. 2008. "Partners versus Strangers: Random Rematching in Public Goods Experiments." Forthcoming in *Handbook of Experimental Economic Results*, ed. C. Plott and V. Smith. Amsterdam: Elsevier.

Andreoni, J., B. Erard, and J. Feinstein. 1998. "Tax Compliance." *Journal of Economic Literature* 36: 818－860.

Andreoni, J., and R. Petrie. 2004. "Public Goods Experiments without Confidentiality: A Glimpse into Fund-Raising." *Journal of Public Economics* 88: 1605－1623.

Bardsley, N., and P. Moffatt. Forthcoming. "The Experimetrics of Public Goods: Inferring Motivations from Contributions." *Theory and Decision*.

Benz, M. 2005. "The Relevance of Procedural Utility for Economics." Mimeo., University of Zurich.

Benz, M., and S. Meier. 2005. "Do People Behave in Experiments as in Real Life? Evidence from Donations." Mimeo., University of Zurich.

Bertrand, M., E. Luttmer, and S. Mullainathan. 2000. "Network Effects and Welfare Cultures." *Quarterly Journal of Economics* 115, no. 3: 1019－1055.

Besley, T., and S. Coate. 1992. "Understanding Taxpayer Resentment." *Journal of Public Economics* 48: 165－183.

Bewley, T. 1999. *Why Don't Wages Fall in a Recession*? Cambridge, MA: Harvard University Press.

Bewley, T. 2005. "Fairness, Reciprocity and Wage Rigidity." In *Moral Sentiments and Material Interests: The Foundations of Cooperation in Economic Life*, ed. H. Gintis, S. Bowles, R. Boyd, and E. Fehr, 303－338. Cambridge, MA: MIT Press.

Bohnet, I., B. S. Frey, and S. Huck. 2001. "More Order with Less Law: On Contract Enforcement, Trust, and Crowding." *American Political Science Review* 95: 131－144.

Burlando, R., and F. Guala. 2005. "Heterogeneous Agents in Public Goods Experiments." *Experimental Economics* 8, no. 1: 35－54.

Camerer, C. 2003. *Behavioral Game Theory*. Princeton: Princeton University Press.

Carpenter, J. P., and E. Seki. 2005. "Do Social Preferences Increase Productivity? Field Experimental Evidence from Fishermen in Toyama Bay." IZA Discussion Paper No. 1697.

Cialdini, R. 1989. "Social Motivations to Comply: Norms, Values and Principles." In *Tax Payer Compliance*, ed. J. A. Roth, J. T. Scholz, and A. Dryden Witte, 200 - 227. Philadelphia: University of Pennsylvania Press.

Cinyabuguma, M., T. Page, and L. Putterman. 2005. "Cooperation under the Threat of Expulsion in a Public Goods Experiment." *Journal of Public Economics* 89: 1421 - 1435.

Croson, R. 2002. *Theories of Altruism and Reciprocity: Evidence from Linear Public Goods Games*. Mimeo., University of Pennsylvania.

Cummings, R., J. Matinez-Vazquez, M. McKee, and B. Torgler. 2005. "Effects of Tax Morale on Tax Compliance: Experimental and Survey Evidence." Working Paper No. 05 - 16, International Studies Program, Andrew Young School of Policy Studies, Georgia State University.

Dawes, R. 1980. "Social Dilemmas." *Annual Review of Psychology* 31: 169 - 193.

Falk, A. 2003. "*Homo Oeconomicus versus Homo Reciprocans*: Ans/fitze ffir ein neues Wirtschaftspolitisches Leitbild?" *Perspektiven der Wirtschaftspolitik* 4, no. 1: 141 - 172.

Falk, A. 2004. "Charitable Giving as a Gift Exchange: Evidence from a Field Experiment." Discussion Paper IZA-DP No. 1 148, Bonn.

Falk, A., U. Fischbacher, and S. Gfichter. 2005. "Living in Two Neighborhoods' Social Interaction in the Lab." Working Paper No. 150, Institute for Empirical Research in Economics, University of Zurich.

Falk, A., and A. Ichino. 2006. "Clean Evidence on Peer Pressure." *Journal of Labor Economics* 24, no. 1: 39 - 57.

Falk, A., and M. Kosfeld. 2006. "The Hidden Costs of Control." *American Economic Review* 96, no. 5: 1611 - 1630.

Fehr, E., and U. Fischbacher. 2002. "Why Social Preferences Matter The Impact of Non-Selfish Motives on Competition, Cooperation and Incentives." *Economic Journal* 112: C1 - C33.

Fehr, E., and S. Gfichter. 2000. "Cooperation and Punishment in Public Goods Experiments." *American Economic Review* 90, no. 4: 980 - 994.

Fehr, E., and S. Gfichter. 2002. "Do Incentive Contracts Undermine Voluntary Cooperation?" Working Paper No. 34, Institute for Empirical Research in Economics, University of Zurich.

Fehr, E., and K. Schmidt. 2003. "Theories of Fairness and Reciprocity: Evidence and Economic Applications." In *Advances in Economics and Econometrics. Theory and Applications*. Vol. I, ed. Matthias Dewatripont, Lars Hansen, and Stephen Turnovsky, 208 - 257. Cambridge: Cambridge University Press.

Feld, L., and B. S. Frey. 2002. "Trust Breeds Trust: How Taxpayers are Treated." *Economics of Governance* 3: 87 - 99.

Feld, L., and J.-R. Tyran. 2002. "Tax Evasion and Voting: An Experimental Analysis." *Kyklos* 55, no. 2: 197 - 222.

Fischbacher, U., S. Gfichter, and E. Fehr. 2001. "Are People Conditionally Cooperative? Evidence from a Public Goods Experiment." *Economics Letters* 71: 397 - 404.

Fischbacher, U., and S. Gächter. 2006. "Heterogeneous Social Preferences and the Dynamics of Free Riding." CeDEx Discussion Paper Series No. 2006 - 01, University of Nottingham.

Fong, C. 2001. "Social Preferences, Self-Interest, and the Demand for Redistribution." *Journal of Public Economics* 82: 225 - 246.

Fong, C., S. Bowles, and H. Gintis. 2005. "Reciprocity and the Welfare State." In *Moral Sentiments and Material Interests: The Foundations of Cooperation in Economic Life*, ed. H. Gintis, S. Bowles, R. Boyd, and E. Fehr, 277 - 302. Cambridge, MA: MIT Press.

Frey, B. S. 1993. "Shirking or Work Morale? The Impact of Regulating." *European Economic Review* 37: 1523 - 1532.

Frey, B. S. 1997. "A Constitution for Knaves Crowds out Civic Virtues." *Economic Journal* 107: 1043 - 1053.

Frey, B. S., and S. Meier. 2004. "Social Comparisons and Pro-Social Behavior. Testing 'Conditional Cooperation' in a Field Experiment." *American Economic Review* 94, no. 5: 1717 - 1722.

Frey, B. S., and B. Torgler. 2004. "Taxation and Conditional Cooperation." CREMA Working Paper 2004 - 20, Center for Research in Economics, Management and the Arts, Basel, Switzerland.

Gächter, S., and B. Herrmann. 2005. "Human Cooperation from an Economic Perspective." In *Cooperation in Primates and Humans: Mechanisms and Evolution*, ed. P. M. Kappeler and C. P. van Schaik, 279 - 303. Heidelberg: Springer.

Gächter, S., and E. Renner. 2005. "Leading by Example in the Presence of

Free Rider Incentives." Mimeo., University of Nottingham.

Gächter, S., and C. Thöni. 2005. "Social Learning and Voluntary Cooperation among Like-Minded People." *Journal of the European Economic Association* 3: 303 – 314.

Glazer, A., and K. A. Konrad. 1996. "A Signaling Explanation for Private Charity." *American Economic Review* 86, no. 4: 1019 – 1028.

Goette, L., and M. Kucher. 1998. "Trust Me: An Empirical Analysis of Taxpayer Honesty." *Finanzarchiv* 55: 429 – 444.

Guala, F. 2005. *The Methodology of Experimental Economics*. Cambridge: Cambridge University Press.

Gunnthorsdottir, A., D. Houser, and K. McCabe. (2007). "Dispositions, History and Contributions in Public Goods Experiments." *Journal of Economic Behavior and Organization* 62: 304 – 315.

Güth, W., V. Levati, M. Sutter, and E. van der Heijden. 2004. "Leadership and Cooperation in Public Goods Experiments." Mimeo., Max Planck Institute, Jena.

Harrison, G., and J. List. 2004. "Field Experiments." *Journal of Economic Literature* 42: 1009 – 1055.

Heldt, T. 2005. "Conditional Cooperation in the Field: Cross-Country Skiers' Behavior in Sweden." Mimeo., Dlama University and Uppsala University, Sweden.

Ichino, A., and G. Maggi. 2000. "Work Environment and Individual Background: Explaining Regional Shirking Differential in a Large Italian Firm." *Quarterly Journal of Economics* 115, no. 3: 1057– 1090.

Kagel, J., and A. E. Roth, eds. 1995. *Handbook of Experimental Economics*. Princeton, NJ: Princeton University Press.

Kahan, D. 2005. "The Logic of Reciprocity: Trust, Collective Action, and Law." In *Moral Sentiments and Material Interests: The Foundations of Cooperation in Economic Life*, ed. H. Gintis, S. Bowles, R. Boyd, and E. Fehr, 339 – 378. Cambridge, MA: MIT Press.

Kelley, H., and A. Stahelski. 1970. "Social Interaction Basis of Cooperators' and Competitors' Beliefs about Others." *Journal of Personality and Social Psychology* 16: 190 – 197.

Keser, C., and F. van Winden. 2000. "Conditional Cooperation and Voluntary Contributions to Public Goods." *Scandinavian Journal of Economics* 102, no. 1: 23 – 39.

Ledyard, J. 1995. "Public Goods: A survey of Experimental Research." In

Handbook of Experimental Economics, ed. J. Kagel and A. E. Roth, 111 – 194. Princeton, NJ: Princeton University Press.

Lindbeck, A., S. Nyberg, and J. Weibull. 1999. "Social Norms and Economic Incentives in the Welfare State." *Quarterly Journal of Economics* 114, no. 1: 1 – 35.

List, J., and D. Lucking-Reiley. 2002. "The Effects of Seed Money and Refunds on Charitable Giving: Experimental Evidence from a University Capital Campaign." *Journal of Political Economy* 110, no. 1: 215 – 233.

Manski, C. 2000. "Economic Analysis of Social Interactions." *Journal of Economic Perspectives* 14, no. 3: 115 – 136.

Martin, R., and J. Randal. 2005. "Voluntary Contributions to a Public Good: A Natural Field Experiment." Mimeo., Victoria University, Wellington, New Zealand.

Muller, L., M. Sefton, R. Steinberg, and L. Vesterlund. 2005. "Strategic Behavior and Learning in Repeated Voluntary-Contribution Experiments." CeDEx Working Paper No. 2005 – 13, University of Nottingham.

Ockenfels, A. 1999. "Fairness, Reziprozit it und Eigennutz—Ökonomische Theorie und Experimentelle Evidenz." *Die Einheit der Gesellschafiswissenschafien* 108: 111 – 194.

Orbell, J. M., and R. M. Dawes. 1993. "Social Welfare, Cooperators' Advantage, and the Option of Not Playing the Game." *American Sociological Review* 58, no. 6: 787 – 800.

Ones, U., and L. Putterman. Forthcoming. "The Ecology of Collective Action: A Public Goods and Sanctions Experiment with Controlled Group Formation." *Journal of Economic Behavior and Organization*.

Page, T., L. Putterman, and B. Unel. 2005. "Voluntary Association in Public Goods Experiments: Reciprocity, Mimicry and Efficiency." *Economic Journal* 116: 1032 – 1052.

Palfrey, T. R., and J. E. Prisbrey. 1997. "Anomalous Behavior in Public Goods Experiments: How Much and Why?" *American Economic Review* 87: 829 – 846.

Pommerehne, W., and H. Weck-Hannemann. 1996. "Tax Rates, Tax Administration and Income Tax Evasion in Switzerland." *Public Choice* 88: 161 – 170.

Potters, J., M. Sefton, and L. Vesterlund. 2004. "Leading-by-Example in Voluntary Contribution Games: An Experimental Study." CeDEx Working Paper No. 2004 – 01, University of Nottingham.

Romano, R., and H. Yildirim. 2001. "Why Charities Announce Donations: A Positive Perspective." *Journal of Public Economics* 81, no. 3: 423–447.

Rothstein, B. 2000. "Trust, Social Dilemmas and Collective Memories." *Journal of Theoretical Politics* 12, no. 4: 447–501.

Samuelson, P. 1954. "The Pure Theory of Public Expenditures." *Review of Economics and Statistics* 36, no. 4: 387–389.

Scholz, J. T., and M. Lubell. 1998. "Trust and Taxpayers: Testing the Heuristic Approach to Collective Action." *American Journal of Political Science* 45: 160–178.

Seidl, C., and S. Traub. 2001. "Taxpayers' Attitudes, Behaviour, and Perception of Fairness." *Pacific Economic Review* 6, no. 2: 255–267.

Shang, J., and R. Croson. 2005. "Field Experiments in Charitable Contribution: The Impact of Social Influence on the Voluntary Provision of Public Goods." Mimeo., Wharton University.

Slemrod, J., ed. 1992. *Why People Pay Taxes: Tax Compliance and Enforcement*. Ann Arbor: University of Michigan Press.

Sobel, J. 2005. "Interdependent References and Reciprocity." *Journal of Economic Literature* 43: 392–436.

Soetevent, A. 2005. "Anonymity in Giving in a Natural Context A Field Experiment in 30 Churches." *Journal of Public Economics* 89: 2301–2323.

Smith, K. W. 1992. "Reclprodty and Fairness: Positive Incentives for Tax Compliance." In *Why People Pay Taxes: Tax Compliance and Enforcement*, ed. J. Slemrod, 223–250. Ann Arbor: University of Michigan Press.

Torgler, B. 2002. "Speaking to Theorists and Searching for Facts: Tax Morale and Tax Compliance in Experiments." *Journal of Economic Surveys* 16, no. 5: 657–683.

Torgler, B. 2003. "Tax Morale, Rule-Governed Behavior and Trust." *Constitutional Political Economy* 14: 119–140.

Torgler, B. 2005. "Tax Morale and Direct Democracy." *European Journal of Political Economy* 21: 525–531.

Torgler, B., and C. Schaltegger. 2005. "Tax Amnesties and Political Participation." *Public Finance Review* 33, no. 3: 403–431.

Tyran, J.-R., and R. Sausgruber. 2006. "A Little Fairness May Induce a Lot of Redistribution in Democracy." *European Economic Review* 50, no. 2: 469–485.

van der Klaauw, B., and J. van Ours. 2003. "From Welfare to Work: Does the Neighborhood Matter?" *Journal of Public Economics* 87: 957–985.

Vesterlund，L. 2003. "The Informational Value of Sequential Fundraising." *Journal of Public Economics* 87：627 - 657.

Vesterlund，L. 2006. "Why Do People Give?" In The Nonprofit Sector，2nd ed.，ed. R. Steinberg and W. W. Powell，568 - 588. New Haven，CT：Yale University Press.

Wax，A. 2000. "Rethinking Welfare Rights：Reciprocity Norms，Reactive Attitudes，and the Political Economy of Welfare Reforms." *Law and Contemporary Problems* 63：257 - 298.

Webley，P.，H. Robben，H. Elffers，and D. Hessing. 1991. Tax Evasion：*An Experimental Approach*. Cambridge：Cambridge University Press.

第3章　有关亲社会行为的经济理论和现场证据研究

史蒂芬·迈耶（Stephan Meier）

一、引　言

标准经济理论预测，由于不能禁止个体使用公共产品，所以个体可以免费“搭乘”其他人的捐赠，因此公共产品经常供给不足。大多数决策情况可以被视为公共产品问题。举例来说，人们免费“搭乘”其他人保护环境的努力；没有消费者将努力付诸于争取降低关税税率，因为每个人都受益于由此产生的较低价格；人们让其他人组织社区活动；没有人献血，因为需要时，他或她无论如何都能获得输血；人们不执行社会规范（例如，不在公园内乱丢垃圾），因为他们认为其他人应当这么做；诸如此类。所有这些个人的算计造成了并非最理想的结果：环境保护不够、关税税率未降低、没有社区活动、献血者太少，以及无人执行社会规范。总之，人们不会捐赠足够数量的金钱或时间来向社会供给最佳数量的公共产品。

实际上，搭便车者比标准经济理论预测的要少。在若干情况下，人们的行为并非根据狭隘的自身利益作出，而是亲社会的。举例来说，多数人实际上都纳税，这是根据严格的自利原理无法解释的一个事实（如，Andreoni，Erard，and Feinstein 1998）。由于拥有决定票的几率很低，所以投票的期望效用值接近零，因而标准经济理论预测只有很少的人会出现在投票箱前，但人们确实投票了（如，Mueller 2003）。在政治选举过程中，选民以一种超越财务自利的方式表达对收入再分配的偏好（如，Shabman and Stephenson 1994）。在某些情况下，人们能够阻止对公共资源的过度使用（Ostrom 1990）。而且大部分开放源代码的软件产品也很难根据严格的自利行为来解释（参见 Osterloh，Rota，and Kuster 2003）。

按照标准经济理论，人们本应该利用任何机会来剥削社会或其他个体——但事实并非如此。在各种政治场合下，在公司或家里，人们是“收益放弃者”（rent leaver），意思是他们“不想投资于对他人而言毫无价值但却可以增加自己收入的东西”（Bohnet and Frey 1997，711）。因此，个体向公共产品捐赠了大量的金钱和时间。[1]自利假设在大量的实验室实验中遭到了驳斥（参见 Ledyard 1995；Camerer 2003）。最近对世界上 15 个小规模团体所做的实验性最后通牒博弈进行的研究表明：“这些社会均系统地偏离了自我物质收益最大化的规范模型”（Henrich et al. 2001，77）。

鉴于这些结论，经济学家转而求助于已研究亲社会行为很长时间的心理学家。必然地，就衍生出了解释人们的亲社会行为及其各自行为变化的大量经济学理论。本章研究了有关亲社会行为的经济理论，在各小节中，对特定的理论进行研究并预测行为，然后用现有的实验证据来对照这些假设，提出的实验结论主要是以现场和调查证据为基础，而非实验室实验，但在适当的情况下也引用实验室研究。费尔和施密特（Fehr and Schmidt 2003）、卡默勒（Camerer 2003）、库努（Konow 2003）也以实验为证据来源对公平性和互惠性理论进行了充分研究。

对公共产品的捐赠可以利用自利模型的扩展版本来解释。如果向公共产品捐赠是获得私人产品的先决条件，那么人们可能会向公共产品捐赠（Olson 1965）。举例来说，汽车游说团体，如美国汽车协会（AAA），向会员提供救援服务、保险以及酒店的折扣价格。艺术团体的捐赠者可以获得参加特殊活动、盛大宴会，或在其资助的歌剧院选择座位的权利；甚至还可以自己的名字命名展览馆。除了这些附加福利外，志愿者还可以获得工作经验和社交网络。或者，为了显示自己富有从而提高声望，人们也会进行捐赠（Glazer and Konrad 1996；Harbaugh 1998）。尽管名望并不是有形的，但“声望动机”的一个重要方面是人们是“机械地”表现出亲社会行为，以便获得外界奖励。而以扩展自利为基础的理论并不能解释全部亲社会行为。甚至在匿名的情况下和最后几轮的互惠下，也不能期望有形的额外福利，但人们的行为却往往是亲社会的。虽然一些经济学家并不愿意承认自利假设是有局限性的，但有关亲社会行为的大量实验证据使得解释人类行为的理论超出了自利的范围。

研究步骤如下：介绍有关非自利或“涉他”行为的三种最重要理论：成果导向的亲社会偏好模型、基于互惠规范的理论和关注自我认同的相关性的理论；重点论述制度环境对于解释亲社会行为变化的重要性；提出有关相对价格对亲社会行为的影响的证据；论述个体在亲社会行为方面的异质性以及这种不同对于亲社会行为经济分析的重要性；讨论效用与亲社会行为之间的关系；总结政策结论，并阐述仍然存在的问题。

二、超越自利的理论

亚当·斯密（Adam Smith）在《国富论》（*The Wealth of Nations*）中称赞了个体的自利，他不相信只有自利动机才对人类重要。在他的第一本书《道德情操论》（*The Theory of Moral Sentiments*）中，史密斯写道：“无论人被假定有多么自私，但很明显在其本性中还是存在一些原则，正是这些原则才使其对其他人的财富有兴趣，并且带给了其他人对他来说必需的幸福，虽然他没有从中得到任何东西，除了看着它的乐趣”（1759，3）。近年来，为了描述出一个人对其他人的财富有多感兴趣，以及这些动机是否可以系统地解释亲社会行为，出现了各种各样的模型。可以广泛地区别出三组著名模型：（1）成果导向的亲社会偏好理论假定个体的效用直接取决于其他人的效用；（2）互惠理论基于这样一种观念，即当被善待时，个体的行为也是友好的，反之，他们的行为也是恶意的；（3）第三组理论强调的是对亲社会行为的认同的重要性。

（一）成果导向的亲社会偏好

亲社会偏好的理论是以人们在意其他人的幸福这种观念为基础的。在亲社会偏好的三种最突出的模式中，其他人的效用也能（1）直接影响一个人的效用（纯粹的利他主义理论）；（2）由于帮助其他人产生了“温情”效应而部分影响一个人的效用（不纯粹的利他主义理论）；（3）影响一个人的效用，这取决于自身与他人幸福的差异（不平等厌恶理论）。

1. 纯粹的利他主义

利他主义理论假定其他人的消费或效用必然影响个体自身的效用（如，Becker 1974）。因此，人们表现出亲社会性或向公共产品捐赠，是因为他们希望其他人幸福。利他主义偏好被用来解释各种亲社会行为：捐赠（Smith，Kehoe，and Cremer 1995）、志愿活动（Unger 1991）、在工作场所的行为（Rotemberg 1994），以及诸如独裁者博弈之类的实验室实验中的捐赠（Eckel and Grossman 1996；Andreoni and Miller 2002）。

利他主义理论假定个体希望看到其他人的福利增加，而不管是通过哪种来源得以增加的。这就产生了一个假设，即人们向公共产品的捐赠为正，但其捐赠量与其他人的捐赠量成反比。倘若其他私人个体向公共产品捐赠，或国家向公共产品捐赠，那么人们将以相同的比例减少他们的捐赠（如，Roberts 1984）。

利他主义理论预测其他人的捐赠将彻底挤出一个个体自身的捐赠，根据理论观点和经验事实，这一预测均遭到了批判。从理论的角度来说，例如，可以认为在大群体中没有利他主义者会向公共产品捐赠，因为他或她可以免费搭乘其他人的捐赠（Sugden 1982；Andreoni 1988；Croson 1998）。但实际上，人们会向大型慈善机构捐赠，如红十字会或者国际特赦组织。在实证研究方面，也很难找到证据来支持该观点。虽然已经发现政府开支能够挤出私人捐赠，但挤出并不完整（1美元换1美元），其比例仅为0～50%（出色的调查参见 Andreoni 2006）。[2]

2. 不纯粹的利他主义

由于纯粹的利他主义不能对挤出效应做出准确的经验预测，所以安德雷奥尼（Andreoni 1990）利用“温情”捐赠动机扩展出了利他主义模型。人们不仅在意接受者的效用，而且从他们自身的亲社会行为中得到了一些私人产品利益。相较私人产品利益（如，声望），温情是纯粹内在的，源于捐赠者自身对其亲社会行为的认识。心理学上，各种潜在的动机都可能引起最终以自我为中心的温情效应，例如自我奖励、消极状态解脱、内疚减少（调查参见 Bierhoff 2002）。在自愿的情况下，自我决策和自尊感的增加可能就是内在奖励的动机。在不纯粹的利他主义模型中，挤出从来都不是完全的，因为捐赠者仍能从自己的捐赠中获益。不纯粹的利他主义模型的预测更符合不将公共资助视为私人捐赠的完美替代品而得出的结论。[3]尽管如此，“温情”捐赠模型仍然预测，当其他行为者或政府增加其对公共产品的捐赠份额时，人们将部分减少其自身的捐赠。

纯粹和不纯粹的利他主义理论均假定了稳定的相互依存偏好。根据这些理论，人们因此将表现出稳定的行为。但这一预测与至少两项经验观测值不一致。首先，在多数实验性研究中，亲社会行为随着实验的不断重复而逐渐削弱（例如，Dawes and Thaler 1988）。利他主义理论不能解释亲社会行为的衰减。其次，人们不能总是表现得亲社会从而增加其他人的福利。有时，人们有意识地通过惩罚他们的行为来减少其他人的效用，这与利他主义偏好不一致（Fehr and Gächter 2000a）。为了妥善处理这些非常规行为，不平等厌恶模型的重点放在了相对福利为而非绝对的效用水平上。

3. 对不平等的厌恶

不平等厌恶模型假定一个人在收入分配中的相对位置很重要。根据费尔和施密特（1999）的模型，人们不喜欢不平等。[4]特别是当实验对象的得益比其他人少时，不平等更是令人烦恼。这些模型试图解释原因，一方面，人们表现出支持那些得益不如自己的其他人，而另一方面，他们又表现出反对那些比他们富有的人。[5]实验经济学进行的大量研究已经调查了这种现象并发现人们的在各种情况下的行为的确可以通过不平等厌恶来解释（Fehr and Schmidt 1999）。但除了不平等厌恶外，人们也被其他动机驱动着。例如，蔡内斯和拉宾（Charness and Rabin 2002）让实验对象在多项简单博弈中选择平等得益（例如，400 和 400）或者不平等但常常更高效的得益（接受者 750、独裁者 400）。结果发现存在一种“对社会效率的高度尊重，这种高度的尊重因对富人的关注而得到了缓和”（849）；换言之，通常选择的是较不公平但更有社会效率的结果。与不平等相比人们是否更关心社会福利，这个问题还需进一步研究，可通过一组比简单的独裁者博弈更广泛的博弈来进行。其他研究认为，不平等厌恶并不足以解释全部的亲社会行为（Engelmann and Strobel 2004）。

下一组模型通过捕捉目的的重要性来扩展这些成果导向的模型。

（二）互惠和有条件合作

上述亲社会偏好理论假定人们只重视自己和其他人行为的分配结果。在互惠理论中，人们也关心导致其他人做出某种选择的目的。我们讨论的是当个体以更亲社会的行为方式来回应其他人的友好行为时，以及以敌对的行为方式来回应不友好的行为时（Rabin 1993；Falk and Fischbacher 2006；Dufwenberg and Kirchsteiger 2004）的互惠。最近互惠模型备受关注。该模型声称“实际上社会中的各种生命都包含和蕴涵了相互性，互惠已经被视为使人们组成群体或社会的黏合剂”（Kolm 2000，115）。实验经济学中进行的大量研究（如 Fehr and Gächter 2000b）对其他社会科学提供的证据做了补充，证明了互惠是亲社会行为的一个重要因素。在公共产品博弈中，相互惩罚搭便车者这一选择可以使捐赠率保持在较高水平，即使在重复博弈中也是如此（Fehr and Gächter 2000a）。这并非无关紧要的，因为随着时间的推移，公共产品博弈中的捐赠一般都会逐渐接近完全搭便车的情况。个体确实承担了对搭便车者的有代价处罚。实验对象的捐赠越低于群体的平均捐赠水平，其自身受到的惩罚越重。

关于互惠及其对实验室外亲社会行为的影响也有证据。方（2001）认为，支持重新分配的调查数据也证明了互惠的重要性。认为穷人受到外部环境困扰的人们更加支持重新分配。相反，那些认为穷人没有尽应尽之力摆脱贫困的人们更有可能反对重新分配（也可参见 Bowles，Fong，and Gintis 2006）。这反映出了一个观点，也就是说，如果穷人不捐赠，或不设法捐赠他们应向社会捐赠的份额，那么他们也不应该获得援助。但也有这种可能，通常很自私的人也会因假定福利受益人有能力但却不愿意自助而证明他们自己的行为是正当的。在另一项研究中，方（2003）通过随机匹配福利受益人，并向潜在的捐赠者报告不同的工作努力程度而提出了这种警告。结果表明，在实验前的调查中表示帮助穷人很重要的人对福利受益人的懒惰是特别敏感的。一方面，他们向工作积极性较高的人们提供巨额捐赠，另一方面，对于懒惰的人，他们大幅减少其捐赠份额。在实验前的调查中未表示帮助穷人很重要的人对于受者的懒惰不是那么敏感。

互惠原则似乎在各个领域都很重要，从商品学到政治上的“互投赞成票”（在Cialdini 1993中可以找到大量实例）、守法纳税（Smith 1992）、餐馆小费（Seligman et al. 1985；Conlin，Lynn，and O'Donoghue 2003）、再到工作努力（如Akerlof 1982；Frey 1993；Fehr，Gächter，and Kirchsteiger 1997）。为了测试互惠规范在慈善捐赠中的效用，福克（2004）进行了一次大型的现场实验，潜在的捐赠者在请求函中分别未被赠予礼物、赠予了一个小礼物或一个大礼物。那些收到大礼物的人们与未被赠予礼物的人相比，其相对的捐赠频率高出75%。因此如果一个人从潜在的受助者那里得到一个礼物，互惠规范似乎要求一个捐赠。因此对于捐赠者与接受者之间的相互作用，互惠原则似乎发挥着重要作用。而对于互惠规范，可能不仅仅是捐赠者与单一接受者之间关系的问题，更是互惠是否影响捐赠者间的社会相互作用的问题。

互惠理论有一个含义：人们会正向回应其他人的行为。当一群人必须决定是否向公共产品捐赠时，个体将对其他人的行为做出判断，例如是否友好，然后随之调整自己的行为。假如个体观察到其他人表现得亲社会，那么他们自己也会这么做。没有人愿意成为唯一向公益事业捐赠的人，也没有人愿意成为其他人搭便车的牺牲品。该理论得出的最与众不同的预测是在某一特定群体内，个体i向公共产品捐赠的概率会随着捐赠个体j（$j=1, \cdots, n$；$j \neq i$）所占百分比的增加而增加。这一预测与利他主义理论做出的预测形成鲜明对比，利他主义理论预测群体内个体自身行为与群体内其他人的捐赠水平之间存在着负相关关系。

互惠理论中的条件性观念至关重要。当符合上述正相关关系时，个体即被定义为有条件合作者（加西特对本书第二章论述的有条件合作进行的一项研究）。支持有条件合作的证据可以表明，对于其他人行为的期望与自身行为是正相关的。举例来说，有大量文献证明，人的（自我报告）守法纳税与其对其他人违规的估计有关（例如，Frey and Torgler 2004）。但这种证据无法揭示因果关系的方向。这可能只是一个期望未触发行为的例子，而非行为影响期望的例子。正是因为人们以自己的行为去预测其他人的行为，或因为行为是需要有正当理由的，所以才会发生这种“虚假一致”效应（Dawes，McTavish，and Shaklee 1977；Ross，Greene，and House 1977；Marks and Miller 1987）。

在实验室实验中，一个人可以随机改变一个群体的平均行为，费施巴赫、加西特和费尔（2001）就在实验室实验中通过策略方法解决了因果关系的问题。实验室公共产品博弈中实验对象必须根据其他人的捐赠水平决定向公共账户捐赠多少。研究得出的结论是，约50%的实验对象在其他人提高了捐赠水平时也提高了自己的捐赠水平。为了与多数以实验室实验为基础的有条件合作研究相对照，安德雷奥尼和肖尔茨（Andreoni and Scholz 1998）进行了一项非实验室研究，发现一个人的捐赠量取决于其参照群体的捐赠量。结果表明，如果某个人的社会参照群体中人们的捐赠水平平均提高 10%，则其自身的捐赠水平也有望提高 2～3 个百分点。但由于该项研究的参照群体是以社会经济学特征为基础构建的，所以并未直接测试人们对其他人行为的反应。

弗雷和迈耶（2004）在一项现场实验中发现了有条件合作的证据。实验对象是苏黎世大学的学生，每个学期学生们都会被问到是否愿目的两项基金捐款。现场实验中，随机告知学生们其他许多人已捐款（学生数的 64%），或者其他很少人已捐款（46%）。由于这一信息是根据过去十年的平均比例（捐款率较低），或根据前一学期中的行为（捐款率较高）而确定的，所以并不存在任何欺骗。分析表明，当其他许多学生这样做时，人们便会提高其亲社会行为的水平。[6]

在一项有关守法纳税的有趣的现场实验中，温策尔（Wenzel 2001）首先询问纳税人自己是否守法纳税以及其他人在纳税方面的规范和行为。现场实验中，他告知一小组这种纳税人他们对其他人行为的错觉。实际上，纳税人错误地认为多数其他人的行为没有其自身的行为诚实。当实验中人们被告知其他人比其预期的要诚实得多时，与控制群相比，他们大幅地降低了对减税的要求（在他们的实际行为中）。这一结果可以视为人们的行为以其他人的行为为条件的证据。[7]海尔特（2005）提出了支持现场中有条件合作的证据。在一项创新研究中，他发现如果得知其他滑雪者也捐款，那么越野滑雪者更有可能捐款用于斜坡的维护。尚和科洛森（2005）在现场实验中证实了，当得知以前捐赠者的捐赠水平很高时，人们会增加其在“国家公用广播电台”募捐活动中的捐款额。[8]当在社区中利用一份邻里中已捐款的其他人名单进行募捐时，就存在着正相关关系：名单越长，捐款的意愿越高。

这些研究并不一定表明，感觉到其他人的良好目的会引起个体的亲社会行为。但互惠模型却明确地假定了这一点。因此，最近的实验室研究对目的本身的效应进行了分析。有证据支持目的很重要这一观点。举例来说，布朗特（Blount 1995）公布了在最后通牒博弈中实验对象接受了由随机机制产生，并比另一方慎重选择的报价更低的报价。其他各种研究也证实了这一结论，即，过程特别是另一方行动背后的目的对于互惠来说是至关重要的（参见 Charness and Levine 2003 及其参考文献）。对那些目的的感知通常取决于特定情况。伯纳特和迈耶（Bohnet and Meier 2005）证明，在一项信任博弈中，框架效应改变了对其他各方的目的的感知，互惠行为也因此发生了很大变化。综上所述，有大量研究证实了互惠以及目的对实验室和现场亲社会行为的影响。

（三）自我认同

最近，经济学家认识到了自我认同对于人类行为的重要性（Akerlof and Kranton 2000）。人们不仅想博得其他人的好评，也想有一个良好的自我形象。因此，他们从事了某些活动——亲社会活动——以便显示自己的优秀品质。

波德纳和普雷勒克（Bodner and Prelec 2003）、伯拉布和泰勒尔（Bénabou and Tirole 2004）近期提出了两个模型，这两个模型均将自我认同作为解释亲社会行为的重要元素。它们与成果导向模型的重要区别在于，人们不一定关心亲社会行为本身的结果，但他们的行为影响着其自我认同。因此，亲社会行为实际上是否产生良好形象至少取决于两个因素：首先是什么被视为“良好”，其次是在什么样的环境下亲社会行为是优秀品质的一个重要信号。

社会规范规定了构成一个良好行为的要素。因此管理自我认同通常意味着在一个参照群体中遵守社会规范（如，Bernheim 1994）。因此，前述所讨论的结果——人们基于其他人的行为向公共产品捐赠的结论是与基于自我认同的理论一致的。要想全面理解人们为何在一种情况而非另一种情况下表现得亲社会，亲社会行为模型还需要加入人们对于“哪些行为会被认为是合适的”这一问题的预想。

做出决策的背景对于确定亲社会活动是否是保持一个人的自我认同必需的或重要的信号有着至关重要的影响。举例来说，正如稍后将详细讨论的，亲社会行为的经济方面的激励，可能会使这个信号的重要性降低。亲社会行为可能不仅仅归因于优秀的品质，也受外在动机的影响。因此，亲社会行为的水平可能比没有经济激励时要低（Bénabou and Tirole 2004）。在某些背景下，可能也允许人们表现得自私而不将其归咎于贪婪。在这种情况中，人们可能更愿意表现得自私。莫宁罕、奥伊什和佩鲁特拉（Murnighan，Oesch and Pillutla 2001）发现，在一项简单的独裁者博弈中，将可能选项减少——从在0到10之间以1为增量任意分割减为两个选项，一个为自私分割（10，0），一个为平等分割（5，5）——大大降低了公平分割。减少选项使得实验对象可以将（不公平的）结果解释为在其控制范围之外，从而维持他们的自我认同（参见Dana，Weber，and Xi Kuang 2004；Dana，Cain，and Dawes 2005）。因此，正如下面章节中将详细讨论的，制度环境可能对人们的亲社会行为有着巨大影响。在某些背景下，人们可能会将相同的决策归因于完全迥异的品质——贪婪或无私，并因而影响其最初的决策。

三、制度环境

对于亲社会行为，人们决定向公共产品捐赠的制度环境是至关重要的（例如，Ostrom 2000；Sobel 2002，146-149）。构成人们做出决策的背景的制度环境是非常重要的，即使就物质得益而言，决策都是相同的。这种依赖背景的亲社会行为被艾萨克、马蒂厄和扎贾克（Isaac，Mathieu and Zajac 1991）称为“制度框架”。

制度环境对亲社会行为的影响是双重的。一方面，背景标定了诸如利他主义和互惠等动机的突出性。在存在针对搭便车者的惩罚机制的情况下，互惠规范将比不存在这种制度特征时更重要。另一方面，制度环境可以触发超越利他主义和互惠的动机，正如伯纳特和弗雷（1999）、弗雷和伯纳特（1995）提出的证据所证明的。在独裁者博弈中，他们考虑到了单向识别，也就是说独裁者看见了接受者，但反之则不行。这一制度变化大大增加了合作的意愿。行为方面的变化无法用互惠来解释，因为根据这些理论，识别不应改变在决策情况下的行为。因此，在独裁者博弈中捐赠可能仅仅是由互惠（例如，Hoffman，McCabe，and Smith 1996）或利他主义（例如，Johannesson and Persson 2000）引起的。

情境因素对亲社会行为的影响在各种实验中均得到了证实，在这些实验中，以不同方式做出相同决策对于决策具有决定性的影响（例如，Andreoni 1992；Cookson 2000）。因为框架效应很明显，所以多数实验主义者都试图避免在其决策背景中使用口头暗示。但口头框架并不是影响人类亲社会行为的唯一情境因素。真实的社会环境包含了各种各样决定个体对适当规则的信念的暗示。这与对 15 个小规模团体进行的最后通牒博弈实验得出的结论密切相关：“（...）对经济选择的偏好（...）是由日常生活中的经济和社会相互作用决定的”（Henrich et al. 2001，77）。制度环境至少具有两种突出影响，下面我将分别进行论述。

制度环境改变了社会规范的突出性

制度设置与框架效应改变了对那些在一定情况下被视为公平行为的行为的关注。背景有助于评估使用哪套价值标准。人们是否分享作为礼物收到的 10 美元或必须通过努力工作赚得的 10 美元（作为对照）对捐赠者的“慷慨”有极大影响。在学生之间进行的独裁者博弈中，均等分割总额看似是规范。当必须与一个慈善机构来分享相同金额时，平均捐赠额更高（Eckel and Grossman 1996）。根据伯纳特和弗雷（1999）的理论，情境可以影响社会距离，从而改变行为人之间的移情。慈善机构早就认识到了缩短捐赠者与接受者之间的社会距离的重要性。众所周知，与资助一个试图改善贫困国家孩子的整体状况的项目相比，人们更愿意帮助一个可以辨认的受害人（Schelling 1984；Small and Loewenstein 2003），例如，第三世界的某一个孩子。一般来说，情境因素不仅改变了个体之间的社会距离，也影响着社会规范在公共产品捐赠中的突出性。可以假设，做出决策时对社会背景的依赖程度越大，行为方式就越相关（Bohnet and Frey 1999，44）。

制度环境改变了（潜在的）社会制裁的程度

当违反社会规范时，人们决定向公共产品捐赠的背景就影响社会制裁的程度。即使在匿名的情况下，人们也会遵守内化的社会规范，因为如果不这样他们就会感到内疚、羞愧或恐惧。根据特里弗斯（Trivers 1971）的观点，内化的规范是对违反规范时的社会制裁的反应。甚至怀疑别人不喜欢自己的行为也可以触发依从（Loewenstein 2000）。但是，如果公开每个人的身份，则社会制裁（例如以社会认可或社会指责的形式）是最重要的。在匿名解除的情况下，亲社会行为预计是最显著的（Rege and Telle 2004）。苏特温特（Soetevent 2005）在荷兰教堂进行的现场实验中检验了匿名者的角色。在该实验中，随机选用封闭的收集箱或敞口收集篮来收集捐赠物，敞口篮子两侧的邻居们可以看到捐赠者的捐赠。结果，他们在第二轮捐赠时的捐赠物增加了10%。有趣的是，使用敞口篮子时，人们开始捐赠得更多。

为了阐述制度环境的重要性，我们将论述对亲社会行为有重要影响的三种不同现象：财产权、群体内效应和沟通。

财产权

对于什么是公平分配的感知是由对财产权的获取方式决定的（参见 Frey and Bohnet 1995）。想象一下在两种不同情景下的情形：为了得奖你提交一篇学术论文，你的同事也这么做了。在一种情景下，独立评判委员会选择了你的论文，你因而获得了1 000美元奖金。在另一种情景下，独立评判委员会无法在你和你同事的论文之间做出选择，但通过抽奖法确定你将获得这笔奖金。你会与你的同事分享这笔奖金吗？在你靠运气得到这笔钱的情况下，或许你会这样做。财产权的获取方式改变了内心对公平原则的感知。彻丽、弗雷克布罗姆和苏格恩（Cherry，Fryk-blom and Shogren 2002）调查了在实验室独裁者博弈中对实验者辛勤挣取的财富的分配方式是否与对实验者提供的不劳而获的财富的分配方式不同。当人们获得40美元的赠与时，只有15%的人的捐赠为零。与之形成鲜明对比的是，当人们靠自身赚得40美元，要通过回答一些问题来对这笔财富进行分割时，有70%的实验对象对其他人的捐赠为零。看起来，当人们将获得的财产权归因于一个他们可以影响的变量时，就不能期望他们那么慷慨了。相反，当对财产的分配是基于他们无法影响的因素时（例如，运气），他们就会将平均分享视为更公平（Hoffman and Spit-zer 1985；Konow 2000）的做法。所以，被分配的财产权越有价值，个体分享其财富的可能性就越小。

群体内效应

制度环境可以决定群体的构成和突出性。例如，个体是否面临着需要做出在其自己的公司或超市内表现得亲社会的决策，这对于其决策是至关重要的（参见如，Carpenter，Burks，and Verhoogen 2003）。有证据证明，人们在其群体内（例如同一团体的其他成员）的合作程度比与非群体内的个体（如其他团体的成员）的合作程度要高（参见如，Kollock 1998）。即使是最宽泛地定义的群体（例如，那些喜欢康定斯基（Kandinsky）胜于克利（Klee）的人们）也足以产生一种对实验情景中的资金分配有重大影响的群体认同（Tajfel 1981）。在实验室外也发现了群体内效应。一个其成员在种族和人种方面越平等、越集中的群体，其参与社会组织和活动的意愿就越强（Alesina and La Ferrara 2000），而且对收入再分配的接受度也越高（Luttmer 2001）。在群体内部捐赠率较高的一个原因可能是，在一个特定的群体内，个体对于自己群体的成员和群体外的成员有一种偏见。在再分配的情况下，人们可能将一个群体成员的贫穷归咎于外部环境（例如，运气不好），而非群体成员的贫穷则往往被归咎于不好的个人特征。戈特、霍夫曼和迈耶（Goette，Huffman and Meier 2006）通过随机分配真实的社会群体来隔离群体成员效应。他们发现，随机分配的群体内的合作和利他惩罚更多，但不存在对群体外成员的敌意效应。帮助群体内成员的倾向也可能是由于其他原因，如互惠、社会压力或社会生物学动机。

沟通

大量研究已根据经验证实，沟通对于社会困境中的合作很重要（元分析参见Sally 1995），尽管事实上无法进行强制约定，沟通也因此被视为“廉价磋商”（Farrel and Rabin 1996）。沟通有两个重要作用：首先，人们知道其他人也参与其中。在经过短短几分钟的磋商后，实验对象对其他人合作行为的预期的准确性明显增加（Frank，Gilovich，and Regan 1993b）。如果人们相信其他群体成员将表现得亲社会，则其捐赠的意愿也会增加（与不平等厌恶和有条件合作一致）。而沟通则必须是面对面地影响其他人的判断，当沟通只能通过电脑进行时，其对于合作的影响更小（Ostrom 2000）。其次，沟通为实验对象提供了一个询问其他个体将要怎么做的机会。多数实验对象都可以进行沟通以便就共同行为达成约定（Frey and Bohnet 1995）。虽然这种协议无法被强制实施，但人们却很少违反。人们似乎认为他们不得不坚持自己的承诺，因为违反承诺会增加其心理成本。[9]对于有关志愿者（Freeman 1997）、捐款（Long 1976）、参加政治示威（Opp 2001）甚至是第二次世界大战期间营救犹太人（Varese and Yaish 2000）的决策而言，都可以证明“被询问的重要性”。被询问的重要性在于，它不只是针对某些挑选出来的人进行询问（选择那些看起来更像潜在志愿者的来询问）。这一请求多少带有一些社会压力，所以，与书面请求相比，人们才更可能被面对面的请求说服。与请求者的关系越近，捐赠概率就越高（Freeman 1997）。

本节中，我们证明了制度环境影响着亲社会行为的各个方面。然而，对于制度因素如何以及何时不同程度地影响亲社会行为的认识仍然不足。

四、物质激励和亲社会行为

从经济学的观点来看，人们的亲社会行为应当取决于相对成本：亲社会行为越昂贵，这种行为就应该越少。这是本书前几节中论述的模型的一个特点。相对价格和激励可以被理解为前述制度环境的重要因素。本节中将对金钱激励对亲社会行为的影响进行更详细的研究。

当人们对亲社会行为成本的变化做出系统反应时，就产生了通过给予亲社会行为一定的物质激励，从而使这种行为增加的机会。在慈善捐赠中，捐赠者能够从其捐赠中获得“回扣”，或其捐赠可以得到“匹配”。而第一个机制一般通过从应税收入中扣除慈善捐赠来实施；第二个机制一般通过雇主公司其员工的捐赠提供“匹配”来实施。这些增加亲社会行为的物质激励当然可以在所有涉及亲社会行为的领域中实施：志愿活动、乱丢垃圾、有组织的公民行为等。

下文中介绍了物质激励对于亲社会行为的两个矛盾效应：(1) 根据普通相对价格效应，提供物质激励时亲社会行为将增加；(2) 在一定环境下，物质激励相反可能会由于动机挤出效应而降低进行亲社会行为的内在动机（Frey 1997b）。在这种情况下，物质激励对于亲社会行为的净效应可能是正，也可能是负，取决于两个效应的大小。因此，在特定环境下，相对价格效应可能会逆转。

(一) 亲社会行为的相对价格

相对价格对于亲社会行为的重要性可以通过非常富有的美国公民与最近的税制改革方案的对立来阐述。以微软的创立者比尔·盖茨为中心的一群富有公民，一直以来反对采用会从根本上降低富人税收负担的新税法（Gates and Collins 2002）。

大量文献都试图分析有关人们对捐款价格的反应的假定是否是建立在一个坚实的实证基础上（参见 Andreoni 2004 所做的调查）。这一研究分支得出了两项值得一提的结果。

首先，估计价格弹性支持了捐款价格对于亲社会行为很重要这一假定。估价弹性在－0.4～－3.0，但多数集中在－1.0～－1.3（Andreoni 2004）。最近根据面板数据进行的研究发现，稍低的价格弹性在－0.51～－1.26（例如，Auten，Sieg，and Clotfelter 2002）。这意味着，举例来说，减掉慈善捐赠的抵税额将提高纳税人的单位捐款价格，当纳税人面临 30%的边际税率时，取消抵税会使慈善捐赠的价格由 0.7 上升为 1.0。相应地，慈善捐赠将减少 15%～36%。[10] 为人们的捐赠提供匹配，这是改变捐赠相对价格的另一种方法，也可以增加亲社会行为的意愿（Meier 2005a）。已经证实，“匹配”是比“回扣”更有效的一种补贴机制（Eckel and Grossman 2003，2005）。实验室研究证明了亲社会行为的另一种形式——规范执行，也对价格的变化做出反应，似乎惩罚是一种正常的商品（Carpenter 2002；Putterman and Anderson 2006）。

其次，分析亲社会行为的相对价格效应时也必须考虑到替代性和互补性。慈善捐赠，举例来说，可以是金钱上的（慈善捐款）或时间上的（志愿活动）的进行。如果捐款和志愿者劳动是互补的，那么上述免税措施也会增加志愿活动。但如果当现金捐赠的价格降低时人们不再参加志愿活动，那么就会因不计对志愿活动的效应而对这种价格降低的好处估计过高。与标准经济理论相反，时间和金钱的捐赠通常被认为大致上是互补的（Brown and Lankford 1992；Freeman 1997）。[11] 因此，仅仅以金钱捐款为中心无法全面论述降价对亲社会行为的影响。

(二) 动机拥挤效应

然而，相对价格效应并不总是有效。在某些情况中，动机挤出效应会对相对价格效应不利（Frey 1997b）。这对于亲社会行为来说非常重要。激励可以逐渐削弱，甚或挤出亲社会行为的内在动机（Bénabou and Tirole 2004）。

早在经济学家开始认真思考“奖赏的隐藏成本”（Lepper and Greene 1978）或“贪腐效应”（Deci 1975）前很久，心理学就已对于动机挤出效应熟知了。早期的见解中，蒂特马斯（Titmuss）的《礼物关系》（*The Gift Relationship*）（Titmuss 1970）一书认为，对于献血者的金钱激励将逐渐损害他们的动机并减少献血总量。尽管蒂特马斯并未提出任何实验性证据，但从那时起，大家便开始搜集有关动机挤出效应的大量证据（扩展研究参见 Frey and Jegen 2001）。在心理学中，大量的实验性研究已经促成了数项元分析，这些分析大都支持这样一项结论：（外部）激励对于内在动机有损害效应（例如，Deci，Koestner，and Ryan 1999）。[12] 在经济学中，明确地测试挤出效应的几项研究涵盖了涉及亲社会行为的许多活动。本节仅限于讨论志愿活动、公民义务和信任关系这三个实例。

已发现，金钱激励的引入降低了志愿者的工作积极性（Frey and Goette 1999；Gneezy and Rustichini 2000a）。弗雷和戈特在一项计量经济学研究中证明，提供的经济奖赏数量会增加志愿提供服务的时间，而事实是提供经济补偿大幅度地降低了志愿活动的数量。获得中等补偿金额的志愿者比那些获得较多奖赏或未得到任何奖赏的人工作得要少，结果表明存在挤出效应，这对于志愿者工作相关政策有重要意义。证据特别指出了拥挤效应的两个重要方面。

首先，（外部）激励的引入显著地改变了对决策情况的知觉。在伴有外部激励的情况下，人们似乎以“交换模式”表现，在该模式中他们进行战略考量并开始计算（“我不是在为仅仅 5 美元/小时而工作吧？”）（Gneezy 2003）。相反，在没有外部激励的情况下，人们的行为似乎更愿以“道德模式”表现，在该模式中亲社会行为获得内部奖励，例如“温情”效应（Heyman and Ariely 2004）。

特别是少量的外部激励被认为对观察到的亲社会行为有巨大的负面影响，因为通过巨大的外部效应，相对价格效应将占优势。这一点在由格尼兹和拉切奇尼（Gneezy and Rustichini 2000a）进行的一项现场实验中得到了证实，实验中这两人向自愿收集货币捐款的孩子提供了外部激励。实验证明，较弱的外部激励显著地降低了志愿者的积极性，而给与较大的外部激励时，工作积极性也大大提高。通过负激励（罚款）和正激励（奖励）可观察到这一效应（Gneezy 2003）。

学者们在需要公民义务形式的内部动机的活动中发现了其他的重要拥挤效应。弗雷和奥伯霍尔泽-吉（Frey and Oberholzer-Gee 1997）在局部选址不良的项目背景下（所谓的“邻避效应”问题）研究动机挤出效应。经济理论提出了针对这些项目的一个简单解决方案，这些项目通常是合乎社会期望的但却给近邻带来了巨大损失：所有其他社区都应对“邻避效应”项目所在社区进行补偿，以使其净效益为正值。弗雷和奥伯霍尔泽-吉分析了瑞士居民对于接受核废料仓库补偿的反应。50%以上的被调查人同意接收核废料仓库，不必补偿，而提供金钱激励使接受率降到了

24%。作者对这一降低的解释是，在接受有害设施这一事件中，公民的道德感被提供的经济补偿挤出了。一项亲社会行为的公民义务不仅能被明确的金钱激励挤出，而且能被法律和规则挤出。这一概念的一个重要应用是税收道德，在这方面挤出效应可以产生巨大损失。税收道德或许解释了许多国家的低逃税率：其在很大程度上取决于政府与公民之间的信任。一部试图惩罚公民的宪法可以被认为是不信任的，从而降低了公民道德（实验证据参见 Frey 1997a）。

一般而言，引入金钱激励会对以信任为基础的亲社会行为产生很大的负面影响。在对首席执行官进行的一项实验室实验中，费尔和李斯特（2004）发现了伴随外部激励产生的损害效应。在一项信任博弈中，如果第一位参与者使用了一个外部激励，那么第二位参与者会返回少量金钱。然而，如果可以实施一个外部激励，就能达到最高效率，但实验对象明确地信任彼此，没有使用激励机制。因此。虽然总的来说，信任是被外部激励挤出的，但激励存在却并不使用使得亲社会行为增加。伯纳特、弗雷和赫克（Bohnet，Frey，and Huck 2001）进行了一项研究，研究中实验对象必须决定其是否想在不知道对方是否会履约的情况下与其签订合同。作者公布了挤出效应：在合同执行力薄弱情况下的履约率高于合同中等执行力的情况。只有当协议执行力远远超过中等程度时，才能再次履约。这些数据证明了中低激励可以挤出信任和内在动机的观点。福克和科斯菲尔德（Falk and Kosfeld 2004）对激励的不良效应进行了一项有趣的实验室研究。在他们的研究中，一个委托人做出的控制决策降低了代理人的动机和努力。

外部激励并不总是引起动机挤出效应。通过研究现状，可以说明在哪些条件下外部激励有更正面或更负面的影响。对于这些可辨识条件的讨论确认了拥挤效应对于亲社会行为特别重要这一观点。[13]

只有当人们从一开始就有内在动机时，内在动机才能被外部激励挤出。举例来说，当人们仅仅由于外部激励而承担一项任务时，外部激励的增加必然会增加努力，正如标准价格理论所预测的。但向公共产品捐赠时间或金钱通常会涉及一些内在动机。因此，必须非常谨慎地考量为增加亲社会行为而引入外部激励。

当外部干涉被视为控制时，就有可能出现动机挤出效应（Enzle and Anderson 1993）。心理学上，当他们降低个体感知自决时（Rotter 1966 and Deci 1975），或当他们干涉基于相互信任的关系时（Rousseau 1995），外部激励就会产生负面影响。但如果谨慎地利用外部激励（例如，以一种承认个体内在动机的方式），它们就不会被视为有敌意和控制的，而且甚至可以支持和增加亲社会行为（挤入效应）。

在其支配标准相对价格效应的前提下，动机挤出效应仅对行为产生了一种净负面效应。如前所述，这在采用弱的（正面或负面）激励时是最可能出现的情况。但在亲社会行为的背景下，动机拥挤效应也并不会因此而变得无关。首先，也有很多弱激励也非常重要的情况。就亲社会行为来说，引入弱激励经过了广泛讨论，如在志愿活动的背景下。其次，对外部激励的依赖会导致选择具有一定自私导向的人们。而对于有些任务而言，希望吸引那些受外部激励推动的人们（参见如，Lazear 2000），而在其他领域，如非营利或慈善事业领域，则不希望如此。再次，假如亲社会偏好被长期影响，亲社会行为就不会再达到原水平，即使外部激励被撤销。迈耶（2005a）提出了来自现场实验的启发性证据，证据表明，在捐赠背景下提供匹配增加了在此期间的捐赠。如果不提供匹配，人们的捐赠意愿就降至低于原水平。格尼兹和拉切奇尼（2000b）提出了来自现场实验的证据，证据表明即使撤销不良激励后也不会再达到亲社会行为的原水平。最后，对于某项任务的外部激励不会仅仅降低针对该特定任务的内在动机，而且也会波及其他领域（Frey and Benz 2000）。这可能会破坏那些实际上未受到外部干涉的领域中的外部激励。外部激励的损害效应对于未受其直接影响的领域的破坏性可能更大。

五、个体的异质性

在标准经济理论中，偏好通常（但并不总是）被假定为是同质的。在这一假定的基础上，学者们对亲社会行为有了各种各样的预测。但是，重视亲社会态度的变化产生了有趣的附加含义。首先，个体之间存在显著差异：安德雷奥尼和米勒（Andreoni and Miller 2002）在一项基于独裁者博弈的研究中证明，约47%的个体可以被称为是自私的（但只有23%的人是完全自私的），而其他53%的人可以被称为是“涉他”（other regarding，即关注他人）的。费施巴赫、加西特和费尔（2001）在一项公共产品博弈中发现30%的个体表现得像搭便车者，还有50%的人可以被称为有条件合作者。下面我将对异质性的三个含义进行论述。

不同类型的人之间的相互作用是理解合作为何稳定以及为何供给公共产品的关键。举例来说，设想自利个体与互惠个体发生相互作用的情况。互惠个体的存在可以改变利己主义者的物质激励，从而使其表现得亲社会。有限几种互惠典范的存在可以对市场和组织的总结果产生巨大影响（参见 Fehr and Fischbacher 2002 所做的调查）。一个亲社会个体是否会使一个利己主义者表现得亲社会，或相反地，几个利己主义者是否会使亲社会个体开始搭便车，这是一个关键取决于制度背景的问题。[14]要分析导致上述任一情况的制度，必须了解异质性个体是如何相互影响的。

制度环境会不同程度地影响个体。分析制度变化的影响时，考虑到异质性个体是很重要的。迈耶（2005a）提出了来自一项受控现场实验的额外证据，表明只有特定类型的人们才会对相对价格的变化做出反应。此外，对于物质激励的引入对其亲社会行为动机的影响，人们的反应截然不同。引入外部激励时，有着亲社会倾向的人可能会减少其由内在动机驱动的亲社会行为，而有着更自私倾向的人可能会增加其亲社会行为以得到额外奖励。

异质的亲社会偏好的演变可以帮助人们理解亲社会偏好是如何被培养起来的。很少有人了解经济学中的这一问题。有一种重要观点认为，教育可以影响亲社会行为甚至可能影响偏好。特别是，有人认为，如果教给经济学和商学学生一些道德规范而非自身利益最大化理论时，他们未来会成为更好的公民和管理者。经济学学生被描绘成比非经济学学者更加利己，部分原因是培训改变了他们的行为（例如，Frank，Gilovich，and Regan 1993a and 1996）。但弗雷和迈耶（2003）在分析了大量数据集后发现选择经济学作为专业的人在他们入学以前早就倾向于利己主义了。在这种情况下，就可以说“经济学家是天生的，而不是后天培养的”。

六、亲社会行为如何影响幸福感?

在思想史中，亲社会行为一直是与人类福利联系在一起的。在犹太—基督教传统中，帮助他人是实现最终幸福目标的唯一途径。但仍然没有实验证据证明一个亲社会的人比一个只关心其狭隘私利的经济人更幸福。要回答构成美好生活或幸福生活的要素这个问题，必须要了解亲社会行为是如何影响效用（幸福感）的。主观幸福感一般被用作效用的代名词。弗雷和斯塔特勒（调查参见 Frey and Stutzer 2002a and 2002b）对于经济学家为何以及如何从幸福感研究中学到东西进行了深入研究。

有关亲社会行为的各种理论引起了对从亲社会行为获得的效用的各种不同预测。下文中介绍了这些根据经济学中的有限实验证据以及心理学和社会学中记载的证据而得出的预测。

（一）不平等和幸福

根据这些理论，如果人们发现其他人的生活在提高或存在不平等，无论是两个个体之间不平等还是一般的社会不平等，他们的幸福感都减少了。重要的是，效用的增长独立于其自身的决定，而根据不纯粹的利他主义，个体自身的决定是亲社会行为的“温情”的一个重要来源。有几项研究对不平等的整体效应，以及其他人的物质幸福水平对个体幸福水平的影响进行了调查。阿莱士西纳、迪特拉和麦卡洛克（Alesina，Di Tella，and MacCulloch 2005）发现，当不平等很严重时，人们不太可能感觉自己幸福。但是，欧洲的这种“不平等厌恶”要比美国明显。有趣的是，在这两块大陆中，不平等对穷人的幸福感的影响和对富人的幸福感的影响也是不同的。在美国，似乎只有富人遭受到不平等效应，而在欧洲，穷人的幸福感由于严重的不平等而降低。对于这一与纯粹不平等厌恶相矛盾的结果，作者的解释是因为欧洲国家与美国之间的社会流动性存在差异。因为美国的社会流动性较高，富有的美国公民将严重的不平等解释为发生不幸生活事件时降低损害程度的潜在风险。根据作者的观点，贫困的美国公民相信他们可以大幅改善自己的收入情况。相反，贫穷的欧洲人感觉陷入了贫困中。因此，人们不仅关心不平等的结果（收入分配是否或多或少不平等），也关心导致既定结果的过程（个体是否能左右结果）。[15]但施瓦茨和哈珀（Schwarze and Härpfer 2004）发现了与德国对各个收入等级的不平等厌恶相一致的证据。在他们的专门小组调查中，人们的生活满意度与区域层面上的不平等程度呈负相关。

蔡内斯和格罗斯科普夫（Charness and Grosskopf 2001）在独裁者博弈中发现幸福指数与对平等的偏好之间不相关。选择更平等得益的实验对象在决定之后并未表示自己获得了更多幸福，在决定前表示自己较幸福的实验对象也并未选择更平等得益。因此实验并未证明幸福与不平等相关这一假设。但总的幸福指标显然是对较小的生活事件较不敏感的。因此，预计他们不会受到实验室实验得出的低风险结果的影响。要了解其他人的效用水平如何影响自身的幸福感还须进行更多研究。

（二）亲社会行为和幸福感

不纯粹的利他主义理论预测，亲社会行为可提高效用。在这一研究分支中，重点在于亲社会行为本身对主观幸福的影响。心理学家和社会学家进行的各种多数以志愿活动为中心的研究发现，亲社会行为与幸福之间呈正相关（调查参见 Wilson and Musick 1999）。志愿者比非志愿者报告的幸福指数要高，他们较少沮丧而且死亡率低于平均值，对于老年志愿者来说尤其如此（Wheeler，Gorey，and Greenblatt 1998）。

人们可以从志愿活动中得到“温情”，因为帮助其他人增加了他们感知到的自我尊重或者自我效能。志愿活动也可以产生一种“流畅”状态，这取决于承诺的范围、技术的运用，以及任务中包含的成就感（Argyle 1999，364—365）。换句话说，志愿活动形式的亲社会行为的正面效应可能是由于社会融合的影响。感到融合并享有许多个人关系的人们被认为比感到孤独的人更幸福。根据这一解释，志愿活动增加了人们的幸福不是因为他们帮助其他人，而是因为他们感到了融合。多数关于亲社会行为对幸福影响的研究（多数是志愿活动）无法区分因帮助行为而产生的效用和因社会参与等意外情况而产生的效用。此外，多数实证研究都采用了参与者自我评估志愿者活动的影响的截面数据。除了因志愿者自我评估其活动收益时的反应偏向引起的问题外，此类研究很难评估因果关系的方向。事实上，也许不是亲社会行为使人们觉得更幸福，而是因为更幸福的人更愿意表现得亲社会。有证据证明，幸福感影响一个人帮助其他人的意愿。在许多实验中，首先要利用的就是实验对象的情绪（举例来说，通过让他们“找到”一枚硬币或让他们在博弈中获胜），随后实验对象便有机会在一项任务中提供帮助或者向慈善机构捐钱。结果发现，因诱导而拥有好心情的人更有可能帮助其他人（Harris and Smith 1975；Isen，Horn， and)。[16]

库努和厄尔利（Konow and Earley 2002）通过简单的独裁者博弈弄清了影响幸福与亲社会行为之间关系的各种效应。在实验对象做出在其自身与其他实验对象之间分配一定数目的金钱的决定之前或之后，他们向实验对象提出了各种有关其主观幸福感的问题。结果显示，亲社会行为与幸福之间存在着一种间接关系：慷慨有助于自我实现，反过来又提高了长期幸福感。

迈耶和斯塔特勒（2004）借助德国的大型数据集发现了证明志愿者比非志愿者对自己的生活更满意这一结论的强有力的证据。他们通过一项自然实验（民主德国及其志愿者基础结构部门的瓦解）对因果关系进行了研究，将意外失去参加志愿活动机会的人们与那些志愿者状态未发生变化的人们进行比较。结果发现，因为非自身原因失去作为志愿者的机会降低了人们的幸福感。这一结果表明，幸福与志愿活动之间的相互关系有一部分是因为志愿活动带来了较高的幸福感。

七、结束语

强有力的证据表明，人类行为不仅仅是由狭隘的利己主义推动的。从事亲社会活动时，人们承担代价，如自愿向公共产品捐赠金钱和时间或执行社会规范。对于经济和社会结果来说，亲社会行为具有广泛和数量上的重要性。制定制度时，也必须考虑到亲社会行为。否则，制度就无法实现其既定目标。

近年来，许多理论进一步发展，做出了使亲社会行为正式化的尝试。本研究中介绍的最重要的理论可以分为三类：（1）强调分配结果的理论，如结果导向的亲社会偏好理论；（2）突出导致特定结果的过程的重要性（例如，相关人员的目的）的理论，这是互惠和有条件合作理论强调的一个方面；（3）突出人们的自我认同对于亲社会行为的重要性的理论。

本研究中产生的一个重要见解是，制度环境会对亲社会行为产生重大影响。一方面，制度环境影响特定社会规范的突出性，以及亲社会行为的内在动机。另一方面，它也影响着（自私和/或利他）个体之间的社会相互作用，如违反社会规范会如何受到惩罚。

我们认为，应该减少对探寻最终亲社会动机的侧重点，更多地侧重于触发这些效应中的一种或另一种的条件。有关亲社会行为理论的证据是不确定的，因为（1）人们不仅在其亲社会偏好上差异巨大，而且（2）甚至是同一个人也可能在不同的情况下表现出不同的亲社会行为模式。在有些情况下，人们是由利他主义或不平等厌恶推动的，而在其他的情况下，人们更关心具有社会效率的结果。更好地了解这些条件的重要性将有助于产生各种互相一致的理论及其证据。

注 释

Benz，Bruno S. Frey，Simon Gächter，Lorenz Götte，Simon Lüchinger，Alois Stutzer 以及两位介绍人的评论对我非常有帮助，在此表示衷心感谢。本文仅陈述作者观点，不代表美联储或波士顿联邦储备银行的观点。

[1] 评估表明，1995 年 68%以上的美国家庭向慈善组织捐赠过。1998 年，这些私人家庭捐赠了超过 1 344 亿美元（Andreoni 2002）。同年，50%以上的成年美国人参与了义务工作，相当于 500 万全职员工的工作量。（Anheier and Salamon 1999，58）。在欧洲，尽管慈善捐款金额和志愿工作的参与程度相对较小，但仍然意义非凡：平均有 32.1%的欧洲人是志愿者。考虑到志愿时间，已计算在内的 10 个欧洲国家的志愿者相当于 450 万全职员工的工作量（Anheier and Salamon 1999，58）。

[2] 由于募捐和来自配套商品的收入构成了许多非营利组织管理者的“必要之恶”，由于捐赠者的利他偏好，政府资助不仅挤出了私人捐赠，而且也降低了慈善机构组织募捐活动的激励。Andreoni 和 Payne（2003）凭经验确定，对于艺术团体和社会服务组织来说，部分挤出效应实际上是因为获得政府资助时，慈善机构募捐力度减小。如果评估中不包括募捐力度，就有可能对低挤出效应评估过高。

[3] 纯粹的利他主义模型的另一扩展形式认为，捐赠者对于自己能起作用很看重。(Duncan 2004)。

[4] 类似的模型请参见 Bolton and Ockenfels (2000)。

[5] 关于介绍嫉妒、恶毒等其他动机的模型，参见 Mui（1995）以及 Fehr and Schmidt (2003)。

[6] 关于对非捐赠者和捐赠者比例的框架效应，参见 Meier (2006)。

[7] 也可参见由 Blumenthal，Christian 和 Slemrod (2001）进行的现场实验。但他们未发现告知纳税人他人很少作弊这一情况在统计学上的显著影响。

[8] 另一项可以作为有条件合作证据的现场试验是由 List 和 Lucking-Reiley (2002) 进行的。作者分析了种子基金对慈善捐赠的影响，证明他人捐赠与个体捐赠之间呈正相关关系。

[9] 举例来说，一家瑞士大型慈善组织通过在公共电台公布捐款金额来进行募捐。原因可能有两方面：首先，当其他人也捐赠时，人们更加愿意捐赠（有条件合作）；其次，表达捐赠的目的比实际行动更容易。令人吃惊的是（对经济学家来说），尽管没有强制机制，但大多数人实际上都捐赠了承诺的金额。Cialdini (1993，57—113) 提出了很多关于公司如何利用人们遵守先前承诺的倾向来销

售他们的产品或募捐的例子。

[10] 有趣的是，男性和女性的价格弹性不同："当捐赠相对昂贵时，女性要比男性更加慷慨；尽管如此，随着捐赠价格降低，男性捐赠开始多于女性"（Andreoni and Vesterlund 2001，294）。伯纳特（本书第四章）发现，男性和女性的信任行为存在本质区别。然而，在一个现场实验中，男性与女性相比对于匹配机制并不是那么敏感（Meier 2005b）。

[11] Duncan（1999）的研究是这个通常结果的一个例外。

[12] 关于宣称拥挤效应是"一个谜"的元研究，参见 Eisenberger and Cameron（1996）。关于两项互相矛盾的元研究的评价，参见 Lepper，Henderlong，and Gingras（1999）。

[13] 然而，很少有人知道动机挤出效应是归因于偏好的改变（Frey 1997b）还是感知到的任务性质（Bénabou and Tirole 2002），也很少有人知道撤销外部激励后内在动机重建的精确度。

[14] 因为一个利他主义者会模仿他/她每次遇到的利己主义者的行为，两者对其他人的期望是有差异的。利己主义者相信每个人都是利己主义者，因为他只遇到了表现得利己的人，而利他主义者知道既有利己主义者也有利他主义者（Kelley and Stahelski 1970）。关于"三角假设"的检验，参见 van Lange（1992）。

[15] 过程对于效用的重要性在经济学中经常被忽略。关于过程效用的研究，参见 Benz（本书第八章）。

[16] 心理学中负面状态解除原理（参见 Cialdini，Kenrick，and Baumann 1982）的主张恰恰相反：情绪不好的人们表现得更加亲社会，因为他们认为做好事可以驱散不良情绪。

参考文献

Akerlof，George A 1982. "Labor Contracts as Partial Gift Exchange." *Quarterly Journal of Economics* 97，no. 4：543 - 569.

Akerlof，George A，and Rachel E. Kranton. 2000. "Economics and Identity." *Quarterly Journal of Economics* 115，no. 3：715 - 753.

Alesina，Alberto，and Eliana La Ferrara. 2000. "Participation in Heterogeneous Communities." *Quarterly Journal of Economics* 115，no. 3：847 - 904.

Alesina，Alberto，Rafael Di Tella，and Robert MacCulloch. 2005. "Inequality and Happiness：Are Europeans and Americans Different?" *Journal of Public Economics* 88，nos. 9 - 10：2009 - 2042.

Andreoni, James. 1988. "Privately Provided Public Goods in a Large Economy: The Limits of Altruism." *Journal of Public Economics* 35, no. 1: 57–73.

Andreoni, James. 1990. "Impure Altruism and Donations to Public Goods: A Theory of Warm-Glow Giving." *Economic Journal* 100, no. 401: 464–477.

Andreoni, James. 1992. "Warm-Glow Versus Cold-Prickle: The Effects of Positive and Negative Framing in Cooperation in Experiments." *Quarterly Journal of Economics* 60, no. 1: 1–21.

Andreoni, James. 2002. "The Economics of Philanthropy." In *International Encyclopedia of Social and Behavioral Sciences*, ed. N. J. Smelser and P. B. Baltes, 11369–11376. London: Elsevier.

Andreoni, James. 2006. "Philanthropy." In *Handbooks of Giving, Reciprocity and Altruism*, ed. L. -A Cérard-Varet, S. -C. Kolm, and J. Mercier Ythier, 1201–1269. Amsterdam: Elsevier/North Holland.

Andreoni, James, Brian Erard, and Jonathan Feinstein. 1998. "Tax Compliance." *Journal of Economic Literature* 36, no. 2: 818–860.

Andreoni, James, and John H. Miller. 2002. "Giving According to Garp: An Experimental Test of the Consistency of Preferences for Altruism." *Econometrica* 70, no. 2: 737–753.

Andreoni, James, and Abigail Payne. 2003. "Do Government Grants to Private Charities Crowd out Giving or Fund-Raising?" *American Economic Review* 93, no. 3: 792–812.

Andreoni, James, and John Karl Scholz. 1998. "An Econometric Analysis of Charitable Giving with Interdependent Preferences." *Economic Inquiry* 36, no. 3: 410–428.

Andreoni, James, and Lise Vesterlund. 2001. "Which Is the Fair Sex? Gender Differences in Altruism." *Quarterly Journal of Economics* 116, no. 1: 293–312.

Anheier, Helmut K., and Lester M. Salamon. 1999. "Volunteering in Cross-National Perspective: Initial Comparisons." *Law and Contemporary Problems* 62, no. 4: 43–65.

Argyle, Michael. 1999. "Causes and Correlates of Happiness." In *Well-Being: The Foundations of Hedonic Psychology*, ed. D. Kahneman, E. Diener, and N. Schwarz, 353–373. New York: Russell Sage Foundation.

Auten, Gerald, Holger Sieg, and Charles T. Clotfelter. 2002. "Charitable Giving, Income and Taxes: An Analysis of Panel Data." *American Economic Review* 92, no. 1: 371–382.

Becker, Gary S. 1974. "A Theory of Social Interactions." *Journal of Politi-*

cal Economy 82，no. 6：1063－1093.

Bénabou，Roland，and Jean Tirole. 2002. "Intrinsic and Extrinsic Motivation." *Review of Economic Studies* 70：489－520.

Bénabou，Roland，and Jean Tirole. 2004. "Incentives and Prosocial Behavior." Mimeo.，Princeton University.

Bernheim，Douglas B. 1994. "A Theory of Conformity." *Journal of Political Economy* 102，no. 5：842－877.

Bierhoff，Hans-Werner. 2002. *Prosocial Behaviour*. New York：Psychology Press.

Blount，Sally. 1995. "When Social Outcomes Aren't Fair：The Effect of Causal Attributions on Preferences." *Organizational Behavior and Human Decision* 63：131－144.

Blumenthal，Marsha，Charles Christian，and Joel Slemrod. 2001. Do Normative Appeals Affect Tax Compliance? Evidence from a Controlled Experiment in Minnesota. *National Tax Journal* 54，no. 1：125－138.

Bodner，Ronit，and Drazen Prelec. 2003. "Self-Signaling and Diagnostic Utility in Everyday Decision Making." In *The Psychology of Economic Decisions. Vol. 1：Rationality and Well-Being*，ed. I. Brocas and J. Carrillo，105－126. Oxford：Oxford University Press.

Bohnet，Iris，and Bruno S. Frey. 1997. "Rent Leaving." *Journal of Institutional and Theoretical Economics* 153：711－721.

Bohnet，Iris，and Bruno S. Frey. 1999. "The Sound of Silence in Prisoner's Dilemma and Dictator Games." *Journal of Economic Behavior and Organization* 38，no. 1：43－57.

Bohnet，Iris，Bruno S. Frey，and Steffen Huck. 2001. "More Order with Less Law：On Contract Enforcement，Trust and Crowding." *American Political Science Review* 95，no. 1：131－144.

Bohnet，Iris，and Stephan Meier. 2005. "Deciding to Distrust." Mimeo.，Kennedy School of Government，Harvard University.

Bolton，Gary，and Axel Ockenfels. 2000. "Erc—a Theory of Equity，Reciprocity and Competition." *American Economic Review* 90，no. 1：166－193.

Bowles，Samuel，Christina Fong，and Herbert Gintis. 2006. "Reciprocity and Welfare State." In *Handbook on the Economics of Giving，Reciprocity and Altruism*，eds. J. Mercier Ythier and S.-C. Kolm，1439－1464. Amsterdam：Elsevier.

Brown，Eleanor，and Hamilton Lankford. 1992. "Gifts of Money and Gifts of Time：Estimating the Effect of Tax Prices and Available Time." *Journal of Public*

Economics 47, no. 3: 321-341.

Camerer, Colin. 2003. *Behavioral Game Theory*. Princeton: Princeton University Press. Carpenter, Jeffrey. 2002. "The Demand for Punishment." Working Paper No. 0243, Middlebury College.

Carpenter, Jeffrey, Stephen Burks, and Eric Verhoogen. 2003. "Comparing Students to Workers: The Effect of Stakes, Social Framing, and Demographics on Bargaining Outcomes." Mimeo., Middlebury College.

Carter, John R., and Michael D. Irons. 1991. "Are Economists Different, and If So, Why?" *Journal of Economic Perspectives* 5, no. 2: 171-177.

Charness, Gary, and Brit Grosskopf. 2001. "Relative Payoffs and Happiness: An Experimental Study." *Journal of Economic Behavior and Organization* 45, no. 3: 301-328.

Charness, Gary, and David I. Levine. 2003. "The Road to Hell: An Experimental Study of Intentions." Mimeo., University of California at Santa Barbara.

Charness, Gary, and Matthew Rabin. 2002. "Social Preferences: Some Simple Tests and a New Model." *Quarterly Journal of Economics* 117, no. 3: 817-869.

Cherry, Todd L., Peter Frykblom, and Jason F. Shogren. 2002. "Hardnose the Dictator." *American Economic Review* 92, no. 4: 1218-1221.

Cialdini, Robert B. 1993. *Influence: The Psychology of Persuasion*. New York: William Morrow.

Cialdini, Robert B., D. T. Kenrick, and D. J. Baumann. 1982. "Effects of Mood on Prosocial Behavior in Children and Adults." In *The Development of Prosocial Behavior*, ed. N. Eisenberg, 339-359. New York: Academic Press.

Conlin, Michael, Michael Lynn, and Ted O'Donoghue. 2003. "The Norm of Restaurant Tipping." *Journal of Economic Behavior and Organization* 52, no. 3: 297-321.

Cookson, Richard. 2000. "Framing Effects in Public Goods Experiments." Experimental Economics 3, no. 1: 55-79.

Croson, Rachel. 1998. "Theories of Commitment, Altruism and Reciprocity: Evidence from Linear Public Good Games." Mimeo., Wharton School, University of Pennsylvania.

Csikszentmihalyi, Mihaly. 1990. *Flow: The Psychology of Optimal Experience*. New York: Harper Perennial.

Dana, Jason, Daylian M. Cain, and Robyn M. Dawes. 2006. "What You Don't Know Won't Hurt Me: Costly (but Quiet) Exit in Dictator Games." *Organizational Behavior and Human Decision Processes* 100, no. 2: 193-201.

Dana, Jason, Roberto A. Weber, and Jason Xi Kuang. 2004. "Expoliting Moral Wriggle Room: Behavior Inconsistent with a Preference for Fair Outcomes." Mimeo., Carnegie Mellon University.

Dawes, Robyn M., Jeanne McTavish, and Harriet Shaklee. 1977. "Behavior, Communication, and Assumptions about Other People's Behavior in a Commons Dilemma Situation." *Journal of Personality and Social Psychology* 35, no. 1: 1-11.

Dawes, Robyn M., and Richard Thaler. 1988. "Anomalies: Cooperation." *Journal of Economic Perspectives* 2, no. 3: 187-197.

Deci, Edward L. 1975. *Intrinsic Motivation*. New York: Plenum Press.

Deci, Edward L., Richard Koestner, and Richard M. Ryan. 1999. "A Meta-Analytic Review of Experiments Examining the Effects of Extrinsic Rewards on Intrinsic Motivation." *Psychological Bulletin* 125, no. 6: 627-668.

Dufwenberg, Martin, and Georg Kirchsteiger. 2004. "A Theory of Sequential Reciprocity." *Games and Economic Behavior* 47: 268-298.

Duncan, Brian. 1999. "Modeling Charitable Contributions of Time and Money." *Journal of Public Economics* 72, no. 2: 213-242.

Duncan, Brian. 2004. "A Theory of Impact Philanthropy." *Journal of Public Economics* 88, nos. 9-10: 2159-2180.

Eckel, Catherine C., and Philip J. Grossman. 1996. "Altruism and Anonymous Dictator Games." *Games and Economic Behavior* 16, no. 2: 181-191.

Eckel, Catherine C., and Philip J. Grossman. 2003. "Rebate Versus Matching: Does How We Subsidize Charitable Giving Matter?" *Journal of Public Economics* 87, nos. 3-4: 681-701.

Eckel, Catherine C., and Philip J. Grossman. 2005. "Subsidizing Charitable Contributions: A Field Test Comparing Matching and Rebate Subsidies." Mimeo., Virginia Polytechnic Institute and Station University.

Eisenberger, Robert, and Judy Cameron. 1996. "Detrimental Effects of Reward: Reality or Myth?" *American Psychologist* 51: 1153-1166.

Engelmann, Dirk, and Martin Strobel. 2004. "Inequality Aversion, Efficiency and Maximim Preferences in Simple Distribution Experiments." *American Economic Review* 94, no. 4: 857-869.

Enzle, Michael E., and Sharon C. Anderson. 1993. "Surveillant Intentions and Intrinsic Motivation." *Journal of Personality and Social Psychology* 64, no. 2: 257-266.

Falk, Armin. 2004. "Charitable Giving as a Gift Exchange: Evidence from a Field Experiment." Mimeo., Institute for Empirical Research in Economics, University of Zurich.

Falk, Armin, and Urs Fischbacher. 2006. "A Theory of Reciprocity." *Games and Economic Behavior* 54, no. 2: 293 - 315.

Falk, Armin, and Michael Kosfeld. 2004. "Distrust—The Hidden Cost of Control." IZA Discussion Paper No. 1203, Institute for the Study of Labor.

Farrel, Joseph, and Matthew Rabin. 1996. "Cheap Talk." *Journal of Economic Perspectives* 10, no. 3: 103 - 118.

Fehr, Ernst, and Urs Fischbacher. 2002. "Why Social Preferences Matter—The Impact of Non-Selfish Motives on Competition, Cooperation and Incentives." *Economic Journal* 112, no. 478: 1 - 33.

Fehr, Ernst, and Simon Cächter. 2000a. "Cooperation and Punishment in Public Goods Experiments." *American Economic Review* 90, no. 4: 980 - 994.

Fehr, Ernst, and Simon Cächter, 2000b. "Fairness and Retaliation: The Economics of Reciprocity." *Journal of Economic Perspectives* 14, no. 3: 159 - 181.

Fehr, Ernst, Simon Cächter, and Georg Kirchsteiger. 1997. "Reciprocity as a Contract Enforcement Device." *Econometrica* 65, no. 4: 833 - 860.

Fehr, Ernst, and John A. List. 2004. "The Hidden Costs and Returns of Incentives—Trust and Trustworthiness among CEOs." *Journal of the European Economic Association* 2, no. 5: 743 - 771.

Fehr, Ernst, and Klaus Schmidt. 1999. "A Theory of Fairness, Competition, and Cooperation." *Quarterly Journal of Economics* 114, no. 3: 817 - 868.

Fehr, Ernst, and Klaus Schmidt. 2003. "Theories of Fairness and Reciprocity—Evidence and Economic Application." In *Advances in Economics and Econometrics—8th World Congress, Econometric Society Monographs*, ed. M. Dewatripont, L. P. Hansen, and S. J. Turnovsky, 208 - 257. Cambridge: Cambridge University Press.

Fischbacher, Urs, Simon Cächter, and Ernst Fehr. 2001. "Are People Conditionally Cooperative? Evidence from a Public Goods Experiment." *Economics Letters* 71, no. 3: 397 - 404.

Fong, Christina. 2001. "Social Preferences, Self-Interest, and the Demand for Redistribution." *Journal of Public Economics* 82, no. 2: 225 - 246.

Fong, Christina. 2003. "Empathic Responsiveness: Evidence from a Randomized Experiment on Giving to Welfare Recipients." Mimeo., Carnegie Mellon University.

Frank, Robert H., Thomas D. Gilovich, and Dennis T. Regan. 1993a. "Does Studying Economics Inhibit Cooperation?" *Journal of Economic Perspectives* 7, no. 2: 159 - 171.

Frank, Robert H., Thomas Gilovich, and Dennis T. Regan. 1993b. "The Evolution of OneShot Cooperation: An Experiment." *Ethology and Sociobiology* 14: 247 - 256.

Frank, Robert H., Thomas D. Gilovich, and Dennis T. Regan. 1996. "Do Economists Make Bad Citizens?" *Journal of Economic Perspectives* 10, no. 1: 187 - 192.

Freeman, Richard B. 1997. "Working for Nothing: The Supply of Volunteer Labor." *Journal of Labor Economics* 15, no. 1: 140 - 166.

Frey, Bruno S. 1993. "Shirking or Work Morale? The Impact of Regulating." *European Economic Review* 37, no. 8: 1523 - 1532.

Frey, Bruno S. 1997a. "A Constitution for Knaves Crowds Out Civic Virtues." *Economic Journal* 107, no. 443: 1043 - 1053.

Frey, Bruno S. 1997b. *Not Just for the Money: An Economic Theory of Personal Motivation*. Northampton, MA: Edward Elgar.

Frey, Bruno S., and Matthias Benz. 2000. "Motivation Transfer Effect." Mimeo., Institute for Empirical Research in Economics, University of Zurich.

Frey, Bruno S., and Iris Bohnet. 1995. "Institutions Affect Fairness: Experimental Investigations." *Journal of Institutional and Theoretical Economics* 151, no. 2: 286 - 303.

Frey, Bruno S., and Lorenz Goette. 1999. "Does Pay Motivate Volunteers?" Mimeo., Institute for Empirical Research in Economics, University of Zurich.

Frey, Bruno S., and Reto Jegen. 2001. "Motivation Crowding Theory: A Survey of Empirical Evidence." *Journal of Economic Surveys* 5, no. 5: 589 - 611.

Frey, Bruno S., and Stephan Meier. 2003. "Are Political Economists Selfish and Indoctrinated? Evidence from a Natural Experiment." *Economic Inquiry* 41, no. 3: 448 - 462.

Frey, Bruno S., and Stephan Meier. 2004. "Social Comparisons and Pro-Social Behavior: Testing Conditional Cooperation in a Field Experiment." *American Economic Review* 94, no. 5: 1717 - 1722.

Frey, Bruno S., and Felix Oberholzer-Gee. 1997. "The Cost of Price Incentives: An Empirical Analysis of Motivation Crowding-Out." *American Economic Review* 87, no. 4: 746 - 755.

Frey, Bruno S., and Alois Stutzer. 2002a. "What Can Economists Learn from Happiness Research?" *Journal of Economic Literature* 40, no. 2: 402 - 435.

Frey, Bruno S., and Alois Stutzer. 2002b. *Happiness and Economics: How the Economy and Institutions Affect Well-Being*. Princeton and Oxford: Princeton

University Press.

Frey, Bruno S., and Benno Torgler. 2004. "Taxation and Conditional Cooperation." Mimeo., Yale Center for International and Area Studies, New Haven, CT.

Gates, William H., and Chuck Collins. 2002. "Tax the Wealthy: Why America Needs the Estate Tax." *The American Prospect* 13, no. 11: 20–21.

Glazer, Amihai, and Kai A. Konrad. 1996. "A Signaling Explanation of Charity." *American Economic Review* 86, no. 4: 1019–1028.

Gneezy, Uri. 2003. "The W Effect of Incentives." Mimeo., University of Chicago Graduate School of Business.

Gneezy, Uri, and Aldo Rustichini. 2000a. "Pay Enough or Don't Pay at All." *Quarterly Journal of Economics* 115, no. 3: 791–810.

Gneezy, Uri, and Aldo Rustichini. 2000b. "A Fine Is a Price." *Journal of Legal Studies* 29, no. 1: 1–18.

Goette, Lorenz, David Huffman, and Stephan Meier. 2006. "The Impact of Group Membership on Cooperation and Norm Enforcement: Evidence Using Random Assignment to Real Social Groups." *American Economic Review* 96, no. 2: 212–216.

Harbaugh, William T. 1998. "The Prestige Motive for Making Charitable Transfers." *American Economic Review* 88, no. 2: 277–282.

Harris, Mary B., and Robert J. Smith. 1975. "Mood and Helping." *The Journal of Psychology* 91, no. 2: 215–221.

Heldt, Tobias. 2005. "Conditional Cooperation in the Field: Cross-Country Skiers' Behavior in Sweden." Mimeo., Uppsala University.

Henrich. Joseph, Robert Boyd, Sam Bowles, Colin Camerer, Herbert Gintis, Richard McElreath, and Ernst Fehr. 2001. "In Search of Homo Economicus: Experiments in 15 Small-Scale Societies." *American Economic Review* 91, no. 2: 73–79.

Heyman, James, and Dan Ariely. 2004. "Effort for Payment: A Tale of Two Markets." *Psychological Science* 15, no. 11: 787–793.

Hoffman, Elizabeth, Kevin McCabe, and Vernon Smith. 1996. "Social Distance and Other Regarding Behavior in Dictator Games." *American Economic Review* 86, no. 3: 653–660.

Hoffman, Elizabeth, and Matthew L. Spitzer. 1985. "Entitlements, Rights and Fairness: An Experimental Examination of Subjects' Concepts of Distributive Justice." *Journal of Legal Studies* 14: 259–297.

Isaac, R Mark, Deborah Mathieu, and Edward E. Zajac. 1991. "Institutional

Framing and Perceptions of Fairness." *Constitutional Political Economy* 2, no. 3: 329－370.

Isen, Alice M., Nancy Horn, and D. L. Rosenhan. 1997. "Effects of Success and Failure on Children's Generosity." *Journal of Personality and Social Psychology* 27, no. 2: 239－247.

Johannesson, Magnus, and Björn Persson. 2000. "Non-Reciprocal Altruism in Dictator Games." *Economics Letters* 69, no. 2: 137－142.

Kelley, Harold H., and Anthony J. Stahelski. 1970. "Social Interaction Basis of Cooperators' and Competitors' Beliefs about Others." *Journal of Personality and Social Psychology* 16, no. 1: 66－91.

Kollock, Peter. 1998. "Transforming Social Dilemmas: Group Identity and Co-Operation." In *Modelling Rationality, Morality and Evolution*, ed. P. A Danielson, 186－210. New York: Oxford University Press.

Kolm, Serge-Christophe. 2000. "The Theory of Reciprocity, Giving and Altruism." In *The Economics of Reciprocity, Giving and Altruism*, ed. L. A Gérard- Varet, S. -C. Kolm and J. M. Ythier, 1－44. Houndmills: McMillan Press Ltd.

Konow, James. 2000. "Fair Shares: Accountability and Cognitive Dissonance in Allocation Decisions." *American Economic Review* 90, no. 4: 1072－1091.

Konow, James. 2003. "Which Is the Fairest One of All? A Positive Analysis of Justice Theories." *Journal of Economic Literature* 41, no. 4: 1188－1239.

Konow, James, and Joseph Earley. 2002. "The Hedonistic Paradox: Is Homo Economicus Happier?" Mimeo., Loyola Marymount University.

Lazear, Edward. 2000. "Performance Pay and Productivity." *American Economic Review* 90, no. 5: 1346－1361.

Ledyard, John O. 1995. "Public Goods: A Survey of Experimental Research." In *Handbook of Experimental Economics*, ed. J. Kagel and A E. Roth, 111－194. Princeton: Princeton University Press.

Lepper, Mark R., and David Greene, eds. 1978. *The Hidden Costs of Reward: New Perspectives on Psychology of Human Motivation*. Hillsdale, NY: Erlbaum.

Lepper, Mark R., Jennifer Henderlong, and Isabelle Gingras. 1999. "Understanding the Effects of Extrinsic Rewards on Intrinsic Motivation—Uses and Abuses of Meta-Analysis: Comment on Deci, Koestner, and Ryan (1999)." *Psychological Bulletin* 125, no. 6: 669－676.

List, John A., and David Lucking-Reiley. 2002. "The Effects of Seed Money and Refunds on Charitable Giving: Experimental Evidence from a University Capital Campaign." *Journal of Political Economy* 110, no. 1: 215–233.

Loewenstein, George. 2000. "Emotions in Economic Theory and Economic Behavior." *American Economic Review* 90, no. 2: 426–432.

Long, Stephen H. 1976. "Social Pressure and Contributions to Health Charities." *Public Choice* 28, no. 2: 56–66.

Luttmer, Erzo F. P. 2001. "Group Loyalty and the Taste for Redistribution." *Journal of Political Economy* 109, no. 3: 500–528.

Marks, Gary N., and Norman Miller. 1987. "Ten Years of Research on the False Consensus Effect: An Empirical and Theoretical Review." *Psychological Bulletin* 102, no. 1: 72–90.

Meier, Stephan. 2005a. "Do Subsidies Increase Charitable Giving in the Long Run? Matching Donations in a Field Experiment." Mimeo., Institute for Empirical Research in Economics, University of Zurich.

Meier, Stephan. 2005b. "Conditions under which Women Behave Less/More Pro-Socially Than Men." Mimeo., Kennedy School of Government, Harvard University.

Meier, Stephan. 2006. "Does Framing Matter for Conditional Cooperation? Evidence from a Natural Field Experiment." *Contributions to Economic Analysis & Policy* 5, no. 2, article 1.

Meier, Stephan, and Alois Stutzer. 2004. "Is Volunteering Rewarding in Itself? Evidence from a Natural Experiment." IEW Working Paper No. 181, University of Zurich.

Mueller, Dennis C. 2003. *Public Choice III*. Cambridge: Cambridge University Press.

Mui, Vai-Lam. 1995. "The Economics of Envy." *Journal of Economic Behavior & Organization* 26: 311–336.

Murningham, J. Keith, John M. Oesch, and Madan Pillutla. 2001. "Player Types and Self Impression Management in Dictator Games: Two Experiments." *Games and Economic Behavior* 37, no. 2: 388–414.

Olson, Mancur. 1965. *The Logic of Collective Action: Public Goods and the Theory of Groups*. Cambridge, Mass.: Harvard University Press.

Opp, Karl-Dieter. 2001. "Collective Political Action." *Analyse & Kritik* 23, no. 1: 1–20.

Osterloh, Margit, Sandra Rota, and Bernhard Kuster. 2003. "Open Source Software Production: Climbing on the Shoulders of Giants." Mimeo., Institute for

Research in Business Administration, University of Zurich.

Ostrom, Elinor. 1990. *Governing the Commons: The Evolution of Institutions for Collective Action*. Cambridge: Cambridge University Press.

Ostrom, Elinor. 2000. "Collective Action and the Evolution of Social Norms." *Journal of Economic Perspectives* 14, no. 3: 137 - 158.

Putterman, Louis, and Christopher M. Anderson. 2006. "Do Non-Strategic Sanctions Obey the Law of Demand? The Demand for Punishment in the Voluntary Contribution Mechanism." *Games and Economic Behavior* 54, no. 1: 1 - 24.

Rabin, Matthew. 1993. "Incorporating Fairness into Game Theory and Economics." *American Economic Review* 83, no. 5: 1281 - 1302.

Rege, Mari, and Kjetil Telle. 2004. "The Impact of Social Approval and Framing on Cooperation in Public Good Situations." *Journal of Public Economics* 88, nos. 7 - 8: 1625 - 1644.

Reingen, P. H. 1982. "Test of a List Procedure for Inducing Compliance with a Request to Donate Money." *Journal of Applied Psychology* 67, no. 1: 110 - 118.

Roberts, Russell D. 1984. "A Positive Model of Private Charity and Public Transfers." *Journal of Political Economy* 92, no. 1: 136 - 148.

Ross, Lee, David Greene, and Pamela House. 1977. "The 'False Consensus Effect': An Egocentric Bias in Social Perception and Attribution Processes." *Journal of Experimental Social Psychology* 13, no. 3: 279 - 301.

Rotemberg, Julio. 1994. "Human Relations in the Workplace." *Journal of Political Economy* 102, no. 4: 684 - 717.

Rotter, Julian B. 1966. "Generalized Expectancies for Internal versus External Control of Reinforcement." *Psychological Monographs* 80, entire issue.

Rousseau, Denise M. 1995. *Psychological Contracts in Organizations: Understanding Written and Unwritten Agreements*. Thousand Oaks, CA: Sage Publications.

Sally, David. 1995. "Conversation and Cooperation in Social Dilemmas: A Meta-Analysis of Experiments from 1958 to 1992." *Rationality and Society* 7, no. 1: 58 - 92.

Schelling, Thomas C. 1984. "The Life You Save May Be Your Own." In *Choice and Consequence: Perspectives of an Errant Economist*, ed. T. Schelling, 113 - 146. Cambridge, MA, and London: Harvard University Press.

Schwarze, Johannes, and Marco Härpfer. 2004. "Are People Inequality Averse, and Do They Prefer Redistribution by the State? Evidence from German Longitudinal Data on Life Satisfaction." Discussion Paper No. 407, German Institute for Economic Research (DIW) Berlin.

Segal, Lewis M., and Burton Weisbrod. 1998. "Interdependence of Commercial and Donative Revenues." In *To Profit or Not to Profit: The Commercial Transformation of the Nonprofit Sector*, ed. B. A Weisbrod, 105 - 127. Cambridge: Cambridge University Press.

Seligman, Clive, Joan E. Finegan, J. Douglas Hazlewood, and Mark Wilkinson. 1985. "Manipulating Attributions for Profit: A Field Test of the Effects of Attributions on Behavior." *Social Cognition* 3, no. 3: 313 - 321.

Shabman, Leonard, and Kurt Stephenson. 1994. "A Critique of the Self-Interested Voter Model: The Case of a Local Single Issue Referendum." *Journal of Economic Issues* 18, no. 4: 1173 - 1186.

Shang, Jen, and Rachel Croson. 2005. "Field Experiments in Charitable Contribution: The Impact of Social Influence on the Voluntary Provision of Public Goods." Mimeo., Wharton School, University of Pennsylvania.

Small, Deborah A, and George Loewenstein. 2003. "Helping *the* Victim or Helping *the* Victim: Altruism and Identifiability." *Journal of Risk and Uncertainty* 26, no. 1: 5 - 16.

Smith, Adam. 1759. *The Theory of Moral Sentiments*. Amherst, NY: Prometheus Books.

Smith, Kent W. 1992. "Reciprocity and Fairness: Positive Incentives for Tax Compliance." In *Why People Pay Taxes: Tax Compliance and Enforcment*, ed. J. Slemrod, 223 - 250. Ann Arbor: University of Michigan Press.

Smith, Vincent H., Michael R. Kehoe, and Mary E. Cremer. 1995. "The Private Provision of Public Goods: Altruism and Voluntary Giving." *Journal of Public Economics* 58, no. 1: 107 - 126.

Sobel, Joel. 2002. "Can We Trust Social Capital?" *Journal of Economic Literature* 40, no. 1: 139 - 154.

Soetevent, Adriaan R. 2005. "Anonymity in Giving in a Natural Context—an Economic Field Experiment in Thirty Churches." *Journal of Public Economics* 89, nos. 10 - 11: 2 301 - 2 323.

Sugden, Robert. 1982. "On the Economics of Philanthropy." Economic Journal 92: 341 - 350. Tajfel, Henri. 1981. *Human Groups and Social Categories Studies in Social Psychology*. London: Cambridge University Press.

Titmuss, Richard M. 1970. *The Gift Relationship*. London: Allen and Unwin.

Trivers, Robert. 1971. "The Evolution of Reciprocal Altruism." *Quarterly*

Journal of Biology 46：32－57.

Unger，Lynette S. 1991. "Altruism as a Motivation to Volunteer." *Journal of Economic Psychology* 12，no. 1：71－100.

van Lange，Paul A 1992. "Confidence in Expectations：A Test of the Triangle Hypothesis." *European Journal of Personality* 6，no. 5：371－379.

Varese，Federico，and Meir Yaish. 2000. "The Importance of Being Asked：The Rescue of Jews in Nazi Europe." *Rationality and Society* 12，no. 3：307－334.

Wenzel，Michael. 2001. "Misperception of Social Norms About Tax Compliance：A Field Experiment." Mimeo.，Australian National University.

Wheeler，Judith A，Kevin M. Gorey，and Bernard Greenblatt. 1998. "The Beneficial Effects of Volunteering for Older Volunteers and the People They Serve：A Meta Analysis." *International Journal of Aging and Human Development* 47，no. 1：69－79.

Wilson，John，and Marc Musick. 1999. "The Effects of Volunteering on the Volunteer." *Law and Contemporary Problems* 62，no. 4：141－168.

第4章 女性和男性为什么相信其他人

爱丽丝·伯纳特（Iris Bohnet）

一、引　言

信任在我们的生活中随处可见，而且它对经济、政治和企业的成功起着重要作用。对其他人的普遍信任关系到经济增长（Knack and Keefer 1997；Zak and Knack 2001）、民主稳定（Inglehart 1999）、政府的高效运作（LaPorta et al. 1997）、社会资本（Putnam，Leonardi，and Nanetti 1993；Putnam 2000）、犯罪率下降（Rosenfeld，Messner，and Baumer 2001）以及企业内部和企业之间的合作（Kramer and Tyler 1996；Ostrom and Walker 2003）。

但是人们为什么彼此信任呢？有些人群又为什么可能比其他人更愿意信任呢？本章中，我们重点论述使男性和女性相信其他人的动机是什么。我们采用了一个由跨学科评论提出的信任定义，“一种基于对其他人目的或行为的正面期望而产生的构成接受脆弱性的目的的心理状态”（Rousseau et al. 1998，395）。这一定义将信任这一概念归结为一种信念——也就是对期望可信度（如 Hardin 2002）——认为信任是一种社会动机——也就是接受脆弱性的意愿（如，Kramer 1999；Mansbridge 1999）。曼斯布里奇（Mansbridge 1999）论述了“利他信任”，而克莱默（Kramer 1999，573）则主张“信任概念不仅需考量对风险的计算取向，而且还应考量对其他人以及对整个社会的社会取向。”

本章研究了男性和女性在多大程度上将是否信任他人的决定视为在风险情况下基于其期望可信度而做出的决策，以及社会偏好发挥了多大作用。我区分了无条件和有条件的社会偏好。一个人（不）愿意表现出脆弱性可能是由于无条件的社会偏好，如利他主义（如，Batson 1991；Andreoni and Miller 2002）和不平等厌恶（例如，Loewenstein，Bazerman，and Thompson 1989；Fehr and Schmidt 1999；Bolton and Ockenfels 2000），也可能是由于内化的规范，换句话说，个体从对其他人友好或不友好的行为中得到的心理效益或成本（如，Andreoni 1990）。[1]

换言之，愿意变得脆弱可能取决于一个人对为何会发生某一结果或对其对手方目的的推断，即有条件的社会偏好。心理学家已经对“因果归因”的关联性关注了很长时间。归因理论模型主张，人们需要推断产生结果的原因并据此划分责任。海德尔（Heider 1958）将因果关系推断的概念作为关键的认知过程，而布斯（Buss 1978）和克鲁格兰斯基（Kruglanski 1979）则将焦点放在了目的的相关性上。在一篇具有重大意义的经济学论文中，拉宾（1993）将目的引入了博弈论。

我们通过两种方式来计量社会偏好与信任的相关性。在研究1中，我们检验了在观测到的信任水平中有哪些变量部分归因于社会偏好、风险偏好和期望可信度。研究中，我们通过实验计量了无条件的社会偏好、对风险的态度和期望可信度，后又从计量经济学角度对信任的这三个可能的激励因素进行了对照。通过一项匿名一次性投资博弈中支付的金额来计量信任（Berg，Dickhaut，and McCabe 1995），通过一项三倍独裁者博弈中支付的金额来计量社会偏好（Kahneman，Knetsch，and Thaler 1986），通过一项标准风险选择任务来计量风险偏好（例如，Eckel and Wilson 2004a），以及通过实验事后问卷中的一个简单问题来计量期望可信度。如果人们将信任视为风险情况下的决策，那么信任就应与期望回报有关，也可能与其风险偏好有关。[2]如果信任主要是一种社会取向，它就应与社会偏好有关。

在研究2中，我们通过不同的实验对象群体——这些人是管理人员而不是学生，且在不同的背景下，也就是事前交流而不是匿名的情况下，检验了从研究1中得出的结论有多稳健。从理论上来说，廉价磋商应当是无关紧要的，但大量关于囚徒两难问题和公共产品博弈的实验证据却表明事实并非如此（例如，研究参见 Bohnet and Frey 1999 和 Camerer 2003）。交流在投资博弈中的作用尚未被广泛研究。

在研究3中，我们采用了一种不同的方式和对照物，通过实验设计来计量风险偏好和期望可信度。我通过比较两项不同博弈中的行为来计量有条件的社会偏好与信任的相关性。我采用了一项二元选择信任博弈（例如，Camerer and Weigelt 1988）和一项二元选择风险独裁者博弈，两项博弈的赔付和得益完全相同(Bohnet and Zeckhauser 2004)，唯一的区别在于，前者中的不确定性代理人是他人，而后者中的不确定性代理人是本身。我们询问人们：要使他们愿意在这些博弈中承担风险，他们获得“高得益”（来自可信度或风险独裁者博弈中的幸运抽奖）的可能性最低得多少。如果人们在两项博弈中承担风险的意愿没有差别，他们就是将信任看做是风险情况下的决策。如果我们能发现信任与风险独裁者博弈中承担风险的意愿有所不同，就表明信任也有社会动机。

信任是否主要以期望可信度或社会偏好为基础这一点具有重要的政策含义。如果政策制定者或管理者希望提升社会或其组织机构中的信任水平，他们就需要知道信任的决定因素。如果信任主要是某一特定环境下的期望可信度的一个函数，那么他们就应当把焦点集中在可信度水平以及对该水平的信念上。相反，如果该环境下的信任主要是一种社会取向，他们就应当把焦点集中在培养社会偏好上。

如果他们选错了焦点，政策可能不仅仅是无效，而且会起反作用。最近的证据表明，约定会增加可信度，如合同约定或合同规定的处罚，都可以破坏信任的社会动机（Bohnet，Frey，and Huck 2001；Fehr and Gächter 2003；Pillutla，Malhorta，and Murnighan 2003）。举例来说，西特金和罗斯（Sitkin and Roth 1993，376）发现“法律救济会削弱他们打算支持的人际关系的基础，因为他们用客观、正式的要求代替了信赖个体的善意。”外部激励对于内在动机的负面效应在经济学中被称为“挤出效应”，而且已在各种案例中被广泛引用（如 Frey 1997；Frey and Oberholzer-Gee 1997；Frey and Jegen 2001）。

政策制定者和管理者还应当关注动机的异质性。如果不同人群在信任动机上存在差异，就需要对特定群体进行政策干预了。早期有关信任的研究中有很多研究了人在行为方面的差异，但并未分析潜在的动机（调查参见 Croson and Gneezy 2004）。

我们的研究结果表明，信任动机中明显存在着一种性别模式：女性把信任视为一种风险选择。她们根据期望可信度做出是否要信任的决定。当我们故意保持期望不变时，女性在信任博弈中的行为基本上与她们在风险独裁者博弈中的行为一致。相比之下，男性对信任的社会动机反应更强烈。他们的信任与其期望可信度和变脆弱的意愿有关。男性在信任博弈中承担风险的概率比风险独裁者博弈中的低。他们重视结果会怎样，对被人背叛的厌恶要大于没中奖。

我们有关性别模式的结论补充了最近对信任动机而非动机的性别异质性进行的一系列研究（如 Dufwenberg and Gneezy 2000；Cox 2004；Ashraf，Bohnet，and Piankov 2006）。最近由伯纳特和泽克豪泽（Bohnet and Zeckhauser 2004）进行的研究表明了有条件的社会偏好对于信任的关联性。洪和伯纳特（Hong and Bohnet 2007）集中研究了地位与信任之间的关系，伯纳特、赫尔曼和泽克豪泽（2006）发现，穆斯林与西方国家的信任动机截然不同。格雷格和伯纳特（Greig and Bohnet 2005a，2005b）发现，当性别与收入相关时（发展中国家中往往这样，发达国家也常如此），需要就变成了一个强大的信任激励因素。

本章综合运用了各种方式来计量信任动机中的性别异质性的相关性，包括不同的博弈、不同的技术方法，以及世界各地不同的实验对象群体。实验的优点之一在于可以在不同条件下检验研究成果的稳健性。

本章结构如下：首先介绍实验设计，然后呈现研究结果，接着将我们的结果与性别理论进行比较，最后得出结论。

二、实验设计

研究 1 分析了来自三个国家——俄罗斯、南非、美国的学生在投资博弈中的行为和动机，研究了信任行为是否（也）与无条件的社会偏好有关。研究 2 以研究 1 的设计为基础，但将焦点放在了一个不同的背景和实验对象群体（也就是管理人员）上。研究 3 采用了在科威特和美国以及其他许多地方进行的一项二元选择信任博弈，对一个人接受信任固有的脆弱性的意愿是否与这种脆弱性是如何产生的（由他人造成还是本来就有的）有关进行了探讨。这三项研究是以下列人员的成果为根据的：那瓦·阿什拉夫（Nava Ashraf）和尼基塔·皮安卡福（Nikita Piankov）（Ashraf，Bohnet，and Piankov 2006）、耶尔·巴伊特尔曼（Yael Baytelman）（Bohnet and Baytelman 2007）、本尼迪克特·赫尔曼（Benedikt Herrmann）和理查德·泽克豪泽（Richard Zeckhauser）（Bohnet，Herrmann，and Zeckhauser 2006）、凯瑟里·洪（Kessely Hong）（Hong and Bohnet 2007）。这些著作将焦点集中在了性别以外的不同方面，特别是更详细地论述了社会间比较。

（一）研究 1

在我们的投资博弈中，一位第一行动人，即委托人，获得了一笔捐款 E，她[3]可以从这笔捐款中拿出任意金额 $X \leqslant E$ 支付给她的代理人。实验者将支付金额增至三倍，这样代理人就得到了 $3X$。代理人可以将任意金额 $Y \leqslant 3X$ 回报给她的委托人。委托人的最终得益为（$E-X+Y$），代理人的最终得益为（$3X-Y$）。除了说明想支付的金额外，我们还要求委托人说明他们希望得到什么回报。在我们的实验中，$E=100$CU（货币单位）。

为了检验社会动机的作用，委托人还进行了一项三倍独裁者博弈。与投资博弈唯一不同的是，该博弈是在委托人做出决定之后终止的。因此，委托人的最终得益为（$E-X$），而代理人的最终得益为 $3X$。为了计量委托人的风险偏好，委托人还参加了一项风险选择任务。他们必须说明对于六项风险选择任务他们是更偏好赌博还是更偏好一笔确定的金额。他们可以选择在这样一场赌博中下赌注：有5%的机会赢得300CU，50%的机会一无所获，也可以选择接受40CU～140CU不等的确定金额。相比赌博，人们越是偏好确定的金额，说明他们就越不愿意承担风险。最后向实验对象提出了一个问题：他们希望在投资博弈中获得多少回报？

因此实验包含四部分：投资博弈（包括可信度问题）、三倍独裁者博弈、风险选择任务和一项针对人口特征的简短问卷调查。博弈进行的顺序是变化的。有一半的实验对象先参加了投资博弈，另一半先参加了三倍独裁者博弈。实验对象将参加多项任务这一事实是众所周知的。在介绍页面中，实验对象获悉了实验包括四部分，他们将分别获得对各部分的说明，在实验过程中将保持匿名状态（例如，通过代码识别），将被随机配对来做出各项决定，并将根据特别程序获得收益。

在我们的实验中，捐款 E 是100CU。实验在三个国家进行：俄罗斯、南非、美国。按购买力平价调整，也就是说：在美国 $E=100$ 美元，在俄罗斯 $E=1\,000$ 卢布，在南非 $E=400$ 兰特。[4]实验对象在全部实验结束时获得随机收益；他们在实验过程中并不知道任何结果。更确切地说，对于投资博弈和三倍独裁者博弈来说，每项博弈中的一位委托人和一位代理人都是在实验结束时随机匹配的；他们根据在相应博弈中做出的选择获得收益。对于风险选择任务来说，一个人是根据他或她的选择而随机获得收益的。[5]

实验对象包括359名大学生：其中118名学生来自位于俄罗斯莫斯科的大学，129名学生来自于南非开普敦的大学，还有112名学生来自位于美国波士顿的大学。每个国家中的实验分四期进行，其中两期先进行风险独裁者博弈，另外两期先进行投资博弈。在俄罗斯和南非组织实施实验的实验者也在美国进行了一期实验。在美国未发现任何实验者效应。[6]实验进行了大约一个半小时，除了10CU的出场费外，实验对象还平均获得了22CU的额外收益。阿什拉夫、伯纳特和皮安卡福（Ashraf，Bohnet，and Piankov 2006）对实验设计进行了更全面的论述。

（二）研究2

我们采用了一项与研究1非常相似的规则。实验对象也参加了一项100CU的投资博弈和一项三倍独裁者博弈，并且在他们做出决定之后我们得出了期望可信度。设计上的主要区别在于，委托人与代理人仅面临了假设场景，而且参与了许多不同的场景。伯纳特和巴伊特尔曼（Bohnet and Baytelman 2007）介绍了完整的设计。涉及利益的场景中，委托人可以在决定支付代理人多少金额和代理人决定回报给其委托人多少金额前交流五分钟。假定参与者根据场景描述做出决定，但并不互相匹配或未根据其决定获得收益。

研究人员对参加哈佛大学肯尼迪政府学院行政管理课程的302位高级主管进行了实验。这些参与者中，63%的人来自美国，25%的人来自欧洲，剩余的来自亚洲和拉丁美洲的不同国家；70%是白人，年龄在35～62岁，中值年龄是44岁。我们在高级主管项目中进行了实验；因此，与我们那些学生实验对象不同，这些参与者在他们参加实验前就认识彼此。

（三）研究3

研究3与前两项研究截然不同。我们对比了两项不同博弈中的行为，这两项博弈分别是在科威特和美国以及其他许多地方进行的二元选择信任博弈和二元选择风险独裁者博弈。伯纳特、赫尔曼和泽克豪泽（2006）对完整的研究进行了论述，将焦点集中在了几个伊斯兰国家与西方国家之间的比较上。洪和伯纳特（2007）介绍了对美国各种人群的其他研究结果。

信任博弈与风险独裁者博弈的唯一区别在于，后者中，决定是否回报信任的不是第二行动人而是本性。在信任博弈（风险独裁者博弈）中，由委托人在一个确定的结果和信任（碰运气）之间做出决定。如果她选择确定的事情，她和她的代理人都会获得（S，S）。如果她愿意信任（赌博），则二者都会获得一个超过S的适度得益（M，M），或者委托人获得的得益要比不信任的情况下（也就是不接受碰运气），而代理人则获得可能获得的最高得益（L，H）。因此，对于委托人来说，$M>S>L$，对于代理人来说，$H>M>S$。在信任博弈中，信任后的最终结果是由代理人决定的。如果他回报信任，两者就都得到适度得益。如果他背叛信任，他就得到最高得益，而委托人就得到可能是最低的结果。在风险独裁者博弈中，本性决定了最终得益。在我们的实验中，$S=10$CU、$M=15$CU、$L=8$CU、$H=22$CU。一个只关心自己得益的风险中性委托人对于确定结果和$p'=0.29$的赌博也会毫不关心。

我们得出了每种决策情况下将使委托人偏好赌博胜于确定得益S的各委托人对收入M的最低接受概率（MAP）。我们对比了特定时期委托人的最低接受概率与信任的概率（p^*）。我们先进行了信任实验，然后在风险独裁者博弈中采用了平均值p^*。后者中，我们告知了委托人在实验之前我们已经确定了获得M的可能性p^*。如果委托人的最低接受概率高于p^*，他们就获得收入M。但如果其最低接受概率低于或等于p^*，那么委托人以p^*的概率进行赌博。一个人的最低接受概率越高，这个人愿意赌博而非选择确定结果的p^*就越高。因此，一个人对碰运气的一个或者两个结果越不喜欢，最低接受概率就会越高。这一机制与激励相符，因为个体无法影响他们的“中奖率”。

如果信任博弈中的最低接受概率超过了风险独裁者博弈中的最低接受概率，我们就将此作为社会偏好的证据。我们的预期是，信任其他人与依靠提供相同结果的随机工具是根本不同的：“人们讨厌被背叛”。要注意的是，信任博弈中的最低接受概率与风险独裁者博弈中的最低接受概率之间的差别产生了一种净效应，这种净效应不仅基于对背叛行为的关注又基于信任。而一个人可能厌恶背叛，也可能喜欢信任。就像我们预计背叛成本高于信任收益一样，伯纳特和泽克豪泽（2004）将这称为“背叛厌恶”。

我们对美国的282名学生和科威特的158名学生进行了实验。实验对象以代码来识别（对于其他参与者是匿名的），他们被随机指定为委托人或代理人并被随机匹配。我们用中性术语以矩阵形式向实验对象呈现了得益。得益按点数分配，实验结束时，1点可兑换0.25科威特第纳尔或者1美元。我们的目标是保持不同国家的激励一致。我们以研究助理的每小时工资作为参考。实验对象赚得了10CU的出场费，并因参加了一项历时45～60分钟的实验而平均获得了额外的13CU。

三、结　果

我们依次介绍各项研究的结果。

（一）研究1

投资博弈中，女性平均（N=83）支付41CU，男性（N=96）支付47CU。支付正数的女性和男性都期望代理人回报支付额的90%。因此，平均来说，委托人并不期望在此次博弈中赚钱。而我们想将焦点集中在委托人的行为上，我们也简略地总结了代理人的行为，女性平均回报支付额的77%，男性平均回报支付额的82%。我们未观察到代理人行为或动机方面存在任何显著的性别差异。因此，一般来说，我们的委托人对于回报有点过于乐观了。

在三倍独裁者博弈中，女性平均支付22CU，男性支付26CU。在我们的风险选择任务中，女性在4种情况下（总共有6种情况）选择了安全选项，男性有3.5种情况选择了安全选项。这些差异都不是显著的。[7]事实上，图4—1清楚地说明了投资博弈中在选项分布上基本上没有性别差异。

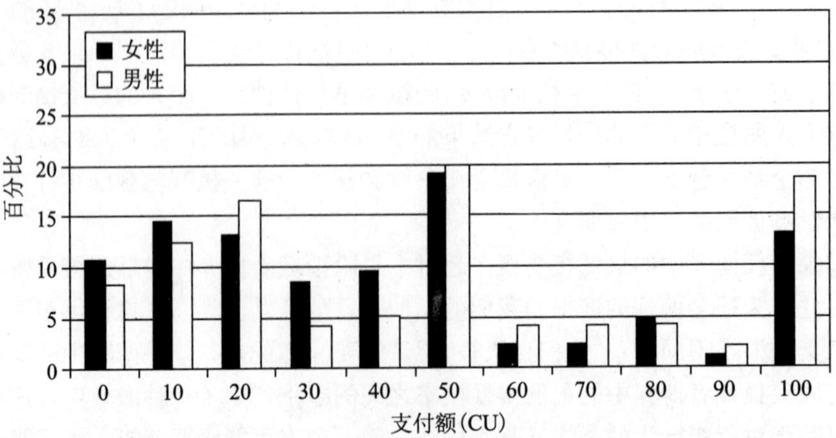

图4—1　匿名一次性投资博弈中男性和女性的选择分布

图 4—1 表明，男性和女性的行为存在很大差异。我们通过回归来检验什么可能引起女性与男性的这种差异。表 4—1 列出了回归结果。(1) 列和 (4) 列是期望可信度，以期望从支付额中收回的部分来计量 (Y/X)，与女性和男性的信任密切相关。在 (2) 列和 (5) 列中，我们把三倍独裁者博弈中给予的金额与回归的结果加到一起。在投资博弈中女性的支付额与其在三倍独裁者博弈中的支付额是不相关的。相反，男性在三倍独裁者博弈中的支付额与其在投资博弈中的支付额是显著相关的。在三倍独裁者博弈中每支付 1CU，男性就在投资博弈中支付 0.65CU。增加三倍独裁者博弈中的支付额无助于解释观察到的女性差异，但使男性的 R^2 几乎提高了一倍。

表 4—1　　信任的决定因素：匿名一次性投资博弈中的支付额 (OLS)

	女性 (1)	女性 (2)	女性 (3)	男性 (4)	男性 (5)	男性 (6)
期望	28.16	26.83	36.53	26.66	23.00	17.87
(Y/X)	(4.61)***	(4.61)***	(4.44)***	(5.08)***	(4.51)***	(4.88)***
三倍独裁者博弈中的支付额		0.26	0.05		0.65	0.69
		(0.18)	(0.16)		(0.13)***	(0.14)***
风险规避			0.96			−3.17
			(2.16)			(2.04)
顺序			0.77			−13.73
			(5.27)			(5.98)**
俄罗斯			16.94			11.68
			(7.95)***			(8.13)
南非			−5.65			6.20
			(5.78)			(8.17)
常数	21.38	15.91	9.47	26.91	12.45	24.53
	(5.05)***	(5.95)***	(10.72)	(5.58)***	(5.63)**	(10.83)**
观测结果	73	73	65	86	85	73
R^2	0.35	0.37	0.60	0.25	0.43	0.49

注：括号里是鲁棒标准误差；*** 表示在 1%水平上显著；** 表示在 5%水平上显著；* 表示在 10%水平上显著。

资料来源：来自 Ashraf，Bohnet，and Piankov (2006) 的数据。

(3) 列和 (6) 列中，我们加入了风险偏好和许多对照物，也就是，进行博弈的顺序和进行实验的国家。信任与风险偏好或进行实验的国家并不显著相关。事实上，我们发现国家间在行为和动机上的差异很小。美国委托人在信任博弈中支付42CU，在三倍独裁者博弈中支付 20CU，俄罗斯委托人则分别支付 49CU 和25CU，而南非委托人则分别支付 43CU 和 27CU。这些变量的加入对我们的结果影响很小。如果有什么区别的话，动机方面的性别差异增加，而期望可信度对女性信任决定的影响要大于男性，三倍独裁者博弈对男性信任决定的影响要大于女性。

研究 1 提出了第 1 个证据，不同的动机对于女性和男性的信任至关重要。女性基于她们的期望可信度将信任决定视为风险情况下的选择。同样，期望对于男性也至关重要，但他们的信任也与三倍独裁者博弈中委托人关注其他人的程度有关。

(二) 研究 2

在有事前交流的假想投资博弈中，女性支付 62CU（$N=64$），男性支付 76CU（$N=88$）。在此次投资博弈中，女性期望收回支付额的 1.24 倍，而男性则期望收回支付额的 1.42 倍。因此，通过交流，男性比女性支付的要多，期望收回的也更多。所有委托人都期望在这项博弈中赚钱。女性委托人稍微有点过于乐观而男性委托人明显地过于乐观了，因为代理人的平均回报率为支付额的 1.1 倍。女性回报的金额（支付额的 0.93 倍）明显少于男性（支付额的 1.2 倍）。在三倍独裁者博弈中，女性支付 18CU($N=64$)，男性支付 32CU($N=88$)，这又是一个显著差异。因此，总的来说，男性比女性更慷慨，不管他们是作为委托人、代理人还是独裁者来做决定。

但研究 2 中的信任和可信度水平都超过了研究 1 中观察到的水平。这可能是由于廉价磋商，也可能是由于实验的假定性质或实验对象群体的差异。伯纳特和巴伊特尔曼（2007）也对管理人员进行了匿名的假想投资博弈，并发现女性平均支付49CU($N=69$)，男性平均支付 60CU($N=89$)，这表明交流过后男性和女性的支付额要明显高于未交流的情况。当我们将这些结果与研究 1 进行比较时，我们发现管理人员的支付额比学生的支付额稍多（一个类似结果，参见 Fehr and List 2004）。

表 4—2 呈现了回归分析的结果。与之前的回归大不相同，我们采用了期望的回报额而不是用来计量期望值影响的期望回报比例。在任何一种情况下，得到的结果都是经得起推敲的。本章中我们通过两种方法来证明这一点。但要注意，当我们对照期望回报额时，这个变量通常就可以解释信任中的多数差异。其中部分原因是存在一种机械关系：委托人支付得越多，他们就可以期望回报得越多。甚至更令人惊讶的是，我们发现女性的信任决定更明显地受其期望回报的影响，但受其无条件社会偏好的影响却明显小于男性，与我们引入的对照物无关。

表 4—2　　信任的决定因素：有事前交流的假想投资博弈中的支付额（OLS）

	女性 (1)	女性 (2)	女性 (3)	男性 (4)	男性 (5)	男性 (6)
期望(Y)	0.53	0.53	0.55	0.38	0.36	0.36
	(0.04)***	(0.04)***	(0.04)***	(0.03)***	(0.03)***	(0.03)***
三倍独裁者博弈中的支付额		−0.04	0.02		0.17	0.18
		(0.09)	(0.10)		(0.06)***	(0.06)***
年龄			−1.82			−1.03
			(1.72)			(2.40)
白人			1.69			9.33
			(5.10)			(6.05)
欧洲			16.42			0.31
			(11.22)			(8.46)
美国			11.99			−1.12
			(10.03)			(7.25)
常数	24.16	24.95	14.20	34.86	31.12	28.50
	(3.62)***	(4.15)***	(11.53)	(3.86)***	(3.96)***	(9.70)***
观测结果	64	64	64	88	88	87
R^2	0.76	0.76	0.78	0.65	0.68	0.69

注：括号里是鲁棒标准误差；*** 表示在 1%水平上显著；** 表示在 5%水平上显著；* 表示在 10%水平上显著。

资料来源：来自 Bohnet and Baytelman (2007) 的数据。

研究 2 呈现了与研究 1 类似的画面。无论是在对学生进行的匿名一次性投资博弈中，还是在对管理人员进行的有事前交流的假想投资博弈中，无条件的社会偏好对于男性的信任至关重要，但对于女性来说却无关紧要。女性的信任仅仅以她们的期望可信度为基础。这表明，女性将投资博弈视为一项“投资决策”，并根据她们对成功的期望来做决定，而对男性来说，当面临决定对其他人的信任程度这一问题时，另外的社会要素就会起作用。表 4—3 中，我们列出了研究 1 和研究 2 中完备样本的回归结果。我们计入了表 4—1 和表 4—2 中列出的所有对照物（（3）列和（6）列）。女性与期望（研究 1 中 Y/X，研究 2 中 Y）之间以及女性与三倍独裁者博弈中支付额之间的互动变量都是很重要的。

表 4—3　　信任的决定因素：研究 1 和研究 2 中的支付额（OLS）

	研究 1（全部）	研究 2（全部）
期望（研究 1 中 Y/X，研究 2 中 Y）	19.19	0.36
	(4.49)***	(0.03)***
三倍独裁者博弈中的支付额	0.72	0.19
	(0.13)***	(0.06)***
女性	3.72	−7.66
	(8.49)	(6.04)
期望×女性	16.40	0.17
	(6.23)**	(0.05)***
三倍独裁者博弈中的支付额×女性	−0.57	−0.19
	(0.22)**	(0.09)*
对照物	Yes	Yes
常数	19.47	28.43
	(8.67)**	(7.19)***
观测结果	138	151
R^2	0.51	0.73

注：括号里是鲁棒标准误差；*** 表示在 1%水平上显著；** 表示在 5%水平上显著；* 表示在 10%水平上显著。

虽然表明了信任动机上存在性别差异，但研究 1 和研究 2 仍有许多缺点。基于假定，这些缺点不会对男性和女性产生不同的影响——但我们在这里仍要特别提到它们。首先，研究 1 发现对风险和信任的态度几乎是不相关的，来自其他论文的结论检验了这一关系（如 Eckel and Wilson 2004a）。这与跨各学科的大量理论文献形成了鲜明对比，这些文献认为这两者存在密切的关系（如 Luhmann 1979；Ben-Ner and Putterman 2001；Cook and Cooper 2003）。但是，尽管它们可能确实并不相关，但也可能是我们和其他人对风险（或信任，在这方面）态度的计量方法不够好。最主要的是，在赌博中的风险选择和是否信任的决定之间存在一个重要差异——也就是信任博弈中存在着第二个人。当我们在三倍独裁者博弈中对照委托人的社会偏好时，在有代理人情况下的风险承担可能仍与最终得益仅影响自己的风险承担不同。为了更直接地解释这一点，我们在研究 3 中引入了风险独裁者博弈。

其次，信任博弈中当委托人决定了向其代理人的支付额后我们得出了期望可信度。我们的研究与其他对期望的研究的相同之处在于，对于如何和何时得出期望没有正确的答案（如 Fehr et al. 2002；Eckel and Wilson 2004b）。而许多研究者提供了准确预测的激励，但对于这些激励是否重要的证据并不是决定性的。在我们的两项研究中，男性和女性的预测都有点过于乐观了。

和多数其他人一样，我们也选择在信任选择后得出期望，以便获得“没有错误的”观察数据。同时，人们报告的期望回报值可能正是他们行为的事后理由。如果女性对一致性的要求比男性高，就会产生观察到的性别模式。但我们没有证据可证明一致性偏好的性别差异。

研究 3 试图避免这些缺陷：通过实验设计控制期望，保持各博弈中决策任务的风险恒定。

（三）研究 3

表 4—4 表明：科威特和美国的男性和女性在风险独裁者博弈中比在信任博弈中更愿意承担风险。但两国男性在信任博弈与风险独裁者博弈中的最低接受概率之差是女性的两倍。在科威特，男性的差异是 0.28，女性的差异是 0.13；而在美国，男性的差异是 0.19，女性的差异是 0.07。比较这些性别差异，我们发现男性比女性更关心结果如何，或者换句话说，男性比女性更加厌恶背叛（科威特更明显，美国 $p<0.1$）。

表 4—4　　风险独裁者和信任博弈中的平均最低接受概率（N）

	风险独裁者博弈	信任博弈
美国女性	0.44	0.51
	[38]	[55]
美国男性	0.32	0.51
	[48]	[50]
科威特女性	0.40	0.53
	[15]	[24]
科威特男性	0.46	0.74
	[25]	[15]

资料来源：来自 Bohnet，Herrmann，and Zeckhauser (2006) 和 Hong and Bohnet (2007) 的数据。

还有许多其他差异也值得注意：风险独裁者博弈中，美国男性比美国女性或科威特人明显较少地规避风险。事实上，p'是指使仅关心自己得益的风险中性委托人对于确定结果和赌博漠不关心的概率，即 0.29，美国男性基本上是风险中性者，而在这项博弈中其他人是明显的风险规避者。信任博弈中，科威特男性要求的最低接受概率要明显高于科威特女性和美国人。

我们断定，女性比男性更有可能把信任决策视为风险选择。尽管面对其他人而不是本性时，男性和女性都存在一些背叛厌恶，但很明显男性比女性更受其影响。研究 3 提供了证明社会偏好与信任的关联性中存在性别差异的更强有力的证据。与研究 1 和研究 2 相反，这里我们将焦点集中在有条件的社会偏好上。

四、讨　论

通过信任，委托人使他们的代理人更富有但也将自己暴露在了被其代理人背叛的风险中。我们的研究结果表明，这种对“其他人”的关心主要对男性的信任决策很重要。相反，女性将信任视为一项赌博：她们基于自己的期望可信度而信任。这些差异在信任动机中的净效应还不清楚。无条件的社会偏好，如利他主义或者“温情”式利他主义，本应该使男性比女性产生的信任多。同时，男性对背叛的担忧更明显，这又使他们比女性产生的信任少。

此外，女性和男性在对风险的态度上也有差异。通常，女性比男性更厌恶风险——虽然多数检验风险态度的实验是在西方发达国家进行的（调查参见 Croson and Gneezy 2004）。研究 3 中，我们也发现，美国女性明显地比在这种环境下的男性更厌恶风险。但这种性别差异并不适用于科威特人。因此，如果女性事实上更厌恶风险，她们就将比男性更不可能去信任。

最后，女性和男性的期望可信度可能有所不同。研究 2 中，男性管理人员比女性管理人员要乐观得多，但我们在研究 1 中并没有发现学生中存在任何明显的性别差异。在其他任务中，我们发现西方男性通常比西方女性更乐观或过于自信（调查参见 Croson and Gneezy 2004）。因此，我们可以预期男性更愿意去信任。

总的说来，根据我们积累的各种证据，现在还不清楚是男性还是女性更可能去信任。但多数研究并未表明信任行为中存在任何性别差异（如 Croson and Buchan 1999；Ashraf，Bohnet，and Piankov 2006；Fehr et al. 2002）。巴肯、科洛森和索尔尼克（Buchan，Croson，and Solnick 2003）发现男性比女性更相信他人，而埃克尔和威尔逊（Eckel and Wilson 2004b）却报告称，看到对手的照片后，女性比男性更相信他人，但当仅获悉对手的性别和偏好后，男性则比女性更相信他人。

根据我们的研究，很明显，女性和男性的信任动机是不同的。如果这一结论推广到其他环境，就需要不同的手段来激发男性和女性的信任。举例来说，如果社会规划者或管理者想增加信任，正如近期大量的著作，如《恢复对美国商业的信任》（*Restoring Trust in American Business*）（Lorsch，Berlowitz，and Zelleke 2005）所建议的，他们将不得不将焦点集中在改变可信度水平以及女性的期望可信度上，但也必须强调源自男性信任的内在利益。同样的原则也适用于各当事方彼此信任从而更有可能达成通盘协议以进行谈判和解决冲突时。[8] 许多著作，如《作弊的文化》（*The Cheating Culture*）（Callahan 2004），提醒读者近期企业和宗教的信任违规行为可能不只是例外，而是恰恰呈现了冰山一角，会破坏女性对其他人的信任，而面向社会的男性仍能从信任中得到一些内在利益。

最后，我们可能想知道为什么我们在信任动机中发现了性别差异。我们的实验也表明存在实质性差异，但却不能解释其原因。因此，我们在这里只提出了一些初步想法。在许多方面，我们的结果证明了女性在信任博弈中比男性表现得更理性——她们主要关注自身，很少关注其他人的得益，她们的期望比男性更精确且不那么乐观，而且女性对其他人的目的和目的的关注比不上男性。男性因背叛而承受的成本要大于女性，这就有可能解释这样一种令人迷惑的结论：在允许惩罚的公共产品博弈中，男性比女性更有可能在一次性博弈中或反复博弈的最后一轮中惩罚搭便车者（如 Herrmann 2004，66；Egas and Riedl 2005）。近期的神经学证据表明，男性比女性更有可能从惩罚做坏事的人中得到乐趣（Singer et al. 2006）。而且，女性似乎是用惩罚来“教育”搭便车者，男性似乎是用它来报复。

“经济人”与到目前为止许多女权主义经济学理论的观点（例如 Ferber and Nelson 1993）相反吗？这看起来与人类学和进化生物学中观察到的男性和女性在适用性提高战略方面的差异一致。然而，我们的社会偏好发现不仅与自然假设一致，还与基于教养的解释一致。举例来说，关于地位和权力的理论提出，男性，或更笼统地说，人类中处于较高地位的群体，更有可能通过信任其他人而得到家长式的温情。这种慷慨被描述为地位高的捐赠人保有其地位的一种方式。（例如，Swim and Campbell 2003）。同时，信任意味着将自己的成果拱手让给了代理人，并且对他人的意愿有了一定程度的屈服。男性的权力越大，就比权力相对小的女性更不喜欢受到攻击。（例如，Mainiero 1986；Lips 1991）。

五、结　论

有条件的和无条件的社会偏好，对于男性的人际信任至关重要，但对女性却几乎没有影响。本章中，我们通过三项研究测量了社会偏好与男性和女性信任的相关性。研究 1 的重点是来自三个国家（南非、俄罗斯和美国）的学生的一次性匿名投资博弈。研究表明，与来源国无关，女性实验对象的信任是由她们的期望可信度来解释的。相反，男学生信任得更多，他们对于自己的对手方的可信度越乐观，就会越关心他人（正如在三倍独裁者博弈中测量到的）。

研究 2 类似于研究 1 的设计，但要求人们在一项投资博弈中做出假设决策，博弈开始前，委托人和代理人可以彼此交流。此外，博弈中使用了一个不同的实验对象群体，也就是世界不同地区的管理人员。当决定对其他人的信任程度时，女性还是不受其社会偏好的影响，而男性受其影响。研究 3 采用了不同的设计，进一步阐述了人们是如何感知信任决定的。研究发现，女性更有可能将信任视为风险选择，而男性却将赌博和信任决策明确地区分开。当面临其他人而不是自然的时候，男性比女性更厌恶背叛。

因此，相比男性，女性的行为更符合传统经济理论的假设：她们的信任决策不受对其他人得益或意愿的关注的影响，她们的决策依据（相对精确）期望回报和风险偏好。有趣的是，大部分关于背叛厌恶和更通常的对不公平待遇的厌恶的神经科学证据，只是基于对男性的研究。例如，科斯菲尔德等（2005）发现，在投资博弈中，鼻内给予催产素降低了男性的背叛厌恶，山菲等（Sanfey et al. 2003）发现，对于男性，最后通牒博弈中的不公正待遇引起了大脑中人们熟知的涉及消极情感区域（前脑岛）的活动。辛格等（2006）最近对男性和女性进行的研究表明，这些形式实际上可能主要适用于男性。

注　释

本章由 Nava Ashraf、Yael Baytelman、Benedikt Herrmann、Kessely Hong、Nikita Piankov 和 Richard Zeckhauser 共同完成，并且从与 Stephan Meier 的讨论中受益匪浅。非常感谢肯尼迪管理学院的女性和公共政策项目以及女性领导力委员会提供的财政支持。

[1] 关于社会偏好文献的总结，参见 Fehr and Schmidt (2002) 和 Meier (2004)。

[2] 对于在实验中通常涉及的很小金额，测量风险偏好是非常困难的。(参见一个理论解释，例如 Rabin 2000)。

[3] 为了便于理解，将委托人理解为“她”，代理人为“他”。

[4] 我们选择的金额使金钱激励相对于实验对象的收入和生活标准在各个国家间都大致相当。实验是在 2001 年进行的。学生餐馆的平均午餐费，在波士顿是 5 美元，在墨西哥是 50 卢布，在南非是 20 兰特。

[5] 最近的证据证实了随机选择支付方式的有效性。Laury（2002）发现，实验对象根据他们的设定价值押注了（高额）筹码，并且没有按比例减少随机支付的比例。

[6] 为了确保各国间实验步骤一致，我们采用了罗斯等（1991）的跨社会实验设计，并且尽力对照了实验者、货币和语言效应。

[7] 除另有说明外，我们使用非参数性的惠特尼 U 检定（Mann-Whitney U）来检验方法的差异。如果 $p<0.05$，我们就报告为显著。信任和独裁者博弈中不存在国家间的差异。(参见 Ashraf，Bohnet，and Piankov 2006。)

[8] 不幸的是，很少有人知道关于整合性谈判中的性别差异（与分布性谈判相反，参见例如 Kray 和 Thompson 2005 的评论)。

参考文献

Andreoni, James. 1990. "Impure Altruism and Donations to Public Goods: A Theory of Warm-Glow Giving?" *Economic Journal* 100: 464-477.

Andreoni, James, and John Miller. 2002. "Giving According to GARP: An Experimental Test of the Consistency of Preferences for Altruism." *Econometrica* 70: 737-753.

Ashraf, Nava, Iris Bohnet, and Nikita Piankov. 2006. "Decomposing Trust and Trustworthiness." *Experimental Economics* 9: 193-208.

Batson, C. D. 1991. The *Altruism Question: Toward a Social Psychological Answer*. Hillsdale, NJ: Erlbaum.

Ben-Ner, Avner, and Louis Putterman. 2001. "Trusting and Trustworthiness." *Boston University Law Review* 81: 523-551.

Berg, John, John Dickhaut, and Kevin A. McCabe. 1995. "Trust, Reciprocity, and Social History." *Games and Economic Behavior* 10: 290-307.

Bohnet, Iris, and Yael Baytelrnan. 2007 "Institutions and Trust: Implications for Preferences, Beliefs and Behavior." Forthcoming in *Rationality & Society*.

Bohnet, Iris, and Bruno S. Frey. 1999. "Social Distance and Other-Regarding Behavior in Dictator Garnes: Comment." *American Economic Review* 89: 335-340.

Bohnet, Iris, Bruno S. Frey, and Steffen Huck. 2001. "More Order With Less Law: On Contrast Enforcement, Trust and Crowding." *American Political Science Review* 89: 335-339.

Bohnet, Iris, Benedikt Herrmann, and Richard Zeckhauser. 2006. "The Requirements for Trust in Gulf and Western Countries." Working Paper, John F. Kennedy School of Government.

Bohnet, Iris, and Richard Zeckhauser. 2004. "Trust, Risk and Betrayal." *Journal of Economic Behavior and Organization* 55: 467-485.

Bolton, Gary, and Axel Ockenfels. 2000. "A Theory of Equity, Reciprocity and Competition." *American Economic Review* 90: 166-193.

Buchan, Nancy, Rachel Croson, and Sara Solnick. 2003. "Trust and Gender: An Examination of Behavior, Biases, and Beliefs in the Investment Game." Working Paper, Wharton School, University of Pennsylvania.

Buss, A. R. 1978. "Causes and Reasons in Attribution Theory: A Conceptual Critique." *Journal of Personality and Social Psychology* 36: 1311-1321.

Callahan, David. 2004. *The Cheating Culture*. New York: Hartcourt.

Camerer, Colin. 2003. *Behavioral Game Theory*. Princeton, NJ: Princeton University Press.

Camerer, Colin, and Keith Weigelt. 1988. "Experimental Tests of a Sequential Equilibrium Reputation Model." *Econometrica* 56: 1-36.

Cook, K. S., and R. M. Cooper. 2003. "Experimental Studies of Cooperation, Trust, and Social Exchange." In *Trust and Reciprocity*, ed. E. Ostrom and J. Walker, 209-244. New York: Russell Sage.

Cox, James C. 2004. "How To Identify Trust and Reciprocity." *Games and Economic Behavior* 46: 260-281.

Croson, Rachel, and Nancy Buchan. 1999. "Gender and Culture: International Experimental Evidence from Trust Games." *American Economic Review* 89: 386-392.

Croson, Rachel, and Uri Gneezy. 2004. "Gender Differences in Preferences." Working Paper, Wharton School, University of Pennsylvania.

Dufwenberg, Martin, and Uri Gneezy. 2000. "Measuring Beliefs in an Experimental Lost Wallet Game." *Games and Economic Behavior* 30: 163-182.

Eckel, Catherine C., and Rick K. Wilson. 2004a. "Is Trust a Risky Decision?" *Journal of Economic Behavior and Organization* 55: 447-466.

Eckel, Catherine C., and Rick K. Wilson. 2004b. "Conditional Trust: Sex, Race and Facial Expressions in a Trust Game." Working Paper, Virginia Polytechnic.

Egas, Martijn, and Arno Riedl. 2005. "Cooperation and Punishment in the Dutch: Evidence from a Large Internet Experiment." Presentation at the Economic Science Association meetings, Montreal, Canada.

Fehr, Ernst, Urs Fischbacher, Bernhard von Rosenbladt, Jürgen Schupp, and Gert G. Wagner. 2002. "A Nation-Wide Laboratory-Examining Trust and Trustworthiness by Integrating Behavioral Experiments into Representative Surveys." *Schmollers Jahrbuch* 122: 519-542.

Fehr, Ernst, and Simon Gächter. 2003. "Do Incentive Contracts Crowd Out Voluntary Cooperation?" Working paper No. iewwp034, Institute for Empirical Economic Research in Economics, University of Zürich.

Fehr, Ernst, and John A List. 2004. "The Hidden Costs and Returns of Incentives—Trust and Trustworthiness among CEOs." *Journal of the European Economic Association* 2, no. 5: 743-771.

Fehr, Ernst, and Klaus Schmidt. 1999. "A Theory of Fairness, Competition and Cooperation." *Quarterly Journal of Economics* 114: 817-868.

Fehr, Ernst, and Klaus Schmidt. 2002. "Theories of Fairness and Reciprocity—Evidence and Economic Applications." In *Advances in Economics and Econometrics—8th World Congress*, *Econometric Society Monographs*, ed. M. Dewatripont, L. Hansen, and S. Turnovsky, 208 - 258. Cambridge: Cambridge University Press.

Ferber, Marianne A., and Julie A Nelson, eds. 1993. *Beyond Economic Man: Feminist Theory and Economics*. Chicago: University of Chicago Press.

Frey, Bruno S. 1997. *Not Just for the Money: An Economic Theory of Personal Motivation*. Cheltenham: Edward Elgar.

Frey, Bruno S., and Reto Jegen. 2001. "Motivation Crowding Theory: A Survey of Empirical Evidence." *Journal of Economic Surveys* 15: 589 - 611.

Frey, Bruno S., and Felix Oberholzer-Gee. 1997. "The Cost of Price Incentives: An Empirical Analysis of Motivation Crowding Out." *American Economic Review* 87: 746 - 755.

Greig, Fiona, and Iris Bohnet. 2005a. "Is There Reciprocity in a Reciprocal-Exchange Economy? Evidence Gendered Norms from a Slum in Nairobi, Kenya." Working Paper, John F. Kennedy School of Government.

Greig, Fiona, and Iris Bohnet. 2005b. "Why Women Cooperate with Women and Not Men: Evidence from a Slum in Nairobi, Kenya." Working Paper, Kennedy School of Government.

Hardin, Russell. 2002. *Trust and Trustworthiness*. New York: Russell Sage.

Heider, F. 1958. *The Psychology of Interpersonal Relations*. New York: Wiley.

Herrmann, Benedikt. 2004. "Norms of Cooperation and Sanctioning—Comparative Experiments in Switzerland, Germany, Belarus and Russia." Doctoral Dissertation, University of Göttingen.

Hong, Kessely, and Iris Bohnet. 2007. "Status and Distrust: The Relevance of Inequality and Betrayal Aversion." Forthcoming in *Journal of Economic Psychology*.

Inglehart, Ronald. 1999. "Trust, Well-Being and Democracy." *In Democracy and Trust*, ed. Mark E. Warren, 88 - 120. Cambridge: Cambridge University Press.

Kahneman, Daniel, Jack Knetsch, and Richard Thaler. 1986. "Fairness as Constraint on Profit Seeking: Entitlements in the Market." *American Economic Review* 76: 728 - 741.

Knack, Stephen, and Philip Keefer. 1997. "Does Social Capital Have an Economic Payoff? A Cross-Country Investigation." *Quarterly Journal of Economics* 112: 1251 - 1288.

Kosfeld, Michael, Markus Heinrichs, Paul J. Zak, Urs Fischbacher, and Ernst Fehr. 2005. "Oxytocin Increases Trust in Humans." *Nature* 435, no. 2: 673 - 676.

Kramer, Roderick. 1999. "Trust and Distrust in Organizations: Emerging Perspectives, Enduring Questions." *Annual Review of Psychology* 50: 569 - 598.

Kramer, Roderick, and Tom R. Tyler, eds. 1996. *Trust in Organizations*. Thousand Oaks, CA: Sage.

Kray, Laura, and Leigh Thompson. 2005. "Gender Stereotypes and Negotiation Performance: A Review of Theory and Research." In *Research in Organizational Behavior Series* 26, ed. Barry Staw and Roderick Kramer, 103 - 182. Amsterdam: Elsevier.

Kruglanski, A W. 1979. "Causal Explanation, Teleological Explanation: On Radical Particularism in Attribution Theory." *Journal of Personality and Social Psychology* 37: 1447 - 1457.

LaPorta, Raphael, Florencio Lopez-de-Silanes, Andrei Shleifer, and Robert W. Vishny. 1997. "Trust in Large Organizations." *American Economic Review* 87: 333 - 338.

Laury, Susan. 2002. "Pay One or Pay All: Random Selection of One Choice for Payment." Mimeo., Georgia State University.

Lips, H. M. 1991. *Women, Men, and Power*. Mountain View, CA: Mayfield Publishing.

Loewenstein, George F., Max H. Bazerman, and Leigh Thompson. 1989. "Social Utility and Decision Making in Interpersonal Contexts." *Journal of Personality and Social Psychology* 57: 426 - 441.

Lorsch, Jay W., Leslie Berlowitz and Andy Zelleke, eds. 2005. *Restoring Trust in American Business*. Cambridge: MIT Press.

Luhmann, Niklas. "Trust: A Mechanism for the Reduction of Social Complexity." In *Trust and Power*, ed. N. Luhmann, 1 - 103. New York: Wiley.

Mainiero, L. A. 1986. "Coping with Powerlessness: The Relationship of Gender and Job Dependency to Empowerment-Strategy Usage." *Administrative Science Quarterly* 31: 633 - 653.

Mansbridge, Jane. 1999. "Altruistic Trust." In *Democracy and Trust*, ed. Mark E. Warren, 290 - 309. Cambridge: Cambridge University Press.

Meier, Stephan. 2004. "A Survey on Economic Theories and Empirics on Pro-Social Behavior." Mimeo., Institute for Empirical Research in Economics, University of Zürich.

Ostrom, Elinor, and James Walker, eds. 2003. *Trust and Reciprocity*. New York: Russell Sage.

Pillutla, Madan, Deepak Malhotra, and Keith Murnighan. 2003. "Attributions of Trust and the Calculus of Reciprocity." *Journal of Experimental Social Psychology* 39, no. 5: 448–455.

Putnam, Robert D. 2000. *Bowling Alone: The Collapse and Revival of American Community*. New York: Simon & Schuster.

Putnam, Robert D., Robert Leonardi, and Raffaella Y. Nanetti. 1993. *Making Democracy Work: Civic Traditions in Modern Italy*. Princeton: Princeton University Press.

Rabin, Matthew. 1993. "Incorporating Fairness into Game Theory and Economics." *American Economic Review* 83: 1281–1302.

Rabin, Matthew. 2000. "Risk Aversion and Expected-Utility Theory: A Calibration Theorem." *Econometrica* 68: 1281–1292.

Rosenfeld, R, S. F. Messner, and E. P. Baumer. 2001. "Social Capital and Homicide." *Social Forces* 80, no. 1: 283–309.

Roth, Alvin E., Vesna Prasnikar, Masahiro Okuno-Fujiwara, and Shmuel Zamir. 1991. "Bargaining and Market Behavior in Jerusalem, Ljubliana, Pittsburgh, and Tokyo: An Experimental Study." *American Economic Review* 81: 1068–1095.

Rousseau, D., S. Sitkin, R Burt, and C. Camerer. 1998. "Not So Different After All: A Cross-Discipline View of Trust." *Academy of Management Review* 23: 393–404.

Sanfey, A. G., J. K Rilling, J. A. Aronson, L. E. Nystrom, and J. D. Cohen. 2003. "The Neural Basis of Economic Decision-Making in the Ultimatum Game." *Science* 300: 1755–1758.

Singer, T., B. Seymour, J. P. O'Doherty, K E. Stephan, R J. Dolan, and C. D. Frith. 2006. "Empathic Neural Responses Are Modulated by the Perceived Fairness of Others." *Nature* 439: 466–469.

Sitkin, S. B., and N. L. Roth. 1993. "Explaining the Limited Effectiveness of Legalistic'Remedies' for Trust/Distrust." *Organization Science* 4, no. 3: 367–392.

Swim, J. K, and Campbell, B. 2003. "Sexism: Attitudes, Beliefs, and Behaviors." In *Blackwell Handbook of Social Psychology: Intergroup Processes*, ed. R Brown and S. Gaertner, 218–237. Oxford: Blackwell Publishing.

Zak, Paul, and Steven Knack. 2001. "Trust and Growth." *Economic Journal* 111: 295–321.

第三部分

神经经济学

第5章　神经经济学：以模糊厌恶研究说明之

科林·F·卡默勒（Colin F. Camerer）
麦格纳·巴特（Meghana Bhatt）
徐　明（Ming Hsu）

本章论述了神经经济学这一新兴领域，试图探索有关大脑是如何运作的详细经济理论基础。该理论是经济思想中的一个急转弯。在21世纪初，经济学家们明确地选择了一种方法，将大脑作为一个黑匣子并忽略其细节内容，以便得出经济学理论（Bruni and Sugden 2007）。1897年，帕累托（Pareto）在一封信中写道，“自然科学只有当将辅助原则作为出发点而非试图揭露事物本质时才会进步，这是一个经验事实……因此，纯政治经济学对尽可能少依赖心理学领域有极大兴趣”（引自 Busino 1964，xxiv）。

帕累托认为应当忽略心理学的观点反映了他所在时代对了解大脑的能力的悲观主义。[1]正如威廉姆·杰文斯（William Jevons）在1871年早些时候提到的：“我不愿意说人类将会拥有直接测量人类内心情感的方法。我们必须通过情感的定量效应来估算其相对数量。”

这种在大脑理解方面的悲观主义造成了“好像”理性选择模型的流行。这种模型假定个体行为符合逻辑原则，但并未着重于检验是否遵循这些原则的直接测试。例如，消费者的行为就好像是将效用值附于捆装商品上，并选择效用值最高的那捆，如果让她直接分派数目，她说出的效用可能并不符合公理，如转移性。强式“好像”理论只是将这一直接证据视为不相关而不予考虑，因为即使作为根据的假定是错误的，预测也是正确的（如，Friedman 1953）。[2]

“好像”模型适用于许多方面。但对从“好像”理性选择（以及公理直接试验）得出的预测进行的测试也已经确定了很多经验异常。行为经济学对这些规律进行了描述并提出了解释这些规律的模型（如，Camerer 2005）。理性选择模型与行为模型之间的争论通常围绕着心理学构念，如损失规避（Kahneman and Tversky 1979）和对即时回报的偏好，但这并未被直接观察到。而现代技术使我们能够打开大脑这一黑匣子并直接观察大脑的活动。利用这些数据来约束和激发经济理论从而了解经验异常，这被称为“神经经济学”（Camerer，Loewenstein，and Prelec 2005；Chorvat and McCabe 2005；Zak 2004）。需要注意的是，神经经济学充分意识到了显示性偏好理论并不支持直接测量效用的主张（Gul and Pesendorfer 2005）。神经经济学的观点并没有误解经济学的显示性偏好理论；它只是采用了一种不同的理论。此外，它还推测创建更现实的假设将产生更准确的预测。弗里德曼（Friedman）认为：（1）理论应当由预测的精确性来评价；（2）错误的假设也能产生正确的预测。神经经济学同意第一条原则，但同时断定提高假设的精确性将产生更准确的预测。

与组织经济学的相似之处说明了神经经济学的潜力。20 世纪 70 年代以前，“企业理论”基本上是一个关于资本和劳动力如何结合创造出作为产业供给曲线依据的生产函数的简化模型。契约理论打开了企业的黑匣子并模拟了股东、工人和管理人员（企业的构成）之间详细的契约关系。新的企业理论取代了（仍然有用的）企业利润最大化的假定，其唯一目标是更详细地说明企业各部分是如何相互影响和相互沟通的，以此来确定企业行为。神经经济学提出通过将代理人作为一个企业对待而实现上述目标：取代（有用的）效用最大化的代理人假定，其唯一目标是更详细地说明代理人的大脑是如何相互影响和相互沟通从而确定代理人的行为的。

神经经济学的巨大潜力源自近年来大脑活动测量技术的进步。举例来说，功能性磁共振成像（fMRI）可测量大脑中的含氧血流量（与几秒钟和几毫米规模的神经活动有关）。特定大脑区域出现局部病变的动物和患者的行为可帮助我们确定受损区域是否必然产生某些行为。更具体地说，一个人可以同时在一个单神经元上记录活动（单细胞记录），这通常来自对灵长类的研究，偶有对神经外科患者的研究。较早的工具，如脑电图（EEG）、从脑外区记录非常迅速的脑电活动以及心理生理记录（如，皮肤电传导和瞳孔放大）依然很有用，并常被用作证实通过其他途径得出的解释的补充手段。

所有这些工具为决策实际上是如何起作用的这一详细理论提供了线索。理性行为者模型在“好像”应用中的成功表明，某些分析，尤其是涉及决策者总体而非个体总体的那些分析不需要如此详细。（例如，神经经济学永远不会取代供需或市场平衡等强大概念。）但对决策机制的更深入了解将帮助我们更好地理解理性模型的偏差。了解决策过程或许能使我们不仅认识到计算最佳方案的能力的局限性，而且还能认识到用以克服这些局限性的方法。

此外，行为经济学的大部分领域中都有不止一种替代理论。有很多理论在概念上不同，但用现有的数据却很难区分。就其中用于解释神经系统的某些理论来说，大脑证据可以帮助区分出哪些理论是正确的，并能够提出新理论。后文中详细论述的模糊厌恶研究在本章中用作对两种大脑证据（功能性磁共振成像和病变患者行为）如何能判定模糊厌恶是否存在及其来源这一决策理论中的长期争论的专题研究。

使用这些神经科学技术建立神经回路的能力取决于大脑主要是模块化结构这一事实。很多人都知道大脑中处理视觉、听觉和其他感觉信息的一般区域，而且每个人的这些区域都是以同一种方式被激活的。虽然模块特殊化的程度有时令人惊讶（例如，有一个显然是专门用于面貌识别的“面部梭形区域”），但多数高阶处理在构成过程中都需要有一个“回路”或协作，这些过程又反过来构成了不同模块的组成部分。与特定的感觉处理相比，外界对高阶处理的了解更少，但神经系统科学家对某一情感或理性处理发生在哪一部分有一个大体认识，并且实证规律正在非常迅速地积累。

一、神经经济学脑成像实验

脑成像或称为脑扫描，是目前最受关注的神经学工具。功能性磁共振成像采用的正是数十年来用于医学领域的磁共振（MR）扫描仪。但功能性磁共振成像的革新大约从十年前才开始，可以在实验对象执行某项任务时以更快速度扫描大脑以检测出大脑中含氧血的不同水平。多数脑成像都包含了实验对象执行实验任务和对照任务时的大脑活动对比。实验对象执行这两项任务时的成像差异提供了一张由该实验任务激活的不同大脑部位示意图。大脑的模块化性质使我们能拥有其他关于哪些任务激活同一区域的证据，从而解释这些激活作用。

成像技术日益流行主要有两个原因：一是由于其非侵害性，它不同于将电极直接植入大脑的单神经记录，或通过刺激大脑区域以引起临时病变的经颅磁刺激（TMS）。二是功能性磁共振成像可提供相对较高的时空分辨率，即使这一区域位于大脑深处（无法使用脑电图测量）。每隔几秒成像一次，且记录一侧为3～4毫米的体素中的数据。尽管扫描价格高，但只要精心设计，通常只需适度样本数量（10～20个实验对象）就足以确定提示性规律。

目前，已对利用功能性磁共振成像和正电子成像术（扫描技术的另一种形式）进行经济决策进行了多项重要研究。[3] 对于证明成像如何能处理经济学家关心的各种问题，这一点我们很少提及。所有这些都是试验性结果。未来几年里，我们将了解更多。

(一) 博弈论和社会情感

由于博弈论通常依赖试验中易于控制在很多现场应用中都难以测量（Camerer 2003）的动作和信息的微妙细节，因此，实验已证明其在测试博弈论中非常有效。神经经济学实验使人们同样关注认知如何产生平衡以及社会偏好如何影响策略行为的细节。

早期研究中，麦凯布等（McCabe et al. 2001）对比了实验对象与其他人进行信任博弈时的大脑活动和实验对象与随机对手进行信任博弈时的大脑活动。对于不经常合作的参与者而言，在这两种条件下的大脑活动没有差异。但对于高水平合作者而言，与他人博弈时，其前额叶皮层区出现了其他活动。麦凯布等人把这种活动看做是用于形成其他参与者将怎么做的信念的一种专业“心理理论”环路的证据。分析与随机参与者进行的混合策略博弈时（剪刀、石头、布），加拉格尔等（Gallagher et al. 2002）得出了类似结果。在一种情况下，告知实验对象其对手是电脑，在另一种情况下，告知实验对象其对手是人。在这两种情况中，实验对象都只是简单地与从三个策略中随机选出的纳什均衡策略进行博弈。但如果他们被告知其博弈对手是人，其前额叶皮层区会出现明显的激活现象。这些研究表明，在神经系统中形成对其他参与者动作的信念与形成对“本性”动作的信念有着本质区别，即使这些在经验上是相同的。

在最后通牒博弈中，一位参与者（即提议者）向另一参与者（即响应者）提出分享某一金额，如 10 美元，“要么接受、要么拒绝”。如果响应者接受，那么他们可分别得到 $10-x$ 美元和 x 美元。如果响应者拒绝，两人将一无所得，博弈结束。这一博弈已经过数百次实验的研究。典型结果是，参与者提议给对方 40%左右（通常为一半），在多数社会中，低于 20%，响应者会拒绝（例如，Camerer 2003, chapter 2）。[4]

山菲等（Sanfey et al. 2003）通过功能性磁共振成像对在最后通牒博弈中收到提议的响应者的行为进行了研究。他们发现，当提议相对不公平时，有三个区域是活跃的：背外侧前额叶皮层、前扣带回和脑岛。脑岛是用于记录人体不适的区域。尤其是当人们感到被社会排斥（Eisenberger, Lieberman, and Williams 2003）和厌恶（Calder et al. 2000）时，该区域就会被激活。他们的解释是，脑岛中的神经元被不公平激活，背外侧前额叶皮层正在处理持有金钱会获得的未来回报这一情况，而前扣带回是衡量两个互相矛盾的信息并做出决定的裁决者。可以通过其脑岛活动的水平来较可靠地预测（相关系数为 0.45）参与者是否会拒绝不公平提议。

行为经济学中的一个争论是关于用于研究互惠的博弈（如最后通牒博弈、信任博弈及同类博弈）中表达的社会偏好的性质。考虑到惩罚——A 想要惩罚 B 的意愿，如果 A 相信 B 对她不好的话。如果参与者只博弈一次，A 根本没有直接或声誉激励来惩罚 B。那么当 A 惩罚 B 时，她会有什么想法或感受呢？

凯尔费恩等（de Quervain et al. 2004）利用正电子发射断层成像对这个问题进行了研究。在他们的研究中有两个参与者（A 和 B）参加了一项信任博弈，其中 A 进行投资，投资有所增值，而“受托人”（即参与者 B）可以偿还或持有金钱（Weigelt and Camerer 1988；Berg，Dickhaut，and McCabe 1995）。博弈结束后询问行为被成像的实验对象 A，看她是否想惩罚受托人。惩罚的代价也是多种多样的，在有些情况下，A 惩罚受托人会给她自己带来直接成本。

凯尔费恩等人发现，参与者进行惩罚时，已知用于处理行为回报（O'Doherty et al. 2004）的伏隔核（终脑皮层的一部分）区中有活动。因此，惩罚好像产生了一种获得回报的内心感觉，就像获得金钱一样。他们还发现，当衡量惩罚的代价时前额叶皮层区中有活动。对于经济学家来说，这提供了一个精确地修正利己主义的简单方法：在一个以偏好为基础的理论中，惩罚动机和赚钱动机从神经的角度来看是相似的，并且都用一个深思熟虑的方式来对代价做出反应。

功能性磁共振成像也被用于帮助理解博弈中平衡概念的神经基础。在博弈论中，当参与者尽力回应关于其他参与者将做什么的准确信念时，他们是处于平衡中的。但这一平衡概念将焦点集中在了静态上，却丝毫未提及参与者是如何达到平衡的。关于平衡的一个神经学假说是，平衡选择需要参与者使用类似的回路做出自己的选择并形成其对另一参与者的信念，可能模仿另一参与者的选择以便做出精确推测。换句话说，如果一个参与者正在使用一项简单的决策原则，如“一步推理”（选择平均得益最高的策略，好像其他参与者的选择都是同样可能的），很明显，计算最佳选项时的推理就会比推测其他人会做什么时多（因为猜测只是一个简单的扩散先验，不需要太多思考）。

这些因素表明，当做出选择行为的活动和做出推测时的活动充分重合时，平衡选择就越有可能——也就是说，平衡是一种心理状态，通过选择和推测时高度的情感重合而表现出来。实际上，巴特和卡默勒（Bhatt and Camerer 2005）发现，当尝试处于平衡（信念是精确的，并且选择是最佳的给定猜测）和非平衡状态时，选择的活性的改变与报告信念二者之间存在着明显差异。

平衡尝试中，选择和报告信念时的活性差异很小。这一差异存在于腹侧纹状体中，这是一个已知用于对预期回报进行编码的区域。这个区域可能意味着，参与者期望从做选择这一行为中得到更大回报（因为选择和推测这两项任务的付酬方案是不一样的），或参与者拥有一种当他们做出精确的平衡选择时自动检测的内部“收银机”，虽然进行博弈时没有反馈。

在非平衡尝试中，选择策略的任务与推测其他人会选择什么的任务之间存在不同的活性。这些区域包括背外侧前额叶皮层（山菲等人观察到的，2003）和旁扣带回皮层（加拉格尔（Gallagher）等人观察到的，2002）。这与认为参与者都具有一种简易的方法只需处理少量信息即可形成信念的观点一致，这也符合某些涉及有限的“思考水平”的行为模型（Camerer，Ho，and Chong 2004）。

巴特和卡默勒（2005）还对参与者形成二阶信念时所发生的事情（也就是说，他们认为对方参与者会认为他们要如何做——这些复杂的判断对于成功欺骗和创造社会情感，如羞耻[5]，是很重要的）进行了研究。有两种形成二阶信念的方法：(1) 将一些一般回路用于形成一个信念，但采纳对方参与者的观点，或 (2) 弄清你打算选择什么，然后询问对方参与者是否有可能猜到你的选择。有两个论据支持第二个解释：选择和二阶信念通常惊人地匹配，并且选择与二阶信念任务时的神经活动重合要多于这些任务与信念任务之间的神经活动重合。此外，更关注自我的参与者，从将其选择与其二阶信念（有差异地激活了前脑岛）等同起来的意义上来说，实际上在博弈中赢得的更少。

(二) 跨期选择

经济学和心理学已经对跨期选择问题进行了详细研究。一个明显的经验事实是，人们表现出对立即的偏好。当面临对未来得益的两项决策（一前一后）时，他们表现得好像很有耐心（也就是，他们具有较高的折现系数）。当要求这些实验对象在立即回报和未来得益之间做出选择时，他们表现出了对选择立即回报的强烈倾向，这也暗示了折现系数较低（Laibson 1997；O'Donaghue and Rabin 1999）。将折现系数函数与许多动物物种（包括人类）间不同时间点的回报数据进行拟合通常会出现双曲线形式，即 $d(t)=1/(1+kt)$，而非指数形式，即 $d(t)=d^t$。建模时，双曲线形式的良好近似值是一个二元准双曲线函数，赋予现有回报权重1，赋予时间点 t 的未来回报权重 $\beta\delta^t$(50)。当 $\beta=1$ 时，函数下降至一个指数形式。参数 β 用来衡量对于立即的偏好，δ 表示对于在未来不同时间点的回报的相对偏好。

该二元函数自然成了研究功能性磁共振成像的一个试验对象，因为可以通过比较不同类型的选择而将两个系统分开。事实上，麦克卢尔等（McClure et al. 2004）发现，当人们在立即回报和未来回报（假定权重 1 和 $\beta\delta$）与两个遥远回报（相关权重 δ^t 和 δ^{t+1}）之间做出选择时，带有来自边缘部位投影的区域是活跃的。当权衡任何两个选择时，许多区域是活跃的，但只有额叶前部和前扣带前部区域看似与 β 系统有关。

二、发现回路

实际上，利用功能性磁共振成像发现不同的大脑活动区域并不是这些研究的主要目标。其真正目的是利用观察到的大脑活动来假定由不同大脑区域（这些区域通过相互作用来产生行为，如做出一项决定）构成的一条回路。要了解这条回路，我们需要知道哪些区域是活跃的以及它们是如何相互作用的。通过扫描证据，我们必定可以根据对神经生物学的了解和大脑各个部分中激活的时间序列来推断执行决策功能的神经回路。虽然如此，但扫描证据仅能表明活跃区域与决策任务相关。因此，还需要更多证据来证实大脑区域与决策之间存在某种因果关系。

确定某一部位是否是回路的一个必要部分的方法是观察在该部位有局部病变的患者。这些患者通常患有中风、脑膜炎、其他脑部创伤，或受过神经外科干预。一个理想的病变患者具有局部病变，特别是双侧（大脑两侧）的病变，病变与大脑的一个特殊功能性或神经解剖学区域重合。如果X部位受损的患者在大多数认知功能（如智商和记忆）中都是相当正常的，而且如果患者不能正常执行任务，我们就可以推断X部位是控制该任务大脑回路的一个必要部分。确定必要性的其他方法还包括用经颅磁刺激形成一个临时病变。但这些技术只能确定某些部位对于一项任务的必要性，证据并不充分。此外，学者们还对某些决策过程中不同神经传导物质而非特定大脑区域的作用进行了一些研究。这些研究实际上可以证明不同神经传导物质是某些行为的充分条件。如，科斯菲尔德等（2005）发现，可以通过注入一剂催产素来增加一个人的信任水平。

病变患者对看起来非常相似的任务表现出惊人的分裂。举例来说，有些患者可以很好地写但不会读。患有永久性顺行性遗忘——无法形成新记忆的可怕疾病的患者，对情感或医疗操作不能形成有意识的陈述性外显记忆。但这些患者实际上却暗中形成了这种记忆，换言之，他们知道这些信息，但并不知道他们自己知道。这一分裂表明，陈述性记忆和元知识是被分开存储的。[6]

后文所述之研究综合运用了功能性磁共振成像扫描证据和来自病变患者的行为数据来检验不确定情况下的选择回路。在一项扫描研究中被激活的同一区域的病变可以帮助我们了解大脑部位的相互作用并确定病变区域是否是一个假定回路的必要组成部分。

将在神经经济学中证明自己价值的另一个重要工具被神经学家称为“计算模型”（经济学家称为“校准训练”）。计算模型中提出了关于一个神经回路的详细数值规范。凭借这些细节，对回路的模拟输入产生了一个预测输出（一般取决于一些自由参数的值）。可以通过得出能最大限度拟合预测输出与实际数据的参数值来校准模型。与经济学模型相比，由于对区域之间神经解剖学关系的了解，常使这些规范的详细程度令人难以置信，而且动机很明显（例如，Kim and Whalen 2004）。正如在经济理论中，计算模型是有价值的，因为它们可以让模型制造者非常清楚地知道一个回路的成分是如何关联的，而且假定的回路可以进行实证检验。

三、模糊厌恶

本节所述研究综合运用了功能性磁共振成像扫描证据和病变患者的行为实验来检验在不确定性情况下的选择回路，详细说明了功能性磁共振成像如何凭借比神经科学期刊上更多的细节资料用于神经经济学研究。

在社会科学和行为生态学中用到的不确定性情况下的选择理论中，会影响不确定选择的唯一变量是对可能结果的判断概率以及对这些结果的评估，但对判断概率的置信度却变化很大。在一些选择（如轮盘赌博）中，可以从相对频率、事件历史或一个可接受的理论来自信地判断概率。在另一个极端，如恐怖袭击的可能性，概率是以明显缺失重要信息的微弱的或相互冲突的证据为根据的。两种不确定事件常分别被称为风险事件和模糊事件。在主观期待效用理论中，结果的概率会影响选择，但对这些概率的置信度却不会产生影响。但许多实验都表明，与模糊结果相比，许多人更愿意将赌注下在风险结果上，保持结果判断概率恒定（Camerer and Weber 1992）。对模糊的经验性厌恶又促进了对风险与模糊的神经区别探究，正如其他对探索经济决策的神经基础的神经经济学研究（Glimcher and Rustichini 2004；Camerer，Loewenstein，and Prelec 2005；McClure et al. 2004）。

（一）背景

1. 埃尔斯伯格（Ellsberg）悖论

埃尔斯伯格悖论（Ellsburg 1961）对风险与模糊不确定性之间的差异进行了阐述。设想有 1 副卡片（20 张），其中 10 张红色，10 张蓝色（风险组）。另外 1 副卡片也是 20 张，但红色和蓝色的组成是完全未知的（模糊组）。对卡片的颜色押注固定金额（如 10 美元），如果抽出的卡片颜色与押注的颜色相同，就可以得到这一金额，否则得到零（参见图 5—1）。

在对这些选择进行的试验中，许多人宁愿押注在从风险组中抽出的红色卡片，而不是从模糊组中抽出的红色卡片，蓝色卡片也是类似的（Becker and Brownson 1964；MacCrimmon 1968）。如果押注偏好只是由概率决定的，这一模式就是一个悖论。理论上，不喜欢押注模糊组中的红色卡片意味着其主观概率较低（$p_{模糊}$(红)$<p_{风险}$（红））。对蓝色卡片赌注的同样厌恶则意味着 $p_{模糊}$(蓝)$<p_{风险}$(蓝)。但这些不等式，还有每个组的红色卡片和蓝色卡片概率相加必须得 1，即 $1=p_{模糊}$(红)$+p_{模糊}$（蓝)$<p_{风险}$(红)$+p_{风险}$(蓝）$=1$，是互相矛盾的。如果选择可以取决于事件的主观概率和这些事件的模糊性，那么就可以解决这一矛盾。举例来说，如果模糊概率具有次可加性，那么 $1-p_{模糊}$(红)$-p_{模糊}$（蓝）代表的就是保留的信念，并指明了对模糊的厌恶程度（Schmeidler 1989）。其他模型假定的是次可加性集值概

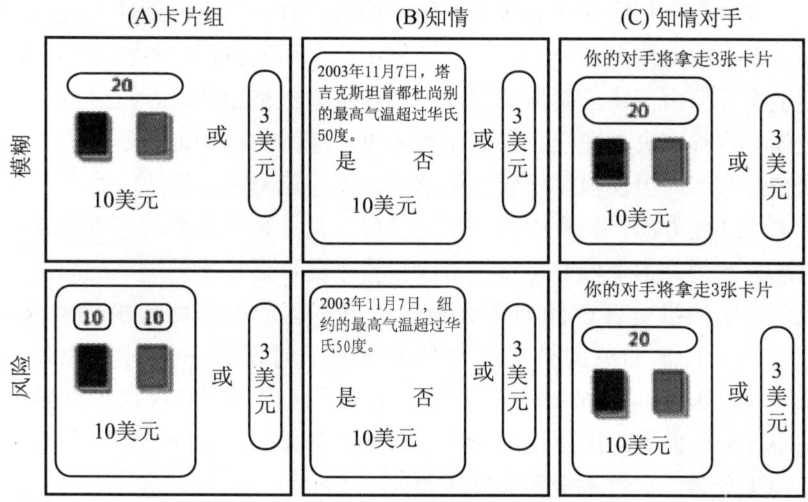

图5—1　风险与模糊不确定性之间的差异

注：样本来自实验。上面半截图的条件被称为“模糊”，因为实验对象缺少风险条件下（下面半截图）可用的相关信息。实验对象总是选择押注在左侧的两个选项之一或得到右侧的一个确定得益。(A）卡片组处理：“模糊”是不知道准确的比例，而“风险”是知道卡片的数量（通过以上每组的数量表示）。(B）知情处理：“模糊”是对不确定事件（例如，塔吉克斯坦）的了解比“风险”（例如，纽约）少。(C）敌对对手处理：“模糊”是和（从卡片组里抽取了三张卡片作为样本）比“风险”（其中对手未从卡片组中抽取卡片）知情多的一个对手赌博。如果实验对象选择了抽到的颜色，而对手选择了另一种颜色，那么他就赌赢了；如果两个参与者选择了同一种颜色，他们就可以获得确定的得益。

率，换言之，人们相信存在一些可能的概率，模糊厌恶是因为人们悲观地假设最差的概率。该模型和其他模型都只字未提可能的神经回路。模糊厌恶表明，选择可以取决于缺失多少相关信息，或人们与其他人相比感觉有多么无知（Frisch and Baron 1988；Fox and Tversky 1995）。

2. 经济学和社会科学中的模糊厌恶

经济学和政治学已经对在模糊情况下采取行动的厌恶进行了研究（Mukerji and Tallon 2004），包括宏观经济政策制定（Sargent and Hansen 2003）、工资设定和签约（Bewley 2002、Mukerji 1998）、战略思维（Lo 1999、Camerer and Karjalainen 1994）、投票（Lo 1999、Camerer and Karjalainen 1994），以及金融投资（Dow and da Costa Werlang 1992、Epstein and Wang 1994）。我们通过法律和金融方面的两个示例来举例说明。

法律提供了一个说明模糊厌恶的心理状态的有趣例子。苏格兰法律中有三种裁决——有罪、无罪和证据不足。第三种在法律体系中是一个不常见的判决。[7]根据彼得·达夫（Peter Duff 1999）的观点，“无罪”与“证据不足”之间的差异在于，“无罪”判决无疑意味着被告没有犯罪——也就是说，是明确宣布无罪——而“证据不足”（193）的判决则被认为暗示着被告的罪行没有被最终证实。“证据不足”

和“无罪”判决具有相同的法律含义，因为两者均禁止重审，即使出现新证据。陪审团审判的案子中大约有三分之一因“证据不足”而被驳回，特别是当陪审团认为被告实际上有罪但由于缺乏确凿证据而不能在法律上被定罪时，这是苏格兰法律的规定。例如，这种判决在性侵犯审判中很常见，罪案的唯一证人是受害人，而且陪审团认为被告有罪，但仅根据所获得的这些证据不能判决有罪。[8]

现在来说金融方面，投资中的“本土偏好”是一种很重要的经济模式，这可能是模糊厌恶导致的。本土偏好是指投资者投资于更靠近本土的股票的倾向。举例来说，多数国家中的投资者都倾向于大量投资其本国的股票而很少投资外国股票。1989 年，美国、日本和英国投资者对其本国股票的投资率分别为 94%、98%和 82%（Dow and da Costa Werlang 1992），虽然后两国的市场仅仅占世界证券投资组合的一小部分。但是，国际性的本土偏好正在减弱（Amadi 2004），因为有更多的投资者购买全球性指数基金和海外股票。

除非投资者拥有关于其本土股票的机密信息，否则本土偏好是一个错误，因为这导致了高度单一的证券投资组合（尤其对于那些没有生活在美国或日本的投资者来说）。通过 1989 年的数据，弗伦奇和波特巴（French and Poterba 1991）估计，假定风险（股票收益变化）与收益（平均百分比的收益）之间出现明显平衡，由于不情愿持有外国股票而导致的额外风险相当于每年损失年收益的 1%～2%。假设平均公正收益为 7%（Siegel 1998），这是一个典型的历史评估值，那么一个具有本土偏好的人在 25 岁时投资了一笔钱，在 65 岁时拥有的钱将只是没有偏好且持有世界范围指数基金的投资者拥有的钱的一半。

有趣的是，除了国际层面外，本土偏好还存在于许多层面中：投资组合经理人更喜欢投资于总部在附近的公司，美国电话电报公司解散后，美国的投资者更偏爱他们自己的“小型贝尔”公司，工人们大量地投资于其所在的公司的股票，而且许多国家的投资者都偏爱投资于附近的公司或经理人与他们说同一种语言的公司（Graham，Harvey，and Huang 2005）。

对本土偏好主要有四种解释[9]：(1) 购买外国股票的交易成本较高；(2) 有关国内股票的内幕信息；(3) 对国内股票相对回报率的乐观（Strong and Xu 2003）；(4) 模糊厌恶（金融研究中所谓的“熟悉偏好”）。交易成本和内幕消息的解释（前两种）并不能解释像投资于小型贝尔公司分拆股票这种模式。如果投资者对于国内股票很乐观而对非本国股票很悲观（第三种解释），他们就应该卖空后者，但却很少这样做。（一个对非本国股票模糊厌恶的投资者既不会购买也不会想卖空这种股票。）因此，解释 (4) 相当不错地解释了各种记录在案的本土偏好水平。这一解释符合如下观点：投资者纯粹厌恶押注于其缺乏了解或不熟悉的命题（proposition）的任何一边，这很像我们实验中的知情处理。

3. 理论

个体（包括经济学家）在理解其自身在模糊方面的不一致性时都存在很大困

难。埃尔斯伯格写道：

> 有些人不违反公理，或者说他们不会违反公理，即使在这种情况下……这种实验对象倾向于运用公理而不是他们的直觉，迟疑不决时，会运用某些形式的不充分理由原则。有些人乐此不疲地违反公理，甚至有这种嗜好……有些人虽然觉得不好但仍坚持着，走进他们的内心世界后才发现了与公理的冲突，并决定，用萨缪尔森的话来说就是，满足他们的偏好并让公理满足他们自己。还有些人……直觉地倾向于违反公理但感到愧疚，所以就重新进行深入分析。(1961，655)

考虑不确定性下选择的标准方法是假定一个人把一次赌博的价值仅当做可能结果的平均值，由结果发生的概率来加权。具体来说，假定有一组世界的可能状态 $e \in E$，每个状态的发生都有一定概率（或一定概率分布函数，如果 E 是连续的），$p(e)$ 和一组行为 $f \in L$，如果 e 发生就会产生具有效用 $f(e)$ 的某种结果。期望效用理论指出，某种既定行为的效用 $f \in L$ 等于 $\sum_{e \in E} p(e)f(e)$（或对于连续的 E，等于相应的积分）。这种陈述的根据是本文所述之独立性公理。

公理 5.3.1 独立公理

$\forall$ f、g、h$\in$L，其中 L 代表一组可能的行为，f$\succ$g$\Leftrightarrow$αf＋（1－α）h$\succ$αg＋（1－α）h$\forall$α$\in$（0，1）

行为实验发现了许多这一公理的反例，甚至是在不模糊的状态下。1953 年，莫里斯·阿莱士（Maurice Allais）第一个通过思维实验挑战了这一公理。考虑以下四种。

A. 100%的是 100

B. 1%的几率 0，89%的几率 100，10%的几率 500

C. 89%的几率 0，11%的几率 100

D. 90%的几率 0，10%的几率 500

期望效用理论意味着 $A \succ B \Leftrightarrow C \succ D$，但事实上，多数人都倾向于选择 A 胜于 B，但同时倾向于 D 胜于 C（Allais 1953）。

主观期望效用的选择对象多数都着重于在不同程度上修改这一公理。其中有些属于最大最小期望效用的一般准则（Gilboa and Schmeidler 1989）。在这些模型中，决策者具有一个先验凸集（一组关于可能“自然状况”的可能概率分布），并且行为表现得像是意识到最坏情况。[10]模型采用的是一个削弱版独立性公理，称为“确定独立性”。

公理 5.3.2 确定独立性

$\forall$ f，g$\in$L 和 h$\in$$L_c$，其中 L_c 是一组不变的行为，并且$\forall$α$\in$（0，1），f$\succ$g$\Leftrightarrow$αf＋（1－α）h$\succ$αg＋（1－α）h

标准独立性公理比确定独立性更强有力，因为确定独立性中 h 可以是 L 中的

任何行为，而不是被限定为不变行为 L_c，但这两个公理都明确地论及了组合彩票降级的情况，因为这是我们在数学上表述模糊的核心。换言之，有某些关于自然状态的可能概率分布：在组合彩票的第一阶段，选择这些分布中的一个，在第二阶段，则选择真实的自然状态。在主观期望效用下，这相当于一个单阶段彩票，其中可能的分布是线性组合（在离散情况下，某个状态 $e \in E$ 发生的概率为 $\sum_p Ł(P)P(s)$，其中 P 是一个可能分布，$Ł(P)$ 是其发生的可能性）。

此外，吉尔波亚（Gilboa）和施迈德勒（Schmeidler）还加入了一个不确定性厌恶公理，宣称决策者偏爱具有客观概率的混合行为胜于他们自己的行为：

$$\forall f, g \in L \text{ 而且 } \alpha \in (0,1), f \sim g \text{ 意味着 } \alpha f + (1-\alpha) g \geq f$$

在具有上述变化的标准条件下，偏好关系由取决于唯一仿射变换的函数 $J(f)$ 来表示：

$$J(f) = \min\left\{\int u o f\, dP \,\middle|\, P \in C\right\}$$

其中，f 是一个行为，u 是一个对于结果的冯纽曼—摩根斯坦效用函数，C 是自然状态的有限可加性概率测度闭集。

在这些模型中，可以用先验集的大小来衡量悲观的程度。该先验集越大，其包含的可能结果越坏，也意味着更悲观。这些模型通过使分配给每个结果（红或黑）的概率取决于做出的赌注来解释埃尔斯伯格悖论。换句话说，有一组源自 $p(R)$ 的可能值，范围在 $p_* \sim p^*$。当押注红色时，决策者集合中的“最差”先验是赔率最低的红色，$p(R) = p_*$，所以红色赌注的期望效用很低。当押注黑色时，集合中的最差先验是赔率最低的黑色，$p(R) = p^*$，所以 $p(B) = 1 - p^*$，所以黑色赌注的期望效用很低。在这个描述中，悖论中显示的主观概率的次可加性是由于评估每个赌注的期望效用时采用不同的先验而产生的。这一效应就像墨菲定律：会出错的，终将会出错。

其他模型将模糊作为一个两阶段彩票，其中，在第一阶段选择的是实际概率（Segal 1987）。这里对模糊厌恶的解释来源于对组合彩票降级的违背。用来解释埃尔斯伯格悖论的是非期望效用。

最后，有些模型的立场为，模糊厌恶是对信息中不对称的理性厌恶的过分概括（Frisch and Baron 1988）。这些模型认为，由于当面对一个消息灵通的对手时许多人都面临着不完全信息，所以他们对待埃尔斯伯格悖论就好像存在不对称信息一样（也就是，他们的行为表现好像他们正在与试图欺骗他们的恶意实验者进行一场博弈）。我们利用研究中的第三种手段来检验这一“敌对的对手”假定，其中实验对象实际上在与一个消息灵通的对手博弈。

在未来的某个时候，经济学理论可能不仅会找出不可见因素与观察到的选择（如信念和赌注选择）之间的联系，而且会找出实施这些观察到的选择的神经回路。

回顾许多关于模糊的理论著作，我们发现只有一个关于神经活动的观点，那是在雷法（Raiffa 1961）的论文中。他在论文中写道："但如果问题中的某些不确定性处于模糊或失真形态，那么就常会出现势态的转变，而且根本没有努力去慎重考虑和反映问题。避免了对问题的系统分解，而只是做出大体的'直觉'判断，这生动地反映了决策者的性情"（691）。雷法的观点似乎是在模糊状态下，考虑和沉思（被认为是前额皮层的活动）是有限的，并且由情绪化的"直觉"判断取代。不幸的是，直觉并不是一个大脑区域，但是我们可以更广泛地将其解释为：它暗示着存在对模糊的快速情感反应。因此我们用神经学术语将雷法的观察解释为：意味着一个对模糊选择比对风险选择更快速的情感反应。

（二）实验设计

结合功能性磁共振成像数据和病变患者的行为数据，我们对具有各种不确定性水平的神经差异进行了探索。功能性磁共振成像研究运用了三种实验处理：押注卡片组（基于上面的埃尔斯伯格示例）、押注知情多少的世界事件，以及与知情或不知情的对手打赌（参见图5—1）。

卡片组处理是一个基线点蚀纯风险，其中，概率具有确定性，对比纯模糊。知情处理运用了对事件和事实的选择，其沿着不确定性频谱从风险降到模糊。从最大最小期望效用模型的角度来说，对应较小先验集的是知情多的问题而非知情少的问题。

敌对对手的处理是提供与他人的赌注，对手对模糊组内容的了解多于或等同于实验对象。在这种情况下，"对手"在押注前从模糊组的卡片中抽取一个样本。实验对象有权选择同步押注，但只有当实验对象押注的与知情对手选择的颜色相反时才起作用。由于对手总是押注在来自其样本的大多数颜色上，所以实验对象的赌注只有押在从卡片组中随机抽取的一个样本的少数颜色上时，也就是当实验对象更有可能输时才起作用。这意味着，当对手知情时，实验对象的获胜期望值较低。[12]

要注意，这三种处理都有一个条件，即实验对象忽视了一些涉及另一人的相关消息。我们将这些处理统称为模糊条件，其他处理统称为风险条件。每种处理下，实验对象都对钱的确定数额和押注的事件做出24次选择。每次试验的确定得益额和赌注额都不一样。

在这些实验中，我们使每次试验间隔6～8秒。这一间隔是消除前次试验引起的激活作用所必需的。我们还随机改变这些试验的间隔长短，因为使用一个固定间隔会在新一轮试验开始前几秒钟内产生预期效应，因此我们通过随机的试验间隔长度来降低这种效应。

对于每种处理，我们利用标准回归方法估算出了一个广义线性模型（GLM）。模型中采用了两个主要回归量，一个对于模糊试验，一个对于风险试验。回归量以下列方式构建：首先我们创建一个矩形回归量（虚拟变量），在风险（模糊）试验中为 1，在其他地方为 0。然后将这些回归量与“血液流动力学响应函数”进行褶积。这个函数使我们可以考虑到脑部一个区域中含氧血液的增加是延迟的，而且时序形状很独特。利用最大似然估计法来拟合：

$$B_t = \beta_{amb} A_t + \beta_{risk} R_t + \beta_0$$

其中，$\{B_t\}$ 是大脑中某些体素的时序。[13] 回归系数明显不同于 0 的体素可以说与风险和模糊共变。我们主要对风险由模糊性差别激活的体素感兴趣——换言之，β_{amb} 明显不同于 β_{risk} 的体素。由于实验是自我控制速度的，所以试验的时间长度是不定的。[14] 为了确定这三种处理中被模糊和风险差别激活的区域，对这三种条件进行了单向方差分析、非球形校正，并排除了这三种处理之间明显不同的区域。

回归量被锚定于刺激呈现，意思是，基于对不确定性的反应将发生在决定之前这一假定，当刺激呈现的与做决策时截然相反时，原有的虚拟变量就“打开”。我们还分析了锚定在刺激开始和决策时的激活的时间进程，但当与刺激和决策之间的时间段相比时，并没有发现任何有趣的现象。

(三) 结果

1. 功能性磁共振成像研究

表 5—1 中列出了相对于风险条件，模糊条件下更活跃的区域。其中包括眶额皮层和杏仁核（见图 5—2A、B）。克里奇利、马赛厄斯和多兰（Critchley，Mathias and Dolan 2001）发现，当实验对象预期到了关于经济收益或亏损的信息时，眶额皮层被激活。尽管实验期间无任何反馈，但我们的研究还是发现了该区域中的活动。更微妙的是，眶额皮层似乎涉及了融入情感和认知信息。尽管眶额皮层病变患者知道适当行为的要素是什么，但还是经常在社会情景中表现出行为不当。(Berthoz et al. 2002)。因此，一般说来，眶额皮层在许多情景下的情感融入时是活跃的。

表 5—1　模糊>风险：聚类局部最大值，$p < 0.001$ 未校正，小于 10 体素的聚类在此未显示

聚类			体素							部位	
p_{cor}	k_E	p_{unc}	p_{FWE}	p_{FDR}	T	Z	X	Y	Z	偏侧化	部位
0.01	82	0.001	0.011	0.007	596	5.04	51	33	−6	右侧	眶额叶皮层外侧
			0.897	0.017	3.92	3.6	54	18	−21	右侧	顶下小叶
0	109	0	0.052	0.007	5.38	4.67	−54	−60	42	左侧	背内侧前额叶皮层
			0.1	0.007	5.13	4.5	−45	−54	33	左侧	
0	112	0	0.06	0.007	5.33	4.63	−9	48	39	左侧	
			0.306	0.008	4.66	4.16	−12	63	21	左侧	
0	119	0	0.072	0.007	5.26	4.59	54	−54	36	右侧	缘上回

续前表

聚类			体素							部位	
p_{cor}	k_E	p_{unc}	pFWE	pFDR	T	Z	X	Y	Z	偏侧化	部位
			0.599	0.01	4.3	3.89	54	−63	30	右侧	
0	226	0	0.162	0.007	4.94	4.36	18	54	18	右侧	背内侧前额叶皮层
			0.229	0.008	4.79	4.26	12	54	30	右侧	
			0.379	0.009	4.56	4.09	12	27	57	右侧	
0.06	52	0.007	0.201	0.008	4.85	4.3	36	18	42	右侧	额中回
			0.884	0.016	3.94	3.62	42	9	45	右侧	
0	154	0	0.22	0.008	4.81	4.27	60	−36	−3	右侧	颞中回
			0.485	0.009	4.43	3.99	63	−27	−6	右侧	
			0.626	0.01	4.27	3.87	51	−24	−9	右侧	
0.44	21	0.066	0.302	0.008	4.67	4.17	−39	−9	15	左侧	子脑回
0.13	40	0.015	0.331	0.009	4.63	4.14	39	6	−27	右侧	前侧岛叶皮层
			0.951	0.019	3.8	3.5	42	15	−24	右侧	
0.41	22	0.061	0.547	0.01	4.36	3.94	54	27	6	右侧	眶额叶皮层外侧
0.26	29	0.034	0.584	0.01	4.32	3.91	−54	36	−6	左侧	眶额叶皮层外侧
0.74	12	0.154	0.75	0.013	4.13	3.76	−15	−15	−15	左侧	杏仁核/海马旁回
			0.993	0.026	3.57	3.32	−21	−6	−18	左侧	杏仁核
0.41	22	0.061	0.825	0.014	4.03	3.69	33	−6	−27	右侧	杏仁核/海马旁回

注：所有未校正的 p 值的局部最大值对于三个重要附图都很重要，本表中未列出。

已经明确，杏仁核涉及处理有关恐惧的信息，例如，识别出感到惊恐的面孔（Bechara，Damasio，and Damasio 2003；Adolphs 2002；Critchley et al. 2000）。我们推测，由于风险和模糊厌恶被看做未知的恐惧，所以该区域将对处理不确定事件很重要。[15]此外，杏仁核在对信息缺失的反应中的作用与其参与缺少社会信息的人际评估的证据一致，其中“熟悉”这一信息又会调节杏仁核的反应。在白人实验对象面前展示不熟悉的黑人面孔会激活杏仁核，这与黑人名字和负面效价言语之间的内在关联强度有关（Phelps et al. 2000）。若为熟悉的黑人面孔，这种相关性就会消失，这表明杏仁核可能对面孔社会评估中的模糊做出部分反应；当面孔是熟悉的并且更像缺失较少社会信息的风险赌博时，活动就消失了。这三种功能性磁共振成像处理中活动的相似性还表明，对押注模糊事件的厌恶可能是对与其他更知情的代理人打赌的理性厌恶的过分概括。

表 5—2 中列出了相对于模糊条件，风险条件下被激活的区域。包括背侧纹状体（尾状核）（见图 5—3A），这是奖赏预测中已涉及的一个区域。（67；58；48）一项早期研究（62）还利用正电子成像术[16]发现了相对于模糊条件下风险条件下尾状核的差异激活。

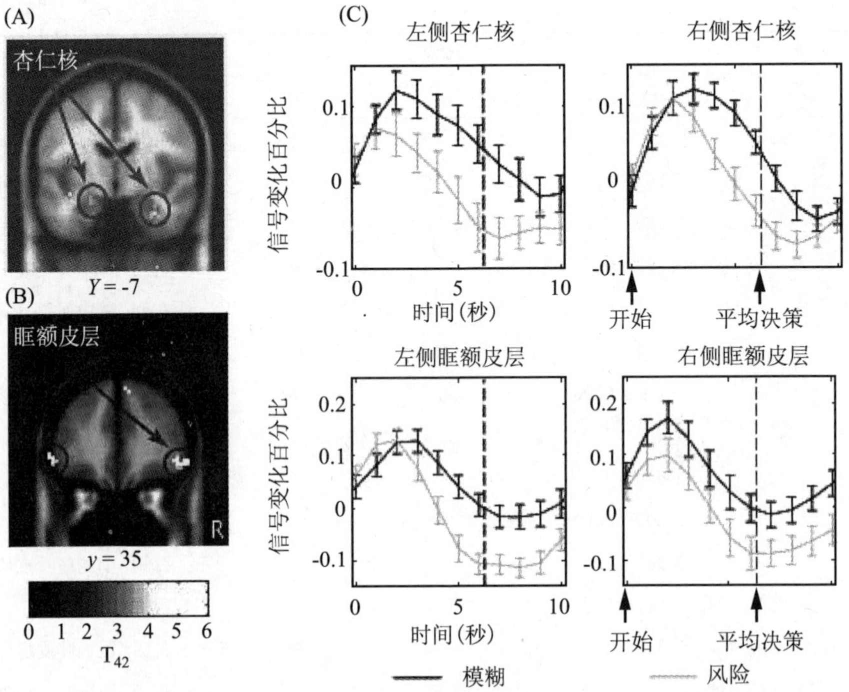

图 5—2　这些部位中出现了比风险更强的模糊激活作用：对这三种处理的随机效应分析揭示了在模糊条件下（相对风险条件下）决策时被差异激活的部位（$p < 0.001$，未校正）。这些部位包括（A）左杏仁核，右杏仁核/海马旁回，（B）双侧眶额皮层和双侧顶下小叶，（C）杏仁核和眶额皮层的平均时间进程（时间与实验开始同步，竖直虚线代表平均决策时间，错误条是 SEM，$n=16$）。每一聚类的时间进程都用最清晰的体素绘制

表 5—2　模糊＞风险：聚类局部最大值，$p<0.001$ 未校正，小于 10 体素的聚类在此未显示

聚类			体素							部位	
p_{cor}	k_E	p_{unc}	p_{FWE}	p_{FDR}	T	Z	X	Y	Z	偏侧化	部位
0.06	52	0.007	0.063	0.012	5.31	4.62	0	−6	6	Middle	尾叶
			0.993	0.033	3.57	3.32	9	6	6	右侧	
			0.952	0.023	3.79	3.5	−12	6	0	右侧	
0	641	0	0.07	0.012	5.27	4.59	12	−60	−3	右侧	山顶
			0.119	0.012	5.07	4.45	9	−78	3	右侧	舌回
			0.162	0.012	4.94	4.36	−12	−75	15	左侧	楔叶
0.01	81	0.001	0.295	0.012	4.68	4.18	−15	−72	51	左侧	楔前叶
0.26	29	0.034	0.338	0.012	4.62	4.13	−3	9	45	左侧	中央前回
0.12	41	0.014	0.569	0.012	4.33	3.92	12	−75	51	右侧	楔前叶
			0.906	0.02	3.9	3.58	21	−84	39	右侧	
0.74	12	0.154	0.923	0.021	3.87	3.56	−42	−75	30	左侧	角回

注：所有未校正的 p 值的局部最大值对于三个重要附图都很重要，本表中未列出。

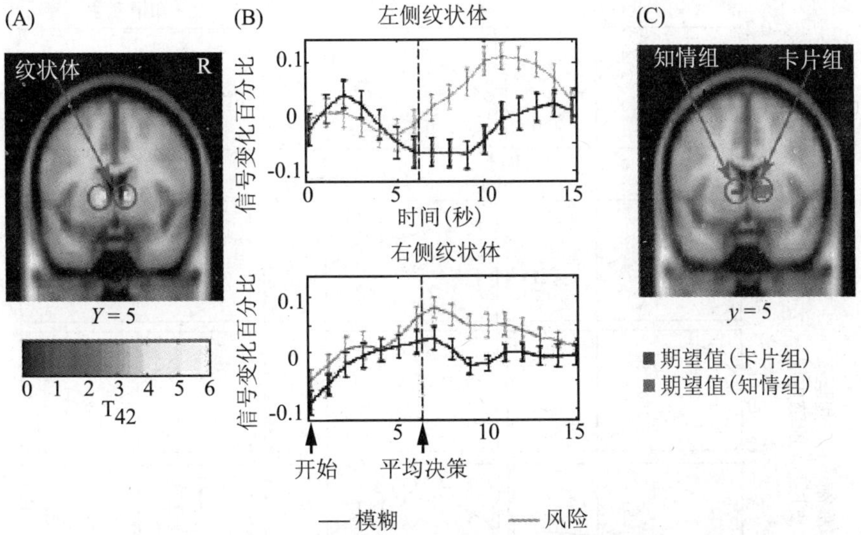

图 5—3　这些部位中出现了比模糊条件下更强的风险条件下激活作用：这三种处理的随机效应分析揭示了在风险下决策时被差异激活的大脑部位。这些部位包括（A）背侧纹状体、楔前叶和运动前区皮层，（B）风险区域的平均时间进程（时间与实验开始同步，竖直虚线是平均决策时间，错误条是 SEM，$n=16$），（C）这些背侧纹状体区域与卡片组处理的风险条件下（红色，右侧）以及知情处理的风险和模糊条件下（蓝色，左侧）研究对象选择的期望值显著相关，$p<0.005$。这些激活的偏侧化与语言处理倾向于发生在左脑而更多抽象数学处理倾向于发生在右脑这一事实一致

在模糊＞风险和风险＞模糊的部位中，时间进程也表现出了不同的激活模式，这表明有两个不同的系统在工作。而杏仁核和眶额皮层在实验开始时反应非常迅速（见图 5—2C），相比之下，背侧纹状体形成的活动稍慢，并且是在决策后才达到最大值（图 5—3B）。此外，这些激活现象也出现在了这三种实验处理中（参见图 5—4 和图 5—5）。[17]

解释该数据的一个简化方法是假设有两个相互作用的系统：(1) 对刺激反应更快速的杏仁核和眶额皮层中的警戒系统；(2) 更下游纹状体中的奖赏预测系统。相比较之下的活动总体差异表明，系统 2 在风险决策中更活跃，因为在这种情景下，实验对象拥有准确奖赏预测所必需的信息。相反，在模糊条件下，第一个快速系统 1 似乎更活跃，这表明它可能对可用信息的水平做出反应（在杏仁核和眶额皮层中，模糊情景下信息较少会以更高的激活水平形式引起更强的警戒）。在风险和模糊试验中，这两个系统的活跃程度不同，差异程度也不同：随着决策者获得的信息水平提高，相对更模糊的情景，系统 1 中的活动下降，系统 2 则相反。

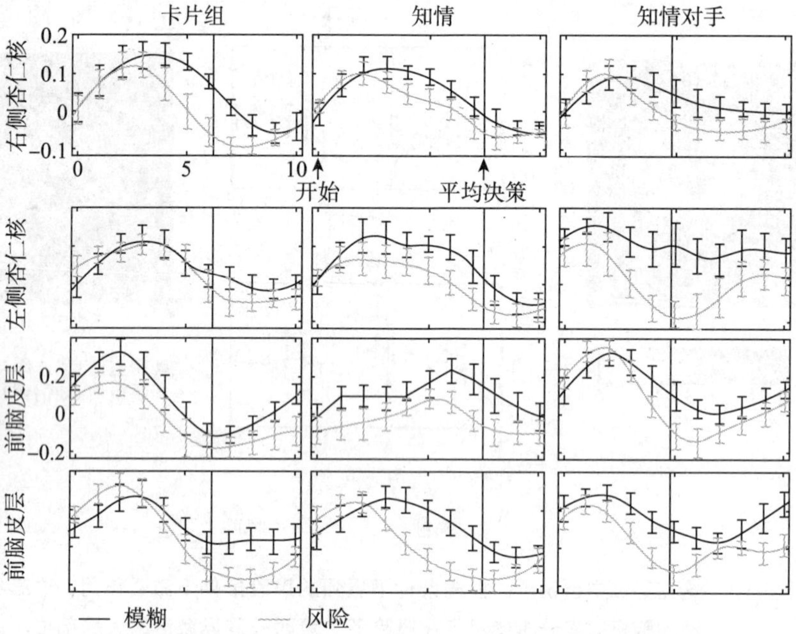

图 5—4　卡片组、知情和知情对手中模糊条件下决策时被差异激活的大脑部位信号变化百分比的时间进程。要注意，模糊与风险之间的激活差异的定性方面被保存在图 5—2 的合并时间进程之间

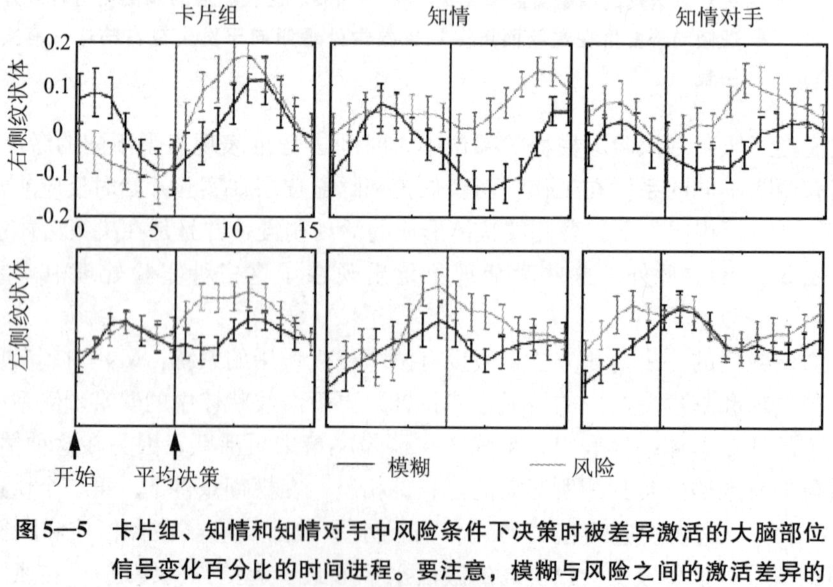

图 5—5　卡片组、知情和知情对手中风险条件下决策时被差异激活的大脑部位信号变化百分比的时间进程。要注意，模糊与风险之间的激活差异的定性方面被保存在图 5—3 的合并时间进程之间

我们测量了每个实验对象的模糊厌恶程度，看看是否与在实验对象间分析的大脑活动有关。假定实验对象对金钱的效用函数遵循一个幂函数 $u(x,p)=x^{\rho}$，此函数只有一个参数，非常方便，而且广泛用于此类经验估计。假定实验对象根据函数 $\pi(p,\gamma)=p^{\gamma}$ 来加权概率。参数 ρ 被视为风险厌恶系数，即效用函数的曲率。参数 γ 被视为模糊厌恶系数，这意味着由于人们对自己的判断没有信心而提高（增加权重）或拉低（减少权重）概率的幅度。如果实验对象高于模糊概率（$\gamma<1$），我们称之为模糊偏好，若拉低模糊概率，（$\gamma>1$，像非可加性先验论），我们称之为模糊厌恶。如果实验对象线性加权概率（$p=1$），我们称之为模糊中性。我们假设实验对象将这些加权概率和效用线性结合，这样他们的加权主观期望效用就是 $U(p,x,\gamma,\rho)=\pi(p,\gamma)u(x,\rho)$。

任务都是二元选择，实验对象可以选择赌博赢得 x（概率为 p）或 0，也可以选择某一得益 c。风险组中的卡片比率就是概率。对于模糊组和所有知情问题，我们假设 $p=1/2$。如果主观 p 不同于 1/2（例如，由于实验对象碰巧非常了解纽约秋天的气温），则主观概率在知情试验中就不能保持不变。这一概率使我们的分析对寻找不同处理激活的共同部位产生了偏差，这就意味着在正文所述的关于模糊和限定风险区域的真实程度及共性的结果是保守的。在所有风险条件下，我们限制 $\gamma=1$ 并且根据模糊条件下的行为数据估计 p。

实验对象选择赌博而不是确定数额 c 的概率通过 logit 回归或 softmax 公式来计算：

$$P(p,x,c,\gamma,\rho,\lambda)=1/(1+\exp\{-\lambda(U(p,x\rho)-u(c,\rho))\})$$

参数 λ 是对效用差异（弯曲度）的选择概率敏感度，或实验对象选择中的“随机性”数量（$\lambda=0$ 意味着选择是随机的；随着 λ 增加，函数在 0 处弯曲就越剧烈）。

在试验 i 中用 y_i 表示实验对象的选择，如果选择赌博则 $y_i=1$，如选择某一得益则 $y_i=0$。我们用最大似然估计来拟合数据，对数似然函数为：

$$\sum_{y_i}[y_i\log(P(p,x,c,\gamma,\rho,\lambda))+(1-y_i)\log(1-P(p,x,c,\gamma,\rho,\lambda))]$$

该分析提供了功能性磁共振成像实验中各个实验对象的 γ^j 值。实验对象中，从知情回合估算得来的 γ^j 与通过对比值 $\beta^j_{amb}-\beta^j_{risk}$，即右侧眶额皮层（$r=0.55$，$p<0.02$，单尾）和左侧眶额皮层（$r=0.37$，$p<0.1$，单尾）（图 5—6A）中模糊与风险（在三个处理中平分）之间的对比值计量的大脑活动呈正相关。这意味着，通过选择透露出更多模糊厌恶的实验对象在眶额皮层中也出现了风险和模糊之间的更大神经差异。[18]

（四）病变数据

为了验证功能性磁共振成像结果并确定眶额皮层的不可替代的作用，我们利用损毁法进行了与卡片组任务相似的行为实验。将12名具有病灶性脑损伤的神经学实验对象分组：功能性磁共振成像研究中揭示的眶额皮层激活的一组（$n=5$）和颞叶损伤与任何功能性磁共振成像病灶都无法重合（$n=7$）的对照组。两组有同等的智商、数学能力，在其他后台任务和决策任务中的表现也相同。这就排除了两组之间的风险和模糊厌恶差异的这几种可能的解释因素。

前文中提到过，通过从具有病灶性损伤的12名患者收集来的行为数据来确定眶额皮层激活对于模糊厌恶的必要性。在模糊条件下，向患者展示了20张卡片的真实卡片组，其中有些红黑混合卡片患者无法看到。他们可以选择某一点数（15、60、30、40和25，依此顺序）或将100点押注在从卡片组中选出的颜色上。在风险条件下，向患者展示了包括10张红色和10张黑色卡片的卡片组，且颜色可见。他们选择在从卡片组选出的颜色上押注100点或选择某一点数30、60、15、40和25（依此顺序，参见表5—3）。[19]

表5—3　选择某一得益而非可能获得100点奖赏的赌博的患者比例；风险组都是一半红色，一半黑色

病变	确定点数	模糊	风险
控制组	15	0.29	0
	25	0.29	0.14
	30	0.57	0.29
	40	0.71	0.57
	60	0.71	0.86
眶额皮层组	15	0	0
	25	0	0
	30	0	0
	40	0.20	0.20
	60	0.40	0.60

在功能性磁共振成像研究中，我们可以估算每个个体的ρ和γ。尽管如此，但由于没有足够的数据点来估算每个患者的参数，所以我们不得不将各患者组的数据进行合并。数据合并后，又借助自举程序创建了100个具有相应（γ，ρ）配对的伪样本，这些配对的二维置信区间分析（图5—6B）表明，前额损伤患者是风险和模糊中立的（也就是，$\gamma=\rho=1$的假设不可否认）。前额损伤患者的行为与厌恶风险和模糊的损伤控制组截然不同。因此，眶额皮层损伤组对待模糊的态度异常中立。（具有讽刺意味的是，这是主观期望效用下理性的标志）。

参数γ使我们将功能性磁共振成像与病变研究联系在了一起。假设前额损伤患者在这些任务中被成像时会有一个右侧眶额皮层为0的反差值（因为所有人都有右侧眶额皮层损伤），我们就可以通过推断右侧眶额皮层活动与右侧眶额皮层活动为

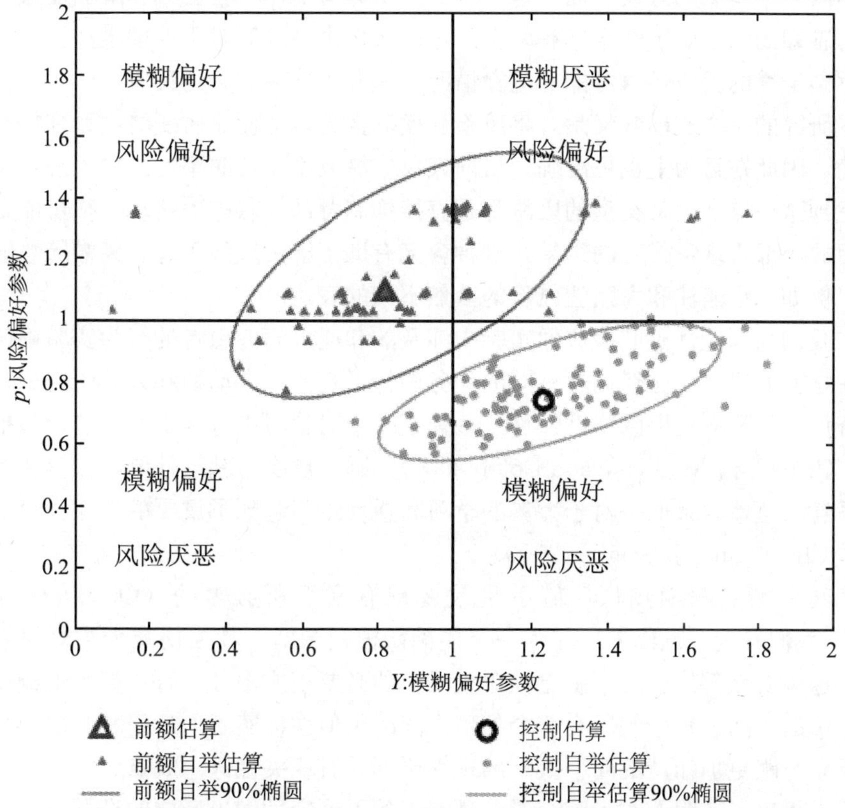

图 5—6　(A) 对模糊 γ（由知识问题中校准）行为测量的右侧眶额皮层对比值的回归。(B) 对眶额皮层（$n=5$）和控制组（$n=7$）的风险（ρ）与模糊（γ）的测量。风险中性线（$\gamma=1$）和模糊中性线（$p=1$），划分 4 个象限标记。空心符号绘制了群体水平随机选择模型的最大似然估计（前额：（$\gamma=0.82$，$\rho=1.09$）病变控制：（$\gamma=1.23$，$\rho=0.74$））。实心符号代表 100 个自举（γ，ρ）估算值。椭圆是自举数据左右 90% 的二维置信区间。椭圆的角度反映了 ρ 和 γ 之间的相互关系（前额是 0.42，控制是 0.31）

0 时图 5—6A 中的 γ 值的相关性，猜测眶额皮层患者能在行为中表现出多大的 γ 值。该推断得出一个预测的 $\gamma=0.85$。从眶额皮层患者的行为选择评估出的真实值是 $\gamma=0.82$，相当接近推断值。

（五）讨论

两个假设的系统——杏仁核/眶额皮层和纹状体，在模糊和风险条件下都是活跃的；两者之间在激活方面的差异在不同条件下是由不确定性水平驱动的。我们发现真实世界处理与卡片组处理的激活模式类似，这证实了风险和模糊实际上是不确定范围内的某些点的假设，而不是两个完全不同的实体。杏仁核和眶额皮层的反应似乎与感知到的不确定性水平有联系。这些区域也被敌对对手处理激活了，这说明对于不确定性的反应是对可能的危险情况的一种更普遍的警惕反应。

本研究的一个有趣含义是，将风险和模糊视为量变而非质变的模型在神经学上更准确，因此在行为上也更准确。目前仅仅依靠效用函数曲率的风险厌恶模型还没有考虑到这一点。两种类型的厌恶都是直接抑制背部纹状体中活动（很可能是大脑中效用的内部表现形式）的结果，这种含义有助于解决风险厌恶和模糊厌恶的一些矛盾，例如，小赌注和大赌注风险的截然不同的表达。

在我们的功能性磁共振成像实验中涉及的和通过病变患者的行为实验确认的区域，在之前的研究中已经通过不同的任务进行了观察。在动物和人类研究中，纹状体—杏仁核—眶额皮层网络已经被确认为是一个对学习进行奖赏的系统，包括概率学习（Critchley, Mathias, and Dolan 2001）。眶额皮层与基地外侧杏仁核相互紧密地联系着。这些联系似乎对于大鼠的学习和逆反学习起到了重要的作用。（Schoenbaum, Chiba, and Gal-lagher 2000）

尤其是侧面眶额皮层，似乎是改变现有联系所必需的（O'Doherty et al. 2003）。我们发现，眶额皮层作为一个模糊函数被激活，其损伤减少了对模糊的敏感性，这说明该部位是对不确定性等级反应的必要组成部分。杏仁核、眶额皮层和纹状体中的时间进程中的所有 3 个处理之间的类似性证实了卡片组和知情选择中的模糊厌恶与跟更加知情的对手打赌的理性厌恶具有相关性这一观点。

我们提出了证明人类大脑会对各种水平的不确定性做出反应的证据，这与许多将风险和模糊下的选择视为相同的决策理论相反。功能性磁共振成像资料表明，不确定性在由杏仁核和眶额皮层组成的系统中表现出来。

已知杏仁核和眶额皮层都接收快速多模式的感官输入；两者都是双向连接，并且在评估刺激值时共同起作用（Gaffan, Murray, and Fabre-Thorpe 1993）；两者可能都参与了对显著的、相关的和模糊的刺激的检测。已经假设了后一种功能，尤其是杏仁核（Whalen 1998；Adams et al. 2003）。重要的是，这种功能也提供了与奖赏相关的信号，可以凭借杏仁核/眶额皮层和纹状体之间的已知联系来激发行为。在模糊情况下，由于信息缺失，根据可用信息做出的选择因此就具有更多的未知（和潜在危险的）结果，而且必须调动起认知和行为资源以便从环境中寻找额外的信息，这些都使大脑处于警惕状态。

在不确定性情况下来理解选择的神经基础（广义上包括风险和模糊）是非常重要的，因为这是每个社会层面的一项基本活动，从退休储蓄到保险定价再到决定国际军事政策。这些选择都是不同的，不仅因为存在不确定性，也是因为对不确定性的感知水平。我们的研究结果表明，我们追求的是不确定性统一模型，这个模型将风险和模糊作为更大的持续尺度上的点。实验的知情处理进一步说明，不确定性的相关水平可能是数学上无关因素的一个函数，例如对相关但不切题的信息的熟悉。

最后，只有在额外详细水平可以帮助我们做出标准经济理论不会做出的预测时，经济学家才应该重视对决策的神经基础的理解。举例来说，本章中的证据表明，杏仁核和眶额皮层参与评估不确定性水平，从而产生对模糊的厌恶，并预示着一个对纹状体风险投注的更大预计回报。如果我们知道它们的一些特性及其发挥的功能，那么，知道这些特殊区域是候选回路的组成部分对于经济学来说最有用。幸运的是，已知了很多关于杏仁核的结构和职能。受到可怕的刺激时，杏仁核会被迅速激活（见到可怕的面孔只需5—15毫秒（Whalen 1998））。此外，如果有竞争刺激影响到杏仁核，而眶额皮层无法区分是哪个刺激产生了影响，这也是有可能的。这两种特性引发了下列预测：假设杏仁核被某些与模糊赌注无关的产生恐惧的刺激所刺激，例如预料到几秒后即将发生的触电。在等待可能的触电时，实验对象会在确定数量和模糊赌注之间做出选择。如果眶额皮层因为模糊条件下对赌注的恐惧而误导了杏仁核因触电预期而发生的活动，则当预料到触电时（比较没有触电预期时的对照条件），实验对象可能对于模糊赌注更加厌恶。我们不知道该实验是否会奏效；如果眶额皮层可以将触电预期恐惧与模糊厌恶引起的恐惧区分开，那么实验就是无效的。但如果实验确实有效果，那么我们就有把握质疑稳定偏好的标准经济学观点。增加触电预期将从根本上改变表达的偏好，不是因为我们确实改变了对于模糊赌注的厌恶程度，而是因为我们利用了对回路组成的了解来诱使眶额皮层认为杏仁核害怕赌注而不是害怕触电。

这种现象甚至可以并入一个标准的经济学理论模型。假设杏仁核被各种状态变量（触电预期、可怕的面孔、模糊赌注等）激活；杏仁核观察到一个状态变量并发送信号给眶额皮层。（这就像一个正在哭的婴儿，但哭本身不会告诉父母是什么使得孩子哭——饥饿、痛苦还是疲劳。）眶额皮层得到信号，但未观察到状态变量。眶额皮层必须做出决策，如确定模糊赌博的代价。因为眶额皮层并不知道恐惧的来源，它履行的是对模糊更大程度的厌恶。

四、结　论

神经经济学的目标是使经济学理论扎根于大脑在决策、战略思维和交流时是如何工作的等相关细节。实现这一目标的一个方法是观察通常被视为不可观察的过程和构念，以便在许多行为异常理论之间做出选择，如风险规避、利他惩罚和互惠性。另一个可能的结果是，对大脑细节的思考将提供一种新途径来理解那些习惯上已经被排除出经济分析的构念，如情感、意志、习惯和需求的生物学基础。没有任何一项神经经济学研究能够决定性地完成这些任务，但结合实验和数据类型，我们可以洞察到我们通过对行为观察的内省无法企及的行为。

本章所讨论的研究在不同程度上阐明了这两个目标。首先，使我们能够利用神经证据来预期模糊模型，模糊模型只将其作为两级彩票，因为它指明可能存在两个相互作用的系统来决定一个选项的经验效用，其中一个对应一般信息层面，另一个利用该系统的输入来折算可能结果的回报。其次，它提出了一种研究风险规避的截然不同的方法。考虑更广泛的抑制赌博效用的不确定性厌恶使我们可以仔细考虑风险模型，其中赌博的背景是很重要的，如果我们只考虑一个通用的效用函数，那么赌博的背景就很难考虑到。

注　释

[1] 然而，Colander（2005，20）指出，Ramsey、Edgeworth 和 Fisher 推测了直接衡量效用，在此之前直接测量的新古典主义革命声称效用自身无法观察，只有通过观察选择来显示。Ramsey 和 Edgeworth 分别推测了“心理电流反应检测器”和“快乐测量仪”，听起来非常像现代的工具。如果这些经济学家活在当今社会，会成为神经经济学家吗？

[2] 解释 Friedman 的“弗—曲解”（F-twist）的最慈善方式是，基于消费者效用最大化的市场均衡理论，在市场层面上，与允许违反效用最大化，但包括一些体制修复或对这些违反行为的纠正的未指明的其他理论是对等的。也就是说，该理论认为 U→M，但即使 U 是错的，还有一种替代理论［（并非—U）以及 R］→M，其中“修复条件”R 代替 U 假定而产生相同的预测 M，如果这样，焦点就应该放在规定维修条件 R 上。

[3] 对于 PET，实验对象被注射了少量放射性溶液（往往是带有放射性标记的葡萄糖），并通过扫描仪简单地定位放射性物质在不同任务中的位置。与功能性磁共振成像相比，这种方法的优点在于，与血氧水平依赖（BOLD）信号相比，PET 测量糖代谢与神经活动更直接相关。其主要缺点是，其瞬时清晰度要低得多（约计分钟而非秒）。

[4] 然而，各个社会的平均给予比例之间却存在着有趣变化，这与市场一体化的程度和这些社会中公共产品的产量相关（Henrich et al. 2005）。从神经学的角度来看，我们相信这些社会中不同的社会公平规范可能在脑岛中产生不同的活动，从而产生不同的给予和拒绝模式。正如人们认为令人厌恶的食品和社会习惯在不同的文化中会有所不同，哪种给予模式是“令人厌恶地不公平的”这一问题在不同的文化背景下也会有不同的答案。

[5] Dufwenberg 和 Gneezy（2000）测量了与麦凯布等（McCabe et al. 2001）研究的相类似的信任博弈中的二级信念。在他们的博弈中，向每位投资者提出这样的问题：他们认为受托人会回报多少（即称此猜测为 $E_{\text{investor}}(y)$），并要求受托人对投资者的回报猜测做出猜测（即 $E_{\text{trusteee}}(E_{\text{investor}}(y))$）。二级猜测与受

托人的实际回报 y 呈正相关（0.44）。这种相关性说明，受托人感觉到了道义上的责任意识，不能辜负投资者的期望，所以他们对投资者期望的二级信念可能是其决策的一个重要驱动力。

[6] 例如，如果你向顺行性健忘症患者拿出了一个棋盘，并问道，"你知道怎么玩吗?"，他们往往会说不会，即使他们以前曾知道过规则。但如果你强迫他们玩——"让我们开始玩吧"，他们就会按照规则来下棋。他们知道规则，但他们不知道自己知道。这种综合征在2002年流行的电影《记忆碎片》（*Memento*）（Bayley，Frascino，and Squire 2005）中得到了有力阐释。

[7] "证据不足"是早期陪审团决定事实是否被证明或证据不足的一个产物，法官依据事实判断来裁决罪行。

[8] 最近（2004—2005年），对前流行歌星迈克尔·杰克逊（Michael Jackson）猥亵儿童罪的审判，有些陪审员说，他们相信他是有罪的，但证据不足以证明他有罪（杰克逊被宣告无罪）。在苏格兰，他们可能会做出一个"证据不足"的判决。

[9] 通过"世界价值观调查"来测量的对各国爱国主义的观察，与各国的全国性本土偏好程度有关（Morse and Shive 2004），第五个解释就来源于此。这就相当于宁愿押注于你本国的运动队，但它似乎并没有解释所有其他的本土偏好水平。

[10] 再回到埃尔斯伯格的例子，先验只是向量（p，$1-p$），其中，p 是状态为红色的概率。正如你所看到的，整体的可能先验集是现实平面中点（0，1）（肯定为黑色），与点（1，0）（肯定为红色）之间的线段。这个例子中，决策者的先验集被视为这条线的一个完整段。

[11] 在Ellsberg的例子中，可能 p 的区间更大。

[12] 例如，假设实验对象具有先验知识，卡片组将包含5张红卡和15张蓝卡，或者15张红卡和5张蓝卡。假设对手在选择如何下注之前抽出了一张卡片，则对手通常都是在其抽出的颜色上下注。如果实验对象不知道有关卡片组的信息，他将随机下注于红色或蓝色。假设实验对象选择下注红色（不失一般性）。当卡片组有5张红卡和15张蓝卡时，对手抽出蓝色卡片的概率为3/4。因此，实验对象输给对手蓝色赌注的几率为75%，而只有四分之一的几率赢得这场赌注。对手有四分之一的几率抽到并下注红色，在这种情况下，实验对象的红色赌注不计（实验对象获得一定金额 c）。因此，以卡片组有15张蓝卡为条件时实验对象的期望值是 $(3/4)\cdot(1/4)x+(1/4)c$。而以卡片组有15张红卡为条件的期望值是 $(3/4)c+(1/4)\cdot(3/4)x$。由于上述这两种有条件期望值具有相同的可能性，所以总的期望值为 $c/2+(3/16)x$。当知情对手并未获得更好的信息时，两位实验对象就都是随机下注的，实验对象的期望值就是 $c/2+x/4$（颜色匹配的几率是50%，他们的收入是 c，他们赌赢和赌输的

几率各为50%)。两个期望值相比较，当与知情对手对弈时，期望值（$x/4-(3/16)x=x/16$）就有一点下降。这一下降引起了对理性地参加赌博时的更严格约束（$x>(8/3)c$，而不是 $x>2c$）。

[13] 每个体素的时间序列 Bt 会经过一个高通滤波器和一个 AR（1）（或一阶自回归模型）校正。

[14] 平均响应时间为 6.39 秒（模糊）和 6.16 秒（风险），无显著差别。

[15] 杏仁核也参与情绪学习和调节，情绪学习和调节均与处理模糊情况有关(Phelps et al. 2004)。

[16] 登录 http://www.econ.umn.edu/_arust/ neuroecon.html 查看 RC-AC 图像。

[17] 要注意，在敌对对手的处理中，赌博中的一些得益回扣是合理的，因为只有当更知情的对手选择了错误颜色时才能赌赢。敌对对手假设是对模糊卡片组和知情度低的事件下注，而规范上有所不同，与敌对对手打赌是由类似的神经回路产生的。杏仁核、眶额皮层和纹状体的时间进程在所有三个处理中类似，与这一假设一致。

[18] 我们还分析了基于实际决策的激活：人们进行赌博的试验与人们选择明确得益的试验。我们在这些增减中发现了一些有趣的激活，但在这些决策条件和模糊与风险相对的条件之间似乎没有相互作用。这意味着，我们在模糊/风险比较中看到的差异纯粹是对研究对象暴露的不确定水平的反应。虽然几乎可以肯定这些反应之后会投入到实际决策中，但我们看到的区域似乎参与的是情况评估而不是决定选择。

[19] 在此任务和功能磁共振成像实验的卡片组处理中有三个小差异：（1）由于病变患者进行实验的时间限制以及多次试验提取功能磁共振成像的需要，在病变试验中的选择较少；（2）在病变任务中，一定点数数量有着更加广泛的范围（在患者是极度的风险和模糊厌恶或偏好的情况下）；（3）由于研究对象的限制，病变的任务选择没有进行真实的货币付款。

参考文献

Adams, R, H. Gordon, A Baird, N. Ambady, and R. Kleck. 2003. "Effects of Gaze on Amygdala Sensitivity to Anger and Fear Faces." *Science* 300, no. 5625 (June): 1536.

Adolphs, R 2002. "Neural Systems for Recognizing Emotion." *Current Opinion in Neurobiology* 12: 169－177.

Allais, M. 1953. "Le Comportement de l'Homme Rationnel Devant le Risque: Critique des Postulats et Axiomes de l'école Américaine." *Econometrica* 21：503－546.

Amadi，A 2004. "Equity Home Bias：A Disappearing Phenomenon." Working Paper，University of California at Davis. Available at http://ssrn.com/abstract=540662.

Amaral，D.，J. Price，A Pitkanen，and S. Carmichael. 1992. "Anatomical Organization of the Primate Amygdaloid Complex." In *The Amygdala：Neurobiological Aspects of Emotion，Memory，and Mental Dysfunction*，ed. J. P. Aggleton，1－66. Wiley，New York.

Bayley，P. J.，J. C. Frascino，and L. R. Squire. 2005. "Robust Habit Learning in the Absence of Awareness and Independent of the Medial Temporal Lobe." *Nature* 436：550－553.

Bechara，A，H. Damasio，and A. Damasio. 2003. "Role of the Amygdala in DecisionMaking." *Annals of the New York Academy of Sciences* 985：356－369.

Becker，S.，and F. Brownson. 1964. "What Price Ambiguity? On the Role of Ambiguity in Decision Making." *Journal of Political Economy* 72：62－73.

Berg，J.，J. Dickhaut，and K. McCabe. 1995. "Trust，Reciprocity and Social History." *Games and Economic Behavior* 10，no. 1：122－142.

Berthoz，S.，J. Armony，R. Blair，and R. Dolan. 2002. "An fMRI Study of Intentional and Unintentional (Embarrassing) Violations of Social Norms." *Brain* 125：1696－1708.

Bewley，T. 2002. "Knightian Decision Theory，Part I." *Decisions in Economics and Finance* 25：79－110.

Bhatt，M.，and C. F. Camerer. 2005. "Self-referential Thinking and Equilibrium as States of Mind in Games：fMRI Evidence." *Games and Economic Behavior* 52，no. 2：424－459.

Bruni，L.，and R. Sugden. 2007. "The Road Not Taken：Two Debates about the Role of Psychology in Economics." *Economic Journal* 117，no. 516.

Busino，G. 1964. "Note Bibliographique Sur le cours." In Epstolario，Vilfredo Pareto，1165－1172. Rome：Accademia Nazionale dei Lincei.

Calder，A. J.，J. Keane，F. Manes，N. Antoun，and A. W. Young. 2000. "Impaired Recognition and Experience of Disgust Following Brain Injury." *Nature Neuroscience* 3：1077－1078.

Camerer，C. F. 2003. *Behavioral Game Theory：Experiments in Strategic Interaction*. Princeton University Press，Princeton.

Camerer，C. F. 2005. "Behavioral economics. Paper Prepared for the World Congress of the Econometric Society." Available at www. hss. caltech. edu/～camerer.

Camerer, C. F., T. -H. Ho, and J. K Chong. 2004. "A Cognitive Hierarchy Theory of OneShot Games." *Quarterly Journal of Economics* 119: 861 - 898.

Camerer, C., and R Karjalainen. 1994. "Ambiguity-Aversion and Non-Additive Beliefs in Non-Cooperative Games: Experimental Evidence." In *Models and Experiments on Risk and Rationality*, ed. B. Munier and M. Machina, 325 - 358. Dordrecht: Kluwer Academic Publishers.

Camerer, C., G. Loewenstein, and D. Prelec. 2005. "Neuroeconomics: How Neuroscience Can Inform Economics." *Journal of Economic Literature* 43: 9 - 63.

Camerer, C., and M. Weber. 1992. "Recent Developments in Modeling Preferences: Uncertainty and Ambiguity." *Journal of Risk and Uncertainty* 5: 325 - 370.

Chorvat, T., and K. McCabe. 2005. "Neuroeconomics and Rationality." *Chicago-Kent Law Review* 80: 101.

Colander, D. 2005. "Neuroeconomics, the Hedonimeter, and Utility: Some Historical Links." Working Paper, Middlebury College.

Critchley, H., R Elliot, C. Mathias, and R Dolan. 2000. "Neural Activity Relating to Generation and Representation of Galvanic Skin Conductance Responses: A Functional Magnetic Resonance Imaging Study." *Journal of Neuroscience* 20: 3033 - 3040.

Critchley, H., C. Mathias, and R. Dolan. 2001. "Neural Activity in the Human Brain Relating to Uncertainty and Arousal During Anticipation." *Neuron* 29: 537 - 545.

de Quervain, D. J. -F., U. Fischbacher, V. Treyer, M. Schellhammer, U. Schnyder, A Buck, and E. Fehr. 2004. "The Neural Basis of Altruistic Punishment." *Science* 305: 1254 - 1258.

Dow, J., and S. R. da Costa Werlang. 1992. "Uncertainty Aversion, Risk Aversion and Optimal Choice of Portfolio." *Econometrica* 60: 197 - 204.

Duff, P. 1999. "The Scottish Criminal Jury: A Very Peculiar Institution." *Law and Contemporary Problems* 62: 173.

Dufwenberg, M., and U. Gneezy. 2000. "Measuring Beliefs in an Experimental Lost Wallet Game." *Games and Economic Behavior* 30: 163 - 182.

Eisenberger, N. L, M. D. Lieberman, and K. Williams. 2003. "Does Rejection Hurt? An fMRI Study of Social Exclusion." *Science* 302: 290 - 292.

Ellsberg, D. 1961. "Risk, Ambiguity, and the Savage Axioms." *Quarterly Journal of Economics* 75, no. 4: 643 - 669.

Epstein, L., and T. Wang. 1994. "Intertemporal Asset-Pricing under Knightian Uncertainty." *Econometrica* 62: 283 - 322.

Fox, C. , and A Tversky. 1995. "Ambiguity Aversion and Comparative Ignorance." *Quarterly Journal of Economics* 110: 585 – 603.

French, K. , and J. Poterba. 1991. "Investor Diversifcation and International Equity Markets." *American Economic Review* 81: 222 – 226.

Friedman, M. 1953. *Essays in Positive Economics*. Chicago: University of Chicago Press.

Frisch, D. , and J. Baron. 1988. "Ambiguity and Rationality." *Journal of Behavioral Decision Making* 1: 149 – 157.

Gaffan, D. , E. A. Murray, and M. Fabre-Thorpe. 1993. "Interaction of the Amygdala with the Frontal Lobe in Reward Memory." *European Journal of Neuroscience* 5, no. 7: 968 – 975.

Gallagher, H. L. , A. I. Jack, A. Rrepstorff, and C. D. Frith. 2002. "Imaging the Intentional Stance in a Competitive Game." *NeuroImage* 16: 814 – 821.

Ghirardato, P. , and J. Katz. 2000. Indecision Theory: Explaining Selective Abstention in Multiple Elections. Working Paper No. 1106, California Institute of Technology.

Gilboa, I. , and D. Schmeidler. 1989. "Maxmin Expected Utility with Non-Unique Prior." *Journal of Mathematical Economics* 18: 141 – 153.

Glimcher, P. , and A. Rustichini. 2004. "Neuroeconomics: The Concilience of Brain and Decision." *Science* 306: 447 – 452.

Graham, J. R, C. R Harvey, and H. Huang. 2005. "Investor Competence, Trading Frequency, and Home Bias." Working Paper No. 11426, National Bureau of Economic Research.

Gul, F. , and W. Pesendorfer. 2005. "The Case for Mindless Economics." Working Paper, Princeton University.

Henrich, J. , et al. 2005. "Economic Man'in Cross-Cultural Perspective: Ethnography and Experiments from 15 Small-Scale Societies." *Behavioral and Brain Sciences* 28: 795 – 855.

Jevons, W. S. 1871. *The Theory of Political Economy*. London: Penguin.

Kahneman, D. , and A. Tversky. 1979. "Prospect Theory: An Analysis of Decision under Risk." *Econometrica* 42: 263 – 292.

Kim, H. , and P. J. Whalen. 2004. "A Computational Model of Amygdala-Basal Forebrain Prefrontal Cortex Interaction in the Detection and Resolution of Predictive Uncertainty." Doctoral Thesis, University of Wisconsin-Madison.

Kosfeld, M. , M. Heinrichs, P. Zak, U. Fischbacher, and E. Fehr. 2005. "Oxytocin Increases Trust in Humans." *Nature* 435: 673 – 676.

Laibson, D. 1997. "Golded Eggs and Hyperbolic Discounting." *Quarterly Journal of Economics* 112, no. 2: 443-477.

Lo, K. C. 1999. "Extensive Form Games with Uncertainty Averse Players." *Games and Economic Behavior* 28: 256-270.

MacCrimmon, K. 1968. "Descriptive and Normative Implications of the Decision-Theory Postulates." In *Risk and Uncertainty*, ed. K. Borch and J. Mossin, 3-32. London: MacMillan.

McCabe, K., D. Houser, L. Ryan, V. Smith, and T. Trouard. 2001. "A Functional Imaging Study of Cooperation in Two-Person Reciprocal Exchange." *Proceedings of the National Academy of Sciences* 98: 11 832-11 835.

McClure, S. M., D. Laibson, G. Loewenstein, and J. D. Cohen. 2004. "Separate Neural Systems Value Immediate and Delayed Monetary Rewards." *Science* 306: 503-507.

Morse, Adair, and Sophie Shive. 2004. "Patriotism in Your Portfolio." Annual Meeting Paper, European Financial Managent Association, Basel.

Mukerji, S. 1998. "Ambiguity Aversion and Incompleteness of Information." *American Economic Review* 88: 1207-1231.

Mukerji, S., and J. -M. Tallon. 2004. "An Overview of Economic Applications of David Schmeidler's Models of Decision Making under Uncertainty." In *Uncertainty in Economic Theory: A Collection of Essays in Honor of David Schmeidler's 65th Birthday*, ed. I. Gilboa, 283-302. Oxford: Routledge.

O'Doherty, J., H. Critchley, R. Deichmann, and R. Dolan. 2003. "Dissociating Valence of Outcome from Response Switching in Human Orbital and Ventral Prefrontal Cortices." *Neuroscience* 23: 7 931-7 939.

O'Doherty, J., P. Dayan, J. Schults, R. Deichmann, K. Friston, and R. Dolan. 2004. "Dissociable Roles of Ventral and Dorsal Striatum in Instrumental Conditioning." *Science* 304: 452-454.

O'Donoghue, T., and M. Rabin. 1999. "Doing It Now or Later." *American Economic Review* 89, no. 1: 103-124.

Phelps, E., M. Delgado, K. Nearing, and J. Ledoux. 2004. "Extinction Learning in Humans: Role of the Amygdala and VMPFC." *Neuron* 43: 897-905.

Phelps, E., K. O'Connor, W. Cunningham, E. Funayama, J. Gatenby, J. Gore, and M. Banaji. 2000. "Performance on Indirect Measures of Race Evaluation Predicts Amygdala Activation." *Journal of Cognitive Neuroscience* 12: 729-738.

Raiffa, H. 1961. "Risk, Ambiguity and the Savage Axioms: Comment." *The Quarterly Journal of Economics* 75: 690-694.

Sanfey, A. G., J. K. Rilling, J. A. Aronson, L. E. Nystrom, and J. D. Cohen. 2003. "The Neural Basis of Economic Decision-Making in the Ultimatum Game." *Science* 300: 1755 – 1758.

Sargent, T., and L. Hansen. 2003. *Robust Control and Economic Model Uncertainty*. Unpublished Monograph.

Schmeidler, D. 1989. "Subjective Probability and Expected Utility without Additivity." *Econometrica* 57: 571 – 587.

Schoenbaum, G., A. Chiba, and M. Gallagher. 2000. "Changes in Functional Connectivity in Orbitofrontal Cortex and Basolateral Amygdala during Learning and Reversal Training." *Neuroscience* 20: 5179– 5189.

Segal, U. 1987. "The Ellsberg Paradox and Risk Aversion: An Anticipated Utility Approach." *International Economic Review* 28, no. 1: 175 – 202.

Siegel, J. 1998. *Stocks for the Long Run*, 2nd ed. New York: Irwin.

Strong, N., and X. Xu. 2003. "Understanding the Equity of Home Bias: Evidence from Survey Data." *Review of Economics and Statistics* 85: 307 – 312.

Weigelt, K., and C. F. Camerer. 1988. "Reputation and Corporate Strategy: A Review of Recent Theory and Implications." *Strategic Management Journal* 9: 443 – 454.

Whalen, P. J. 1998. "Fear, Vigilance and Ambiguity: Initial Neuroimaging Studies of the Human Amygdala." *Current Directions in Psychological Science* 7, no. 6: 177 – 188.

Zak, P. 2004. "Neuroeconomics." *Philosophical Transactions of the Royal Society of Biology* 7: 13 – 21.

第四部分

经济学与幸福感

第6章　幸福感与公共政策：对行业的一个挑战

理查德·莱亚德（Richard Layard）

公共经济学背后的理论需要彻底的改革，因为它不能解释人类福祉的近代历史，而且它忽略了现代心理学的一些关键发现。这两个缺点其实是紧密联系的：正是由于这一理论忽略了心理学，所以它才无法解释现实。

事实是，尽管购买力大大增强，但西方人并没有比50年前更幸福。从我在本章中回顾的人口调查和其他证据，可以了解到这一点。

最明显的解释来自新心理学关于幸福的三个标准发现。[1]第一，一个人的幸福感受到其他人收入的负面影响（负外部性）。第二，一个人的幸福感会很快地适应更高的收入水平（一种成瘾现象）。第三，我们的爱好并非是特定的——我们自身的幸福感在很大程度上是由人文决定的。

这些发现向公共经济学理论和结论提出了挑战，例如，在阿特金森和斯蒂格利茨（Atkinson and Stiglitz 1980）的著作中所指出的。对公共经济学的挑战既包含了现代心理学的发现，同时又保留了成本效益框架的严密，这是我们研究课题的力量和荣耀所在。[2]本章中，我首先回顾了对幸福感的测量，然后列举出三个发现，逐一讨论并分析其各自的政策含义，最后是整体上的反思。

一、测量幸福感

美国的综合社会调查项目向民众提出了这样的问题，“总体来说，你认为自己的生活非常幸福、很幸福，还是不太幸福?”图 6—1 显示，自 20 世纪 50 年代以来，幸福感既未出现过提升，也没有任何显著下降。在日本和英国以及多数欧洲国家（1975 年才开始此类调查）进行的调查也得到了类似结果。

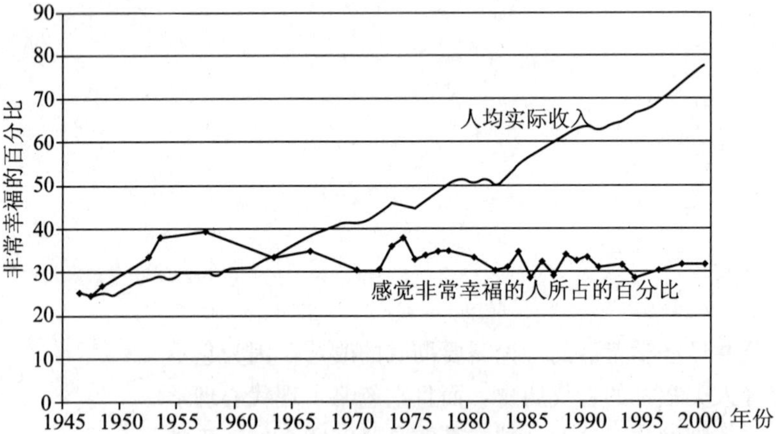

图 6—1　美国的收入和幸福水平

你可能会很自然地质疑这种言论是否意味着什么，但来自神经科学的重要新证据却给出了肯定的答案。[3]威斯康星大学的理查德·戴维森（Richard Davidson）发现了在前额皮质区域中脑电活动水平与主观幸福感（人与人之间和人内心）密切相关。此外，随着时间的推移，即使不同时代的人使用的词汇不同，也不期望会在同一时代有所改变——但自 20 世纪 50 年代以来每代人的幸福感都处在一个稳定水平，尽管他们的购买力大幅增加。

各国也有截面证据——在人均收入超过 20 000 美元的工业化国家中，平均收入与平均幸福水平之间没有联系。但国家间的这些差异又确实蕴含着实际信息内容，因为约翰·海利威尔（John Helliwell）只用 6 个变量就可以解释 50 个国家之间 80%的差异。[4]最后，回到时间序列上来，有一个很清楚的事实：犯罪行为增加，经济有可能更萧条——却没有人认为幸福感水平下降了。

在适当的时候，关于人们的幸福感，我们应该有更好的时间序列，包括神经学上的测量，以及证实我们的社会中真正不幸福的区域在哪里的更清晰证据。但就目前已知的来说，我们可以得出这种结论：过去 50 多年来，西方民众的幸福感没有提升，而在收入对个人和社会的幸福感都有更大影响的第三世界中，幸福感无疑有所提升。

对西方的研究发现与标准经济理论相悖。为简单起见，我们可以将标准理论写为：

$$u = u(y, h) \quad (u_1 > 0; u_2 < 0)$$

其中，u 是（基数）效用，y 是实际收入（已提高），h 是小时数（对于多数人来说已经下降）。显然，如果我们要解释正在发生什么，我们就需要一个有关幸福感的扩展模型。我们需要把标准发现与现代心理学结合起来。

二、社会比较

最明显的事实是，我们将自己的收入与其他人的进行比较。[5]如果其他人变得更富有，就会降低我们对自己所拥有的东西的满足感。传统观点是，在收入分配上，人们主要是将他们自己和与其相近的人进行比较。但如果收入分配合理稳定，那么参照组的收入将与平均收入（$\bar{y}$）成比例。[6]因此，为简单起见，扩展理论可以是：

在每项幸福感研究中，我都发现平均收入（$\bar{y}$）引起了一个很大很明显的负系数。无论我们是使用国家或附近地区的截面数据还是时间序列数据（虚拟时间）都是如此。在一些研究中，平均收入的负效应几乎和自己收入的正效应一样大。我还应当补充的是，没有证据表明人们将自己的闲暇与其他人的进行比较，而且有证据表明他们并没有比较。[7]先前的模型有助于解释这样一种悖论：个体寻求更高收入并从中获得幸福（相关系数约0.15），而社会从更高收入中的获益比每一个孤立的个体少。

许多零散证据证实了这一分析的正确性。例如，美国的综合社会调查项目提供了关于个体如何感知其相对收入的数据。假如我们将幸福感回归于自身的实际收入和感知到的相对收入，那么后者比前者解释得更全面。同样，在瑞士，幸福感由相对于收入期望的收入来解释，而且当地的平均收入提高了个人的期望。

（一）政策含义

这是一个有关负外部性的问题。要想专注于这个问题的效率方面，我们可以假设有 n 个完全相同的人，其幸福感函数和综合计时工资均相同。个体工作量（h）的社会最佳水平由下列公式得出：

$$u_1 - nu_1\alpha\frac{1}{n} + u_2 = 0$$

其中，第二项反映了来自平均收入提高的外部不利，这对全部 n 个人的幸福感都有不利影响。考虑这一最优化条件的另一种方式是询问：假如就应该如何努力工作来缓解激烈竞争，人与人之间达成了共识，那么每个人应该如何努力？很明显，这个答案由下列公式得出：$u_1(1-\alpha)+u_2=0$。协调这个结果的一种方法是通过一个边际税率为 t 的线性所得税。只要 $u_1(1-t)+u_2\neq 0$，个体就会一直工作。因此，实现社会优化的边际税率为 $t=\alpha$。这与社会成本相等，表示为个体所得的一小部分。根据我所引证的研究，这一税率可能颇有价值，但这并不一定意味着税收应当比现在的高。而是，如果不考虑负外部性，税收应该比应当的高。

这里，我们讨论的是矫正税——将工作量降到欲提高相对收入的无效激励被完全抵消时的水平：外部成本被完全内在化。这意味着，我们需要重新考虑我们在成本效益分析中使用的“超额负担”的量度。超额负担通常根据任何规模的税收楔子都是扭曲的这一点来计算，并将工作量降低到低于其有效水平。但现在我们知道，如果税收是零，人们就会非常努力地工作。因此，税收只有高于最优化水平时才会扭曲以修正负外部性。否认这一点就是悍然不顾人类本性的一个重要的公认事实。

自由论者反对这一迎合妒忌的整个论据。显然他们不介意迎合贪婪。当然，我应当设法教育人们远离妒忌和贪婪，因为两者都不利于幸福。但同时，我们也应该规定其他一些最适合当前主流思想的各种层次的政策工具。（我们无法彻底消除追求特权地位的动力，因为它在我们的生物系统中根深蒂固，正如对雄猴进行的研究所示：当一只猴子在群体之间迁移时，它的地位就提高了，它的血清素就有所提高，这是一种与幸福有关的神经传递素。[8]当它的地位降低时则相反。）

三、适应

心理学的第二个重要发现是适应。所有生命有机体以恢复其内部平衡的方式来对外部变化做出反应。但这并不意味着，对于特定基因有一系列只能被暂时性干扰的固定的幸福值，群体间可解释的幸福差异这一明显证据驳斥了这一点。个体幸福的长期变化这一明显证据也驳斥了这一点。[9]但是适应却使得通过增加收入来确保幸福永久提高变得更难。

调查证据明确表明，收入增加对幸福感提升的影响最初时要比从长远来看更大。[10]这是因为，收入在某种程度上，是容易成瘾的。一旦体会到了更高的生活标准，我们就无法回到以前的水平，而且感觉也与以往不同。考虑到这一效应，我们可以在幸福函数中加入带有负效应的滞后收入。为简单起见，假设

$$u=u(y-\beta y_{-1},h)$$

幸福感和工作满意度的实证研究都强有力地支持了这一公式。在美国的综合社

会调查项目中，收入变化对幸福的影响要高于收入水平，换言之，$\beta>0.5$。在瑞士的研究中，我前面提到了滞后收入对于收入期望是一个重要影响，并且这已被范·普拉格和弗利特斯（van Praag and Frijters 1999）进行的大量研究所证实。相反，并没有证据证明人们习惯于良好的人际关系，但他们工作越多，交往的时间就会越少。

（一）政策含义

假如该效应无法被预见，那么对收入的适应性就只是一个公共政策问题。但有确凿证据证明，人们高估了其将从额外财产中获得的额外幸福。[11]为简单起见，假设没有预见：个体没有意识到他们当前的消费会减少他们未来的幸福感。罗伯特·弗兰克（Robert Frank）称其为负内部性。结果是人们将非常努力地工作并且消费得更多。严格来说，将上面等式中的 y 重新定义为消费。如果效用的折现率等于利率，且实际收入不变，那么有效的矫正税率就是：

$$t=\beta(1-d)$$

除了损失发生得晚一点外，它与外部性的矫正类型相同。[12]必需矫正是对较低工作量进行的，因此消费也更少。但较高储蓄没有必需矫正。所以这只有在实际收入提高时才是必需的。

从成瘾可预见的意义上来说，税收的必要性较低。但许多对一般消费的成瘾，如吸烟成瘾，都是不可预见的。如果我们要对易上瘾的物质收税，那么我们也应该对其他上瘾的形式收税。

（二）损失规避

这里，我们需要引入一个截然不同的因素：损失规避。在目前我们提出的解释中，$u=u((1-\beta)y+\beta\Delta y,h)$，无论 Δy 的标志是什么。但由卡尼曼及其同事进行的重要研究表明，当 Δy 为负时，一个单位的 Δy 对幸福的效应是 Δy 为正时的两倍。[13]这意味着，收入函数的效用与前一时期的收入发生扭结，反映出一种现状偏好或禀赋效应。也正是这种扭结使人们如此厌恶风险。这是一个幸运的发现，因为拉宾（2000）已经证实了，如果没有这一发现，将不可能解释为什么同一个人对于很小的风险也会厌恶，却愿意在期望收入足够高的情况下承担很大风险。鉴于风险行为的这种解释的简单性，金融教科书和理论是时候停止使用错误的解释了。很明显，正是损失规避才使稳定政策如此重要。如果卢卡斯（Lucas 2003）使用了卡尼曼的这个估算，他就会得到对成本波动的较大估算值。[14]

（三）适应和贫穷

让我对适应进行进一步置评。很明显，这意味着使幸福感与收入相关联的函数从长期来看要比短期的更平直。现有研究支持这一观点，即收入的边际效用在群体内和群体之间都会随着收入而减小。[15]但长期的曲率可能要比短期的低。倘若如此，等式的优良程度比我们专注于短期关系时要小。

一些左翼人士反对考虑适应，就像一些右翼人士反对考虑社会比较一样。这两种论点似乎与人性化理念相反，人性化理念认为，既要力图修正人类本性，又要尊重和接受人性原本的样子。如果有一些完全无法适应的经历，如精神病和诸如仅局部适应的贫穷等，那么这种信息与政策相关，而且我们应当利用其来确定我们对公共支出的优先使用顺序。目前，我们的政策过多地依赖于政策制定者对于他们将在某种特定情景下的感受的判断，而非对人们真实感受的详细研究。[16]

四、爱好

经济学通常假定爱好是特定的。这在两个方面显然是错误的。首先，社会因素可以影响我们的偏好顺序——我们的无差异曲线。其次，它们也可以影响我们从特定的消费束中得到的幸福感，即使它们对我们的无差异曲线没有影响。因此，正如我们所主张的，平均共同收入影响我们的幸福，我们自己的滞后收入也是一样。但还有许多其他的爱好变量，我用 T 来表示，所以，现在我们来研究 $u = u(y, h, T)$。

良好的爱好是那些增加幸福感的爱好，反之亦然。

公共经济学对爱好组成的重视能到什么程度？如果是旨在为政策提供一个总体框架，那么它就必须这样做。这里，我只列举三个示例。

最明显的就是广告。虽然广告可以提供信息，但它却几乎总是使我们感觉我们需要的金钱比我们本来需要的多。举例来说，美国的综合社会调查项目提供了有关一个人是如何看待其在收入分配中的位置的数据。如果我们对一个人的真实收入及其看电视的时间进行回归估算，我们就会发现，看电视使一个人感觉更贫穷[17]，从而感觉不幸福。广告对于孩子来说是最大的问题，这就解释了为什么瑞典禁止针对孩子的宣传广告。

另外一个例子是绩效薪酬（PRP）。很明显，大多数经济学家都对其支持理论了如指掌：我们必须使代理人的利益与委托人的利益相一致。因此他应当凭借自己的绩效而直接快速地获得回报。我们越这样做，给他带来的动力就越大。

但我们可以假定他的爱好将保持不变吗？可能不行。心理学家做了许多实验来检验增加外部激励对一个人内在动机的影响。其中多数研究都表明，额外的奖金降低了内在动机，甚至能降低总的动机，除非奖金的数额很大。[18]很容易理解这是为什么——如果有人出钱让你做某事，你或许就不再觉得你应该尽力去做。有一个来自以色列一家儿童保育中心的简单例子。为了鼓励人们按时接孩子，他们对迟到的父母进行罚款。结果有更多人迟到了——他们觉得既然他们要交钱那么迟到就是被容许的。

尽管如此，但当有一个对绩效的模糊量度时，绩效薪酬往往是一个好主意。但通常没有这种量度，而且个体不得不与他们的同事竞争排名。通常，不同同事做出的等级评定相关性不大。这样做的效应是提高排序比较在效用函数中的突出性。同事之间的关系变得更紧张，因为在一个级数固定的阶梯上，人们更努力地向上攀爬以期超越彼此。由于额外的奖金通常很少，所以只有当投资者或消费者获利时，这一额外压力才能获得证明。但是，正如我已阐明的，这些获利是不确定的。因此经济学家在信赖简单的理性假定和推荐绩效薪酬之前应当更谦逊：同时他们很可能正在改变爱好。

最后，再让我来谈谈爱好的最完整方面——我们对于自己的生活有何感受。如果不考虑罕见的利他主义研究，经济学家提出了一个相当清晰的观点。我们说，每个人都设法追求尽可能多的幸福，是什么使其幸福这一问题并不重要。举例来说，帮助其他人是否会使他幸福并不重要。（根据阿特金森和斯蒂格利茨的观点，追求税收和开支的理想模式来达到社会福利函数的最大化——个体效用函数均为已知）。

当然，这并不是大多数人的感受。他们认为人们的价值观至关重要。那是我们接受义务教育的原因之一，因为其他人的孩子的效用函数明显地约束了我们自身的效用。

我并不是建议经济学家应当成为德育家。但在某种程度上他们已经是了，他们的个人主义世界观也具有了越来越大的影响力，因为传统宗教和社会主义中的信念已经没落。大致来说，民众从经济学家那里吸取的观点是这样的：不要期望人们对家庭以外的任何其他人感兴趣。但不要因此而担心，因为假如我们制定了法律法规以及正确的税收/开支计划，收入状况将会更好。[19] 如果是这样，就让我们来看一看企业与个体之间的竞争最大化。

这涉及一个重大混淆。我们确实希望实现企业之间而非个体之间的竞争最大化。我们希望个体之间存在大量合作，最主要的一个原因是那种生活会令人更加愉快。合作还可能提高最终产出，但在许多情况下不会，因为竞争可以是一种更强大的激励。但是，最终产出只能由其对幸福的贡献来证明。一个任何人看起来都像一种威胁的世界不可能产生大量幸福，即使产生了大量产出。

五、结　论

我断定，经济学采用的正是有关公共政策的思考框架。设立政策工具以便实现（基数）效用总和的最大化，并将额外权重赋予效用较低的人。问题出在了我们用来使人们幸福的理由上。很明显，经济学认为，效用随着自愿交换的机会而增加。

这忽略了人们之间无意的相互作用的巨大重要性——也就是其他人如何影响我们的规范、我们的愿望、我们对重要的感受，以及我们关于世界是友好还是危险的体验的巨大重要性。

人们可能想要说，这些是其他社会科学的领域。如图 6—2 所示，如果生活是这样的，将很方便。但是生活并非如此。我们已经列举出了关于这点的重要例子。以流动性政策为例（如图 6—3 所示），流动性更大当然会导致收入更高，但是也影响了社区和家庭中的关系的质量。[20]经济学家在没有考虑这些效应的情况下不应当提倡更大的流动性。

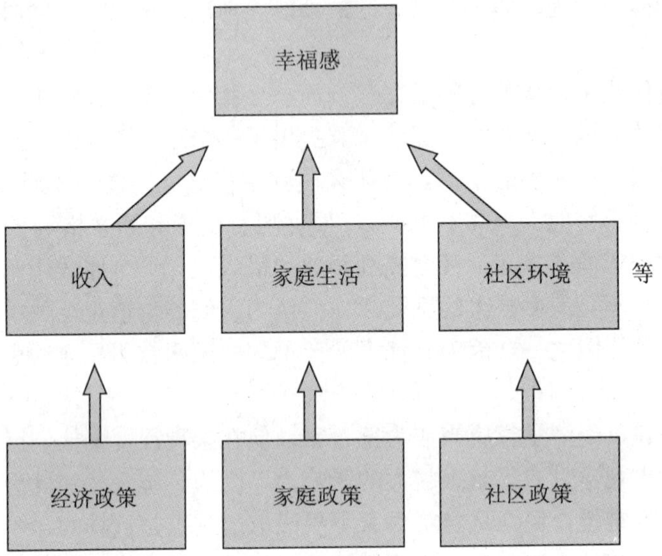

图 6—2 决策者的理想世界

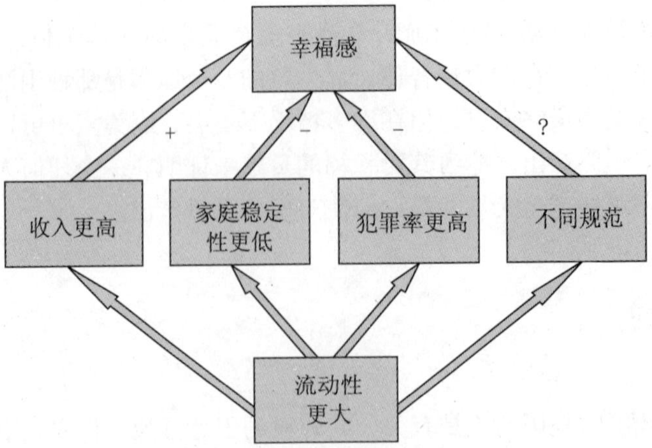

图 6—3 现实

这需要经济学家与其他社会科学家之间的合作，尤其是心理学家。在我看来，社会科学的首要目标应该是发现什么有助于幸福、什么阻碍幸福。经济学家在发展这一理论方面可以起到带头作用：有许多容易研究而没有被研究的领域。

经济学还有许多要做的，特别是对成本效益的分析。也许成本和效益最终可以用效用来表示。但目前来说，效用的货币等价物就正合适，但前提是它被指定为额外的钱以长期确保普通人的额外幸福效用。

30 年前，人口调查彻底改变了劳动经济学。当有关幸福感的心理学数据最终与显性偏好的洞察结合时，一场类似的革命将很快彻底改变公共经济学。这将带来更好的理论和更好的政策。

注　释

本章节主要引用了 Layard（2005a，2005b，1980）。

[1] 我并未计入已被广泛讨论，但其重要性可能不及本文中论述的三个发现的不一致行为（例如，Rabin 1998）。

[2] 关于公共经济学，我指的是 Atkinson 和 Stiglitz（1980）中涵盖的一系列议题。

[3] 本段参见 Layard（2005a）第三章。

[4] Helliwell（2003）。变量有离婚率、失业率、自称“多数人都可以相信”的公民的比例、无神论组织的成员资格、信仰上帝的公民的比例，以及政府素质（以四个次指标为基础的指标）。

[5] 本节的许多证据参见 Layard（2005a）中，附录 4.1。

[6] 整个问题还需要更多研究。举例来说，如果人们仅将自己的收入与比他们高的收入相比较，那么最优税制就将比其他税制更先进。这有时也表明，相对于他们的相对收入，人们更关心他们在收入分配中的等级次序。美国的综合社会调查实验从其他方面证明了，无论人们是关注排名还是相对收入，矫正税的情况也是类似的（Layard 1980，740）。第三个问题是收入与支出之间的差别。Frank（1999）专心于相对消费，并对显性和隐性消费做了进一步区分。但人们所做的比较也的确集中在收入上，并且我们还没有足够的信息来区分这些变量。

[7] Solnick and Hemenway（1998）。

[8] Brammer，Raleigh，and McGuire（1994）。

[9] Lucas et al.（2004）。

[10] 这一部分参见 Layard（2005a），附录 4.1。

[11] 参见 Loewenstein and Schkade（1999），Loewenstein、O'Donoghue and Rabin（2003），Frey and Stutzer（2003）和 Gilbert and Watson（2001）。

[12] 参见 Layard (2005b)，附录 B，该文献假设了一个无限时间范围。也可参见 Loewenstein et al. (2003)。

[13] Kahneman and Tversky (2000)，58。

[14] Lucas (2003)。

[15] Helliwell (2003)。

[16] 类似评论也适用于"质量调整寿命年"(QALYs)，在英国，这主要以健康人对于生病时感受的判断为根据，而非对病人实际感受的研究。我们中的有些人正期望纠正这一点。

[17] Layard (2005a)，附录 6.1。这一结果不可能仅仅反映遗漏变量。

[18] 参见 Frey and Stutzer (2002) 和 Gneezy and Rustichini (2000)。

[19] 经济学家很少建议，商人应该直接考虑消费者的兴趣，投资者也是一样，依据令人难以置信：如果企业不能利润最大化就会破产。

[20] 关于证据，参见 Layard (2005a)，179－180，以及附加参考资料。

参考文献

Atkinson, A., and J. Stiglitz. 1980. *Lectures in Public Economics*. London: McGraw-Hill.

Brammer, G., M. Raleigh, and M. McGuire. 1994. "Neurotransmitters and Social Status." In*Social Stratification and Socioeconomic Inequality* vol. 2, ed. L. Ellis, 75－91. Westport, CT: Greenwood.

Frank, R. 1999. *Luxury Fever: Money and Happiness in an Era of Excess*. New York: Free Press.

Frey, B., and A. Stutzer. 2002. *Happiness and Economics: How the Economy and Institutions Affect Well-Being*. Princeton, NJ: Princeton University Press.

Frey, B., and A. Stutzer. 2003. "Economic Consequences of Mispredicting Utility." Working Paper, Institute for Empirical Research in Economics, University of Zurich.

Gilbert, D., and T. Watson. 2001. "Miswanting: Some Problems in the Forecasting of Future Affective States." In*Feeling and Thinking*, ed. J. Forgas, 178－200. Cambridge: Cambridge University Press.

Gneezy, U., and A. Rustichini. 2000. "A Fine is a Price." *Journal of Legal Studies* 29: 1－18. Helliwell, J. 2003. "How's Life? Combining Individual and National Variables to Explain Subjective Well-Being." *Economic Modelling* 20: 331－360.

Kahneman, D. and A. Tversky, eds. 2000. *Choices, Values and Frames*. New York: Cambridge University Press.

Layard, R. 1980. "Human Satisfactions and Public Policy." *Economic Journal* 90: 737-750. Layard, R 2005a. *Happiness: Lessons From a New Science*. New York: Penguin.

Layard, R. 2005b. "Rethinking Public Economics: The Implications of Rivalry and Habit." In *Economics and Happiness: Reality and Paradoxes*, ed. L. Bruni and P. L. Porta, 147-169. Oxford: Oxford University Press.

Loewenstein, G., and D. Schkade. 1999. "Wouldn't It Be Nice? Predicting Future Feelings." In *Well-Being: The Foundations of Hedonic Psychology*, ed. D. Kahneman, E. Diener, and N. Schwarz, 85-108. New York: Russell Sage Foundation.

Loewenstein, G., T. O'Donoghue, and M. Rabin. 2003. "Projection Bias in Predicting Future Utility." *Quarterly Journal of Economics* 118: 1209-1248.

Lucas, R. 2003. "Macroeconomic Priorities." *American Economic Review* 93: 1-14.

Lucas, R, A. Clark, Y. Georgellis, and E. Diener. 2004. "Unemployment Alters the SetPoint for Life Satisfaction." *Psychological Science* 15: 8-13.

Rabin, M. 1998. "Psychology and Economics." *Journal of Economic Literature* 36: 11-46.

Rabin, M. 2000. "Diminishing Marginal Utility of Wealth Cannot Explain Risk Aversion." In *Choices, Values and Frames*, ed. D. Kahneman and A. Tversky, 202-208. New York: Cambridge University Press.

Solnick, S. and D. Hemenway. 1998. "Is More Always Better? A Survey on Positional Concerns." *Journal of Economic Behavior and Organization* 37: 373-383.

van Praag, M. S. Bernard, and Paul Frijters. 1999. "The Measurement of Welfare and Well-Being: The Leydon Approach." In *Well-Being: The Foundations of Hedonic Psychology*, ed. Daniel Kahnemann, Ed Diener, and Norbest Schwarz, 413-433. New York: Russell Sage Foundation.

第7章　幸福研究对于自制力问题和效用错误预测的启示

阿洛伊斯·斯塔特勒（Alois Stutzer）
布伦诺·S·弗雷（Bruno S. Frey）

一、幸福研究质疑理性消费者假设

新古典主义经济学理论依赖显性行为来评估特定决策中选择的选项所产生的效用。该过程假设，个人被完全告知什么可以带来多少效用以及他们完全有能力将效用最大化。这些假设意味着，人们在决策时并未犯任何系统性错误。但他们可能出现随机误差，但是这些误差总体来说相互抵消，因此可以忽略不计。这些假设是极端且影响深远的。很少有非经济学家会坚信个人不会系统性地犯错。

本章比标准新古典经济学有进一步的超越：（1）消费中的系统错误受到重视；（2）提出了一种策略来检验这一假设：由于人们在消费时不犯任何系统性错误，因此，在他们所面临的限制条件一定的情况下，就达到了可实现的最大效用水平。[1]

近期经济学中的一场变革——幸福研究——已经用

一种满足许多问题要求的方式使得接近个人效用成为可能（参见 Kahnemanm，Diener，and Schwarz 1999；Frey and Stutzer 2002a，2002b；Layard 2005）。因此，消费决策可以与由此产生的效用分开。本章所述的研究结果表明，根据个人自身的评估，由特定个人做出的某种消费决策并不是效用最大化的。

本章中提出的标准经济理论的经验性挑战讨论了具体的消费决策，而非停留在抽象层面上。重点是吸烟和饮食习惯、看电视及通勤选择。由此，我们大量利用了实证研究，研究中，被解释变量是发布的主观幸福感或生活满意度，消费行为是主要的解释变量。但该理论也同样面临着行为决定因素研究所面临的计量经济学困难，也就是，遗漏变量和内在性偏差的可能性。

本章结构如下：首先讨论了幸福研究对于探索因自制力问题产生的不一致消费行为的潜力，然后扩展了对一般效用错误预测的分析，最后提出了结论。

二、有限的自制力与个人幸福感

多数微观和宏观经济分析中都认为消费者选择是理性效用最大化的结果。但这一观点受到了经济学和心理学研究的质疑，这些研究发现，在真实生活决策背景下出现了许多不同的异常。从个人行为的意义上来说，异常是对以理性消费者假设（Kahneman，Knetsch，and Thaler 1991）为基础的某些公理的违反。对效用最大化的消费者选择的两个最具挑战性的偏差是由于人们具有时间不一致偏好和错误预测效用而产生的。

标准经济学认为，人们没有自制力的问题，但他们可以根据自身的长期偏好做决策。这样看来，消费商品和从事人们认为上瘾的活动，或至少是坏习惯，例如吸烟、吸毒、看电视或驾驶名贵汽车，都被视为一种理性行为。与这一观点相反，许多人认为其自身和其他人的消费行为是不合理的，因为他们认为只要他们消费得更少并更关心未来的幸福，他们就会更富有。这些自制力问题涉及两方面：缺乏远见和拖延。在这两种情况下，目前都强调的是长期代价。受到缺乏远见的影响时，人们专注于目前的消费，其思考和规划中缺乏识别力或远见，因此随着时间的推移就会降低他们的幸福感。在这方面，以可以忽略的即时边际成本提供直接效益的产品通常是非常诱人的。拖延的重点是推迟或延迟一项在事先评估时人们可能不会喜欢的繁重活动。在经济学中，这个不一致时间偏好在双曲线贴现模型中表达得最明显（参见如 Laibson 1997）。现在与将来不久的某个时间点之间采用了一个低贴现系数（例如，一个贴现系数减少了 β，$\beta \in (0,1)$），之后采用了一个不变的贴现系数 δ。弗雷德里克，路文斯汀和奥多诺霍（Frederick，Loewenstein and O'Donoghue 2002）清楚地阐述了近期对于时间不一致偏好的广泛的实证和理论文献。

根据显示性偏好，即使有可能区分认为消费者是理性行为者的观点与认为消费者会错误预测效用或面临自制力问题的观点，那也会是很困难的。强调事前评估和观察决策的传统重心的两项延伸是富有洞察力的。首先，决策效用的标准经济学概念辅之以体验效用的概念（Kahneman，Wakker，and Sarin 1997）。从正负效应或满意度的角度来讲，后者涉及个人对于实际经验的评估。这种概念的区分使得经验排序系统性地背离源于观察行为的选项排序成为可能。第二项延伸与第一项密切相关，而且强调事后评估可以就人们决策时采取有限理性的可能性这一问题提供有价值的信息来源。人们做决策之后会过得怎么样？如果异常干扰了人们的决策，在个人期望和个人爱好之间就可能出现一个差距。

这样就出现了问题：（规范的）标准是如何被确定的以及看似非理性的行为是否会降低福利，因为它违反了某种时间一致性标准。但针对这个问题还存在着一个长期争论（参见如 Bernheim and Rangel 2007），我们将人们自己的评估作为当他们没有面临特殊决策时的一个标准。本部分提出的实证方法，根据个人对其现有主观幸福感的判断，恰恰呼应了这一观点。

（一）方法论途径分析：基于经验效用的事后评估

心理学中对主观幸福感的测量和大规模调查中对这些量度的采用等研究进展为我们走进非理性消费行为提供了一种新途径。利用现有的效用替代量度，就有可能区分某些相互冲突的理论，这些理论对个人行为做出了相同预测但就个人效用水平却出了不同的结果。这种测试是质疑理论的一个强大工具，并且能够经受各种观察行为模式的考验。

我们讨论并说明了 3 个特定问题的新研究方法，即吸烟、肥胖、看电视。通过这种方法得出的最初结果与补充证据一致，这表明这 3 个问题都涉及了自制力问题。

（二）吸烟

经济模型可以对消费税对人们效用的影响系统地做出不同预测，但他们有可能都预测被征税商品的消费量会减少。当对一种普通商品征税时，人们就会遭受损失，但当税收有助于克服一种坏习惯时，经验就会使效用增加。依据特定形式的消费中是否假定了消费中存在系统性错误，如吸烟或喝酒精饮料，人们有可能会拥护征收罪孽税来鼓励个人改变他们的命运，或使他们排斥特定的生活乐趣。总而言之，标准经济模型预测，近期烟草税的增长和禁烟令既减少了吸烟又使个人的福利减少。但有一个加入了自制力问题的模型预测，吸烟减少了，但个人效用却增加了。

幸福研究有助于解决这一争论，并直接研究诸如烟草税对人们主观幸福感的影响等问题。在对美国和加拿大进行的两项纵向分析中，格鲁伯和穆拉伊特丹（Gruber and Mullainathan 2005）利用来自综合社会调查项目的数据进行了这样一项测试。他们分析了国家烟草税的变化对某些人（在现行的烟草税下预计会吸烟的人们）所报告的幸福感的影响。他们获得了这样一种结果，50美分的烟草税[2]显著地降低了那些有吸烟习性的人不幸福的可能性。事实上，通过50美分的税收，与那些预计不会吸烟的人相比，他们也一样可能表示不幸福（也就是说，在幸福感最低的人中吸烟者所占的比重将下降7.5%）。这一结果支持了有关时间不一致的吸烟行为的模型，在这些模型中，人们有自制力方面的问题。[3]此外，研究结果表明，价格上升可以作为一种自我承担责任的工具。

由于诱惑吸烟方面也会出现自制力问题（Bernheim and Rangel 2004）。有些检验可以将潜在吸烟者的幸福与清洁空气法联系到一起。这些检验可以捕捉到诱惑的迹象或时点的外生变化。通过比较结果，可以对将价格界限作为影响自我调节的一个手段进行评估。

对吸烟自制力问题的主观幸福感研究，其结果系统地补充了证明自制力问题的其他证据。向那些想戒烟的人们提供各种药品和治疗方法有庞大的市场。事实上，十分之八的吸烟者想要戒烟，而且平均每八个半月就尝试一次戒烟（Gruber and Koszegi 2001）。

（三）肥胖

超重或肥胖人数的明显增加已经是许多西方国家20年来的流行病趋势。[4]在许多欧洲国家中，自20世纪80年代以来，肥胖症的发病率已经上升了三倍或更多（World Health Organization Europe 2005）。目前，欧洲人的平均体重指数约为26.5。在瑞士，肥胖成年人的比重为7.7%，而在英国和斯洛伐克共和国为22.4%（参见图7—1）。在欧洲地区，由于超重死亡的人数占全部死亡人数的10%～13%，由于残疾和过早死亡而损失的健康时间达8%～15%（ World Health Organization 2002）。在美国，自20世纪80年代以来，成年人肥胖率已经上升了两倍以上。2000年，十分之三的成年人患有肥胖症（Flegal et al. 2002）。

围绕着这一现象的经济学原因及其结果，学术界展开了一场争论（参见例如，Cutler，Glaeser，and Shapiro 2003；Finkelstein，Ruhm，and Kosa 2005）。肥胖症上升的原因已经通过能量消耗与能量摄入的关系得到解释。如今，能量消耗较低是因为科学技术的进步使体力劳动被更多的需要久坐的工作所代替（Lakdawalla and Philipson 2002）。然而，这种趋势早在肥胖症流行之前就开始了。热量消耗量的增加更符合肥胖症增加这一趋势，并且足以解释肥胖症发病率的上升（Putnum and Allshouse 1999）。特别是，较高热量的零食使男人摄入了较多能量，对女人来说甚至更多（Cutler，Glaeser，and Shapiro 2003）。

转移能量单位（shifting energy house hold）背后的经济学原理是什么？自20世纪80年代以来，相对价格表明，相对于低能量的水果及蔬菜，高热量食物和饮料的价格下降了（Finkelstein，Ruhm，and Kosa 2005）。价格下降是由于食品生产

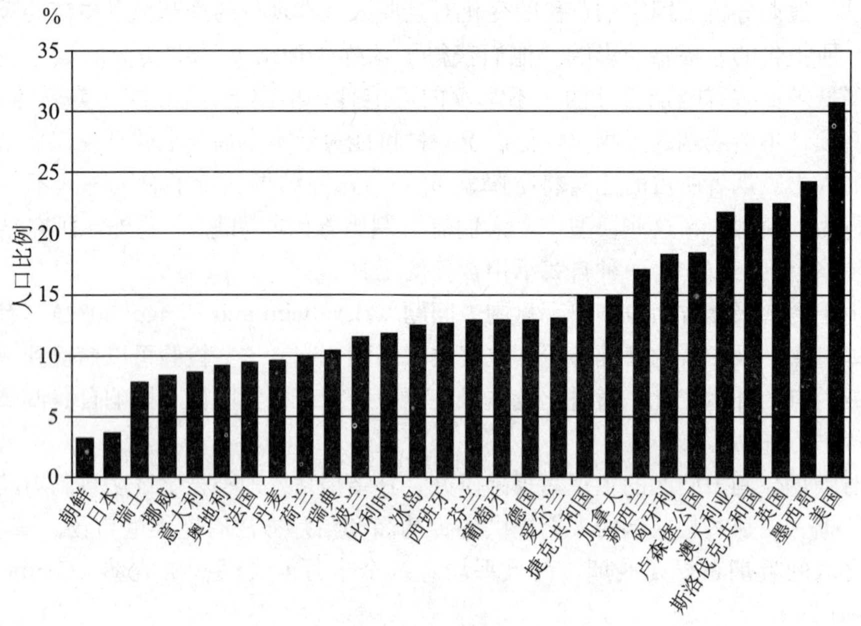

图 7—1　各国的肥胖症人口状况。15 岁及以上体重指数大于 30 的人口比例（2003 或最近年份）

资料来源：经济合作与发展组织（2005）。

的新技术，尤其是预包装和预加工食品。人们对此的反应是吃得更频繁（零食）、吃得更大份、用来做饭的时间更少，因此体重就增加了。

这样就出现了应该如何评价这些给人类健康造成巨大危害的增重问题。人们吃得太多了吗？如果人们可以自由选择何时想吃和想吃多少，那么“太多”的标准是什么？传统经济学建议我们从这些情况下的消费者最后决定权方面去寻找答案。“即使完全了解体力活动的益处、食物的营养成分，以及肥胖症对健康的危害，还是有一部分人会选择导致体重增加的生活方式，因为不这样做的代价（时间、金钱和机会成本方面）实在太高了。”（Finkelstein，Ruhm，and Kosa 2005，252）。这种解释可能才更加适合，因为更多的是健康保险和纳税人承担了肥胖症的大量金钱开销。

但个人消费“太多”食物的可能性通过显性偏好理论中的假设而被排除了。[5]为了支持这个观点，不得不用其他行为规律来调和肥胖症的发病率，例如人们花费大量的金钱在规定食谱和健康俱乐部上，或者从一种饮食改为另一种饮食从而使体重摇摆不定。还有一种理论也承认，当人们饥饿或渴望一些甜的、多脂肪的或咸的食物时，他们就面临从食物中获得即时满足的诱惑，这时人们就可能面临自制力的问题。[6]关于主观幸福感的证据能够帮助更好地理解肥胖症，因为它提供了有关人们在做出餐饮消费量的决定后对其自身处境的评估的信息。标准经济模型预测，如果高脂肪食物制作技术的进步确实是肥胖症的一个重要推动力，那么人们将变得越来越重和越来越幸福。然而，如果面临着自制力问题，我们就能预期他们将变得越来越重而且越来越不幸福。

第 1 步中，可以研究肥胖的人是否不满意。根据对约 8 000 位年轻女性进行的一项实证调查，肥胖与对工作的满意度低、家庭关系、伙伴关系和社会活动有关（但与对友谊的满意程度无关）(Ball，Crawford，and Kenardy 2004)。其他研究报告了肥胖与抑郁症状之间的相互关系，根据它们的观点，肥胖女性患抑郁症的风险要比肥胖男人高（如 McElroy et al. 2004；Needham and Crosnoe 2005)。但这些发现提供的见解很有限，因为这种相互关系也可以归咎于影响进食行为和主观幸福感的三个变量，或者说，生活满意度低和压力也能够导致肥胖。学者们已经通过对 5 867对双胞胎的纵向分析对后者进行了研究（Korkeila et al. 1998)。结果发现，压力高和生活满意度低都是六岁以上和十五岁以上的某些人群体重增加的预报因子。还有一个专门小组致力于研究反向的关系。考虑到基本的心理健康，研究分析了肥胖的一个长期后果，即有增加抑郁症发病率的风险（Roberts et al. 2002)。这些研究结果对于评估现象的相关性都很重要，但必须辅之以进一步的证据来确定自制力问题对于肥胖与主观幸福感之间的联系的作用。

换句话说，对鼓励尝试恢复自制力的情况进行描述是有可能的。可以预料，那些坚持减肥或有办法减肥的人们在控制其行为方面是比较成功的。举例来说，肥胖女性似乎在薪资和晋升方面受到了限制（参见 Finkelstein，Ruhm，and Kosa 2005 中的参考文献)。她们有强大的动力来控制她们的体重，而且当她们的意志力薄弱导致失败时，她们也最容易受到伤害。与这一观点一致，收入处于前 50%的人们，或肥胖症发病率很低的行业中的人们都报告了肥胖的最大幸福成本（Felton and Graham 2005)。

还有两个相关的源自这些理论的未决问题。第一个是关于有限自制力的本质。人们面临着许多即时边际成本低而边际效益高的机会。面临全部或大部分机会时，问题就出现了：有自制力问题的人们是否做出短视决策，或者说他们是否能控制对自制力的一些挑战，但结果发现很难全部控制。后一个观点与认为自我调节的能力有限这一观念一致。抵抗诱惑可能造成对于即时满足同时要求的调节较差，反之亦然（Muraven，Tice，and Baumeister 1998)。[7]这一机制可能对于理解肥胖与吸烟之间的相互影响有重要作用（Gruber and Frakes 2006)。

第二个密切相关的问题是造成幸福感较低的原因是否是意志力下降而非其结果。经历过自制力问题的人们可能会出现自尊心降低，从而导致主观幸福感降低的情况。相关的经验证据是在一个由 2 000 人组成的普通人群中发现的（Greeno et al. 1998)。除了体重指数较高外，缺乏感知到的饮食控制也与较低的生活满意度有关。对于男人来说，只有缺乏饮食控制与报告的主观幸福感相关。

（四）看电视

理性消费者花费最适合的时间来看电视。这一时间似乎构成了人们的休闲时间中的很大一部分。在许多国家中，人们整体上用来看电视的时间与用于有偿工作的时间一样多（Corneo 2005）。调查发现，在欧洲，希腊的电视迷[8]最多。有高达36.8%的人（年龄在15岁及以上）称他们每天看电视的时间是3个小时或更多。而在排名的另一端，瑞士人口中只有8.4%的人是电视迷（参见图7—2）。我们观察到，与理性选择观点相反，有的人看同等时间的电视是因为他们很难关掉电视。如果事后询问他们，或事前询问部分人，他们都表示宁愿少看点电视。这两种观点导致了对20世纪90年代有线电视大幅增加的系统性不同的评价。标准经济模型预测，看电视越多，个人幸福感就越高。相反，一个考虑了自制力问题的个人模型预测，看电视越多，越不幸福。

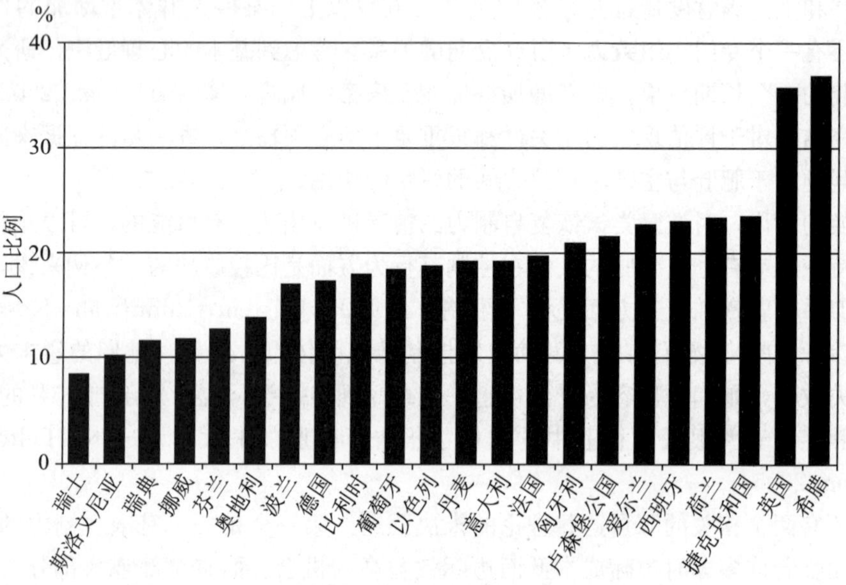

图7—2 欧洲各国电视迷的比例；15岁及以上平常每个工作日看电视超过3小时的人口比例

资料来源：Frey，Benesch，and Stutzer（2005），基于第一波欧洲社会调查（2002—2003年）。

电视会导致过度消费的原因主要是这项活动涉及的即时效益和可忽略不计的即时边际成本。人们只需要按下按钮。与去电影院、剧院，或参加其他户外活动相比，无须在出门前适当地打扮，也无须买票或提前订座位。看电视不需要任何特殊身体或认知能力（Kubey and Csikszentmihalyi 1990，173）。不同于其他休闲活动，看电视不需要与其他人配合，可以独自坐在电视机前，而其他休闲活动，例如网球或高尔夫，都需要一个有相同时间和偏好的搭档。因此，相较其他休闲活动，看电视的门槛非常低或根本没有。同时，它也具有娱乐价值，被视为减压的最佳方式之一。此外，看电视的即时边际成本甚至更低，而且有遥控器就可以进行超短期优化（跳过广告节目）。这种消费行为产生的成本并非立即出现，或根本未被预测到。举例来说，睡眠不足的负效应第二天就会出现，而在社会交往、教育、工作中投入不足的影响则需要更长的时间才会出现。由于电视屏幕上出现过多的展示和强调富有、出名或美丽的东西而导致一个人物质欲望增加，而这一点可能根本就不能被预见到。消费品的这些特性使许多人成为了过多看电视的牺牲品。[9]

本章中，从消费者效用方面论述了自制力问题对于看电视的作用。假设对于面对类似限制的人们来说，痴迷于看电视表明自制力受阻，而不是对电视的喜爱。因此，过度的电视消费有可能导致效用低。此外，与前文中对吸烟的论证类似，看电视代价的增加有可能会提高有自制力问题的看电视者的幸福感。

但对于大部分消费者来说，多看一小时电视的代价是零。因此利用格鲁伯和穆拉伊特丹（2005）提出的方法来检验理性消费者假设（至少只要按观看次数付费并不普遍）并不容易。有一个有趣的备用方案可能是没有电视。虽然很明显这并不是最佳的，但可以与无限制消费相比较。电视的出现将代表着一个有可能进行比较的情况。但在大多数国家中，这一技术革新在20世纪普及太早，以至于不能与报告的主观幸福感数据匹配。

但有一些关于看电视的自然试验对于电视对与个人幸福感密切相关的因素的影响提供了深刻见解。加拿大有一个城市由于地处陡峭峡谷中，直到1973年才收到电视信号。在其他方面，它与附近作为对照组的两个城市都是类似的。威廉姆斯（Williams 1986）进行的一项研究表明，电视的出现挤出了其他活动，尤其是那些户外活动，例如参加体育活动或去俱乐部。它还降低了儿童的阅读能力和创造性思维，“培养”出了更多攻击行为和对性别角色的老套思想。电视还降低了成年人解决问题的能力。亨尼根等（Hennigan et al. 1982）进行的另一项研究，则根据一项自然实验，审视了电视在美国的出现，由于技术原因，电视在不同的地方出现的时间也不同。轻度犯罪而不是暴力犯罪有所增加。观察同一时期，根茨科（Gentzkow 2006）发现电视的出现导致了投票人数的减少。

因此到目前为止，我们仅限于在控制许多个体特征不变的前提下研究电视迷的主观幸福感。2002和2003年对22个欧洲国家进行的一场大型看电视和生活满意度研究（Frey，Benesch，and Stutzer 2007）也效仿了这一方式。研究发现，在其他条件都相同的情况下，人们看电视的时间越长，他们对生活的满意度就越低。计量经济学分析与以下假设得出的结果一致：电视迷的效用下降很多，原因是他们无法完全控制自己的电视消费——他们电视看得太多了，甚至在他们自己看来也是如此。

时间分配不当的成本源自哪里？目前有错过的备选答案，如进行更刺激的活动或交际。举例来说，研究发现，看电视多的人与家人和朋友在一起的时间较少，而且通常在关系产品上投资较少（Bruni and Stanca 2007），存在额外的未来成本。人们可能会因为睡眠不足而在第二天早晨觉得很累。从长远来看，人们可能改变其对于世界和幸福来源的信念。尤其是健康、富有、美丽的人在电视上被曝光后，有可能会增加人们对其身体以及消费标准的期望。学者们对于看电视与唯物主义之间的关系（如 Kasser 2002）以及看电视与财政满意度之间的关系（Bruni and Stanca 2006；Layard 2005）都进行了实质研究。多数研究都发现大量的电视消费与造成较低主观幸福感的那些结果之间存在着正相关关系。在前面提到的对 22 个欧洲国家进行的研究中（Frey, Benesch, and Stutzer 2007），电视消费与生活满意度之间相互关系的一半都可以被归咎于电视迷有较低的财务满意度，他们更重视变得富有、感觉不太安全、不太相信其他人，而且认为自己比同事们参与的社会活动少。[10]由于这些成本并不是立即出现的，有时间不一致偏好的个人不能坚持其计划好的看电视时间，或者检讨过去时，他们会考虑怎样做对自己来说是最好的。当人们错误预测未来成本时，这一倾向就会加重，因为他们低估了社交的效用，并忽视了由于电视消费而导致的偏好改变。

三、对效用的错误预测或对选项的高估

标准经济学认为，人们可以成功预测未来效用，至少，可以期望不会有系统偏差。如果有，个人将通过长期学习来改正。西托夫斯基（Scitovsky 1976）批评这个观点是“不科学的”，因为“作为一种逻辑上的不可能性它似乎消除了人们选择得到什么与什么将令他最满意之间的任何冲突”(4)。在许多细致的实验和调查中，心理学家研究了人们成功预测其即将体验的效用（评论参见 Loewenstein and Schkade 1999；Wilson and Gilbert 2003）。尽管他们发现，人们会精确地预测一种情绪体验首先是否会触发好的或坏的情绪，但人们一般支持有关幸福决定因素的不正确的直觉理论。举例来说，他们过高地估计了特定生活事件在强度和时长上对于其体验幸福的影响。

消费者决策的标准经济学模型可能适合于多数商品和活动以及大多数情况。此外也适合于个人发生随机预测误差时。但也有一些情况下，人们不得不在不同的活动、商品或选项中做一个权衡和决定，而这些就其可被正确预测的未来效用而言具有系统性的差异。有些选择或选项的属性在决策时比其他的更突出，因此就被相对过高地估计了。如果人们根据这一评估来选择选项，他们的经验效用就低于其期望值，也低于不错误预测自己的效用时能体验到的效用。此外，他们还消费具有不同属性的不同商品，并进行不同的活动，而不是处在选择较为集中，没有任何选项会具有特殊突出性的情况下。

（一）为什么有些选项被高估？

我们来看造成对选择选项的系统性高估和低估的 4 个主要原因。对于这 4 个原因，我们预测出了人们在决策时往往会过分重视或过于轻视的实际商品和活动。

1. 适应性被低估

情感预测研究表明，人们过高估计他们对特殊事件的反应，因为他们被包围在了自己还不知道的其他日常生活事件中。举例来说，看见一个人喜欢的足球队赢球与这个环境下发生的其他事件同时被经历。情感预测错误的另一个例子是，人们过低估计了他们成功处理负面事件的能力。年轻的大学教师可能特别担心做出减少任期决策后的生活。吉尔伯特等（Gilbert et al. 1998）要求助理教授预测在做出增加和减少任期决策后他们会感觉怎么样。将得到的答案与受5年或不足5年以前做出的任期决策影响的大学教师报告的主观幸福感相比较。虽然助教预测，在被拒绝后的前5年中他们会觉得不幸福，但那些获得和未获得任期的人之间并没有统计学上的显著差异。同样，助教也过高估计了获得任期对其主观幸福感的正面影响。由此得出的一般性观点是，人们对情绪的强度和时长的预期常有偏差，从这种意义上来说，情绪影响通常要比预测的低，因为人们的适应性比他们预见的要强。因此，从适应性被忽视的意义上来说，选项是被高估的。发生完全适应时对机会的高估达到最大值，但适应却被忽视了。相反，如果没有适应或适应未被完全预见，那么高估就达到最小值或零。由于人们存在忽视适应性的倾向，所以一般来说，错误预测对于提供刺激形成选项来说达到最大值，当反复经历时，刺激逐渐消失。但有大量证据证实适应性的存在（调查参见 Frederick and Loewenstein 1999），却没有对人们能够在多大程度上适应不同刺激以及能够在多大程度上预见刺激形成系统认识。然而，新兴图景却表明，适应性很有可能被低估，因为商品和选项是服务于外部物质需要而非满足内部和社会需求的。

2. 对过去体验的扭曲记忆

当个人在缺乏当前经历有关信息的情况下对未来消费或时间分配做出决策时，不得不借助于各自过去的体验。人们会思考过去的特定时刻或回忆特殊情况下对可能情绪的概括（讨论参见 Robinson and Clore 2002）。现有的特定信息在人们的判断中有优先权。因此，体验中那些更难忘的时刻不成比例地影响了对情感的回顾评价（Kahneman 1999）。“更难忘”常常是指情感事件中最强烈的时刻（峰）和最近的时刻（终）。这一峰终定律，或称时长忽视，已经在许多实验中得到了证实（Kahneman 2003）。因此，假如人们将其判断建立在回顾的基础上就有可能做出系统性的错误预测。相对于提供温和但长久正面感受的长期体验的那些商品和活动而言，与短期体验相关的商品和活动（尤其是情感巅峰）是被高估的。

3. 决策的合理化

个人有强烈的冲动来向自己和其他人证明自己的决策（决策前合理化，参见 Shafir, Simonson, and Tversky 1993）。例如，不仅预测消费效用影响购买某物的决策，还预测人们是否认为他们买得便宜（Thaler 1999）。决策时总体趋向于抵制情感影响而考虑理性属性。海斯等（Hsee et al. 2003）称这种基于原因的选择为“世俗理性主义”。举例来说，实验中他们发现，人们将其决策的重点放在绝对经济得益上，贬低非经济因素。其他实验发现，人们注重事件容易说明的方面而忽视那些决策阶段被要求给出理由时对于体验很重要的方面（如 Wilson and Schooler 1991）。同样，人们似乎将其选择建立在规则和原则的基础上，而回避对基于其选择的实验结果进行预测（如 Prelec and Herrnstein 1991）。然而，这些论证也暗示了人们并未最佳地考虑不同选项的各种属性，以便使效用最大化。总而言之，相对于缺少简便理由的选项来说，容易提供理性证明的选项被高估了。

4. 关于未来效用原因的直觉理论

到目前为止，适应性、可记忆性和合理性方面的错误预测原因将对一些商品相对于其他商品的系统性高估与这些商品的特性联系在了一起。此外，还有一个直接以人们的信念为基础的错误预测原因。对于什么使他们幸福，人们有着截然不同的直觉理论（讨论参见 Loewenstein and Schkade 1999）。这些信念对于人们预测未来效用有直接影响，而且能够使他们相对于其他选项对某些选项进行过高估计。此外，这些信念之所以起作用也是因为它们形成了对过去情感的重建，并使其与目前的自我概念或信念一致（Ross 1989）。因此，直觉理论与上述 3 个错误预测的原因是相互影响的。预测效用时，直觉理论可以强调商品本质方面的偏差。但也可以抵制人们相对于其他商品对某些商品过高估计的倾向。因此，错误预测的第 4 个原因是研究得最少的。

还有一个重要信念涉及幸福之路上以获得和占有为中心目标，换言之，物质主义（例如，经济学讨论参见 Tatzel 2002）。学者们已经对追求这种信念的人们事实上是否被正确地引导，而且拥有比追随其他信念的人高的幸福感进行了实证研究。研究发现，具有物质生活目标的人们比没有物质生活目标的人们报告的自尊和生活满意度低（例如，Sirgy 1998；Kasser 2002）。这一关联可能部分是由于混淆了未观察到的个性品质，以及由于主观幸福感低的人们的代偿反应而产生的相反的因果关系。但也可能表明了物质主义中相信直觉的人们很易于错误预测未来效用。

根据影响人们决策时对选项的评价的 4 个因素，可以得出两点：

1. 在决策时，相对于缺少突出特性的商品和活动，个人过多消费了属性被高估的商品和活动。

2. 由于效用错误预测导致的分配上的系统扭曲降低了个人基于其自身最佳利益的经验效用。

（二）相关现象

人们面对某些权衡时会系统性地错误预测效用，这种假设与已确认类似现象的各种文献有关。

低估对新情况的适应性的观点已经被路文斯汀、奥多诺霍和拉宾（2003）巧妙地引入了跨期决策理论模型中。依据他们的投射偏差模型，各种现象都可以被模仿，例如对耐用品的误导购买。因此，效用错误预测提供了一种针对通常在自制力问题框架中解决的看似不合理的节约行为的替代方案。

有人认为，如今，个人的生活工作平衡被扭曲了。人们被诱导工作太多，而忽视了生活的其他方面。这一主张是向美国强烈提出的，在美国，个人被认为“工作过度”（Schor 1991）。这与效用错误预测一致，由此有人认为，相对于休闲，人们过高估计了收入的效用。

地位竞争涉及负外部性，因此为获得地位和“地位性商品”付出了太多努力（Frank 1985，1999）。如果消费效用被高估，效用错误预测就会加剧消费中地位竞争的扭曲。

也许效用错误预测也能解释人们在法庭上的行为。经验表明（Tyler，Huo，and Lind 1999），面临决策时，人们往往偏向承诺有利结果的制度，但事后他们又表示他们本应该偏向更注重（公平）程序的制度。这一发现表明，相对于过程效用，人们倾向于高估结果。过程效用是源自过程本身而非其结果的满意度（参见Frey，Benz，and Stutzer 2004 进行的调查）。

经济学中有一个悠久传统，即认为个人倾向于把重点过多地放在物质商品上，而忽视提供非物质收益的商品（Lane 1991；Lebergott 1993）。最重要的是，西托夫斯基（1976）宣称“舒适商品”相对于提供“刺激”的商品被过多消费。前者被描述为防守行为，提供对负面情绪的保护，包括通过快速的生产率增长而实现的生活消费品。相比之下，刺激源于新奇、意外、多样和复杂的创造性活动。这些观点强调愉快经验的更新。依据西托夫斯基的观点，相对于舒适商品，刺激商品处于竞争劣势，因为它的获得成本较高，而且消费者对于源自刺激活动的未来利益是短视的。但关于消费中系统错误的争论也适合效用错误预测框架。

（三）实证研究法及其发现

对未来效用的错误预测与宏观现象有关，如过度消费、结果导向（相对于过程因素考虑）以及过度工作。但单单从观察到的行为很难评定效用的错误预测是否与这些现象有关。那么，我们该如何判断驾驶一辆大车的成本是否是由于对驾车乐趣的高估呢，虽然这辆车甚至不适合停在大部分停车场？

我建议对报告的主观幸福感数据进行研究以便更好地理解消费者的行为和决策困难。到目前为止，对人们错误预测效用的实证研究是非常零散的。但有证据表明情感预测中存在错误，我们并不了解对高估和低估某些商品和活动时是否存在系统差异的任何评估。我们只是简单地描述部分研究设计并报告一些得出初步见解的结果。

首先，情感预测研究中详细记录了人们预测情感强度和时长的困难（参见例如Loewenstein and Adler 1995；Wilson and Gilbert 2003）。标准研究设计是关于自我报告情感的预期纵向研究。它向人们提出了这样的问题：在某些事情发生后，或做出某种选择后，他们预期自己会有多幸福。然后将这些预测与实际体验了新情况后报告的主观幸福感相比较。对这种设计有一些限制。(1) 通常只对近期变化的预测进行评价。(2) 解读测量刻度的方法可以随时间改变,例如,由于到期时间或支撑点的改变。(3) 预测也可能影响实际感受或成为自我实现的预言。这其中有些问题可以通过对实验对象进行研究来消除,实验中可以将一个群体的预测与不同群体的实际报告进行对比(参见例如 Gilbert et al. 1998)。

其次,第二个方法以个人福利函数为基础,这是由范·普拉格(1968)提出的一个概念。通过要求个人给多种口述收入水平添加收入区间来确定收入与福利之间的主要关系。[11]回答该"收入评估问题"时,回答者应考虑到自己家庭和工作的情况。将从"极好"到"极差"之间的 9 种口头描述以 0 和 1 为区间尺度进行分组。有界区间表明,个人福利函数衡量只是个人感知到的相对福利。每个人通过与最差的可能位置和完全饱和的位置进行比较来评估自己的收入。因此,口头要求的转化产生了每位回答者的点序列 $(y_i, U(y_i))$,其中 y_i 是收入水平,$U(y_i)$ 是在 [0, 1] 区间内的数。可以表明(van Praag 1968),个人对收入 $U(y)$ 的评估密切对应对数正态分布函数。

$$U(y)=\int_0^y \frac{1}{\sigma\sqrt{2\pi}}\cdot\frac{1}{t}\exp\left[-\frac{1}{2}\left(\frac{\ln(t)-\mu}{\sigma}\right)^2\right]dt$$
$$\equiv L(y;\mu,\sigma)\equiv N[\ln(y);\mu,\sigma],$$

其中,$L(y;\mu,\sigma)$ 为对数正态分布函数,带有参数 μ 和 σ;$N[\ln(y);\mu,\sigma]$ 为普通正态分布函数,平均数为 μ,方差为 σ^2。

对于每个人来说,参数都可以通过计量方法进行估计。μ 和 σ 的心理学解释如下:指数函数 μ 是对数正态分布的中间值,意味着它确定了对应于估值 0.5 的收入水平。对于一个高的"需要参数" μ,以及指数函数 μ,个人就需要一个高收入来达到福利估值 0.5。σ 代表"福利敏感度",它决定了个人福利函数围绕中间值指数函数 μ 上下浮动的范围。具有高 σ 的个人在 0 和 1 之间对多种收入水平进行不同的估计,因此对于事前收入变化的反应并不敏感。

已经对多个国家的个人福利函数进行了评估,并且得到了良好的结果,尤其荷兰和比利时(参见例如 van Herwaarden, Kapteyn, and van Praag 1977)。一个特别有趣的观点是在需要参数与收入 y 之间建立的联系,$u=\alpha_0+\alpha_1\ln(y)$,它测量了由于收入变化而产生的"偏好漂移"。收入($\alpha_1>0$)的一个正系数表明,对较高收入的事后评估值要小于事前评估值。换言之,和穷人相比,富人把较高收入仅仅看作"够用"。而荷兰和比利时的经验估计值得出了一个正的 α_1。它的量值为 0.55~0.65,这表明,达到较高收入时,对较高收入的事前期望福利增长的一半以上都消失了。这一点可以解释为对未预计到的较高收入标准的适应性。

在对瑞士进行的一项研究中,框架被延伸并联系到了报告的生活满意度(Stutzer 2004)。个人收入评估被用于收入期望的替代。研究发现,如果收入期望也具有相同的较高水平，则特定比例的较高收入水平对生活满意度的正效应就被完全抵消。因此，这是收入与收入期望之间的差异，该差异与个人报告的主观幸福感相关。较高收入的正效应被高估，如前述由范赫瓦亚丁、卡普特恩和范普拉格（van Herwaarden，Kapteyn，and van Praag 1977）进行的研究中所发现的。在其他条件都相同的情况下，收入提高 10%，则被评为充足的收入（作为收入期望的代名词）提高了 4.2%。

再次，为了了解适应性的系统不对称性，可以将收入（或消费）的研究发现与人们做出涉及较高物质生活标准的权衡时常常涉及的商品和活动相比较。已发现，个人在有抑制内在需要满意度的不良经历的情况下并未修订他们的效用评估。尤其是，严重的健康问题，如慢性病、或逐渐加重的疾病，都会降低自主性并导致主观幸福感的持续减少（例如，Easterlin 2005）。通常，鳏夫好多年都在承受命运之苦（例如，Stroebe，Stroebe，and Hansson 1993）。拥有一份工作包括许多方面，要能提供持续不断的体验和满足内在需求，例如拥有工作伙伴、运用专业知识和体验自主性。因此，人们不断发现，失业对人们的主观幸福感具有负面非金钱效应（Clark 2002）。通过对比，具有高度自主性的工作，如自谋职业的人们，具有较高的工作满意度。举例来说，弗雷和本茨（2003）指出，如果以收入或工作时间为对照物，自谋职业者从其工作中获得的效用比受机构雇佣的人们要多。此外，他们还可以利用人们对其工作场所自主性的评估以及对实际工作的满意度来解释这一差异（25）。内在属性还描述了志愿者工作的特征。事实上，研究发现，通常从事志愿工作的人们对他们的生活更满足，即使考虑到相反因果关系的可能性（Meier and Stutzer 2007）。

最后，弗雷和斯塔特勒（2004）提出了一个针对一组个人选择的综合方法，选择均涉及通勤方面的权衡。在一项对人们错误预测效用的验证中，有学者分析了人们的通勤时间长或短的决策。通勤决策一方面涉及工资或住房质量的权衡，另一方面涉及通勤时间的权衡。理性效用最大化者只有在得到补偿时才会通勤。但当人们过高估计来自服务于外部需求的商品的效用时，他们就有可能通勤过多而得到的效用却较低。研究发现，通勤远未得到完全补偿，一般来说，单程通勤一小时的人们需要 40%的额外工资收入才能使其对生活的满意度与其不通勤时的相同。但不同的人之间也有显著差异。对于具有强烈外部生活目标的人来说，对不完全补偿的要求更强烈。

根据以前的研究发现，我们认为，对于许多人来说，当他们不得不权衡物质和非物质或社会商品与活动时，都存在着一种紧张。效用错误预测也很有可能存在于这些选择类别中。当人们做出权衡时，物质因素被更多地关注，而且由于忽视适应性、合理化以及记忆偏差而被过高估计。此外，还产生了行为方面的后果——物质商品被过度消费，至于个人主观幸福感方面，人们比他们没有错误预测效用时的情况要差。

四、结束语

标准新古典主义经济理论认为，个人在他们的消费决策中并未犯任何系统错误，因为他们最知道自身的偏好而且能够做出相应决策。本章要表达的主要信息是，有必要超越这种狭隘的理论。人们应当考虑到通过幸福研究可能实现的方法论进步。这使得我们能够实证检验个人是否犯错误，而不只是假设他们没有，正如偏好理论中提到的。以一种理想的方式利用生活满意度或幸福感作为替代效用的可能性使经济学家能够实证研究决策与满意度之间的差异。我们发现，利用这一方法来研究消费选择的许多领域，以及提炼对于吸烟、饮食、观看电视和通勤的初步发现具有巨大潜力。

要注意，这一分析并不是从慈善社会规划者的角度进行的规范性评估。相反，其重点在于个人根据自己的感知在消费中所犯的错误，就人们自己的效用评估来说，这将人们放在了一个不太有利的位置上。

对于消费中 4 个特定区域已确定和讨论的系统错误没有理由引起政府的立即干预。人们在大部分时间里都很可能完全有能力对多数商品做出令人满意的消费决策。此外，令人怀疑的是，政府是否能够在符合有关人士利益的前提下做出更好的决策（Frey and Stutzer 2006）。虽然如此，我们的研究结果还是提出了这样的问题，通常会出现过度消费的活动是否应由公众资助，税收事实上是否产生了标准公共经济学中声称的无谓损失。补贴方面，这特别适用于公共电视和通勤，在许多国家这都是由政府提供大量补贴的。税收方面，烟草税就是一个很好的例子，因为烟草税不仅可以作为获得金融卫生保健收入的手段，而且还有助于克服自制力问题。但我们认为处理个人在消费中的错误的一个更有效方式是帮助个人做出更合理的决策，以使他们更清楚特殊消费商品和服务的未来效用。在某些情况下，一个“冷却期”可能会有用。在其他情况下，人们可以被告知自制力机制。

注　释

对于 Christine Benesch，Matthias Benz，Andrew Clark，Lorenz Goette，Bart Golsteyn，John Komlos 及 Bernard van Praag 提供的宝贵意见，我们深表感谢。

[1] 我们十分清楚，在一些特定的情况下，标准经济模型排除了某些行为类型，而仅仅对某种行为的观察就否定了标准经济模型。但成功运用这一理论的研究很少。有两个记录这种行为的重要特例是 DellaVigna and Malmendier（2006），他们研究了不同合同条件下的体育馆考勤，还有 Skiba and Tobacman（2005），

他们证明了某些类型的发薪日贷款总是被时间一致的个人拒绝。

[2] 本例中，美国的实际平均烟草税（1999 年美元）是 31.6 美分（Gruber and Mullainathan 2005，5）。

[3] 另一项研究评价了因自制力问题和作为吸烟者而产生的负内部性（Jürges 2004）。每月的补偿额须根据使吸烟者与非吸烟者一样富裕这一条件来得出，估计约为 500 欧元。但该研究并未根据限制吸烟可能性的外部条件的改变而确定吸烟对生活满意度的影响。

[4] 研究已经确定，超重和肥胖与人们以公制单位表示的体重身高比有关，正如体重指数中出现的：BMI ＝ kg/m2. BMI≥30 kg/m2 的成年人被视为肥胖，BMI≥25 kg/m2 被视为超重。

[5] 显性偏好中论证的其他方面强调了对未来结果的个人贴现率的变化作为对肥胖人数增加的解释（例如 Komlos，Smith，and Bogin 2004）。但在他们的实证研究中，Borghans 和 Golsteyn（2006）得出的结论是体重指数不可能因为时间贴现率的增加而增加。

[6] Cutler，Glaeser 和 Shapiro（2003）中明确阐述了自制力问题，由此，自制力问题在消费者福利评估中的相关性被低估，因为它只要求超重的人进行锻炼以平衡他们的能量。因此，观察到的不进行锻炼的现象似乎表明，超重的人并未遭受体重之苦。但计算权衡时却假设人们有进食方面，而非参加体育锻炼方面的自制力问题。

[7] 人们在特定领域自我调节的能力可能不仅仅依赖于他们对其他领域的投入，也依赖于日常工作和家庭生活中对成功完成任务的投入（如果他们有努力的自我调节运用）。探索家庭和工作妇女的需求增长与女性肥胖症之间的关系时可能会采纳这种观点。

[8]“电视迷”指的是花大量时间看电视的人，而不是超重的看电视者（虽然看太多电视需要久坐，而且会让人吃零食，这样就会导致肥胖）。

[9] 有关电视消费，有一些（轶事）证据表明，个人可能有自制力问题：40%的美国成年人和 70%的美国青少年承认他们看电视太多（Kubey and Czikszentmihalyi 2002）。

[10] 而这些相互关系是提示性的，还必须牢记第三种因素也可以产生不同态度下的差别，看电视也一样。

[11] 举例来说，“请设法指出你认为下列每种情况下的适当数量。根据我/我们的情况，我将要求每月的净家庭收入：约________是很差；……约________是很好。请在各空白线处填上答案”（van Praag 1993，367）。

参考文献

Ball, Kylie, David Crawford, and Justin Kenardy. 2004. "Longitudinal Relationships among Overweight, Life Satisfaction, and Aspirations in Young Women." *Obesity Research* 12, no. 6: 1019 – 1030.

Bernheim, Douglas, and Antonio Rangel. 2004. Addiction and Cue-Triggered Decision Processes. *American Economic Review* 94, no. 5: 1558 – 1590.

Bernheim, Douglas, and Antonio Rangel. 2007. "Behavioral Public Economics: Welfare and Policy Analysis with Nonstandard Decision-Makers." Forthcoming in *Behavioral Economics and Its Applications*, ed. Peter A. Diamond and Hannu Vartiainen. Princeton, NJ: Princeton University Press.

Borghans, Lex, and Bart H. H. Golsteyn. 2006. "Time Discounting and the Body Mass Index: Evidence from the Netherlands." *Economics and Human Biology* 4, no. 1: 39 – 61.

Bruni, Luigino, and Luca Stanca. 2006. "Income Aspirations, Television and Happiness: Evidence from the World Values Surveys." *Kyklos* 59, no. 2: 209 – 225.

Bruni, Luigino, and Luca Stanca. 2007. "Watching Alone: Relational Goods, Television and Happiness." Forthcoming in *Journal of Economic Behavior and Organization*.

Clark, Andrew E. 2002. "A Note on Unhappiness and Unemployment Duration." Mimeo., DELTA, Paris.

Corneo, Giacomo. 2005. "Work and Television." *European Journal of Political Economy* 21, no. 1: 99 – 113.

Cutler, David M., Edward L. Glaeser, and Jesse M. Shapiro. 2003. "Why Have Americans Become More Obese?" *Journal of Economic Perspectives* 17, no. 3: 93 – 118.

Della Vigna, Stefano, and Ulrike Malmendier. 2006. "Paying Not to Go to the Gym." *American Economic Review* 96, no. 3: 694 – 719.

Easterlin, Richard A. 2005. "Building a Better Theory of Well-Being." In *Economics and Happiness: Framing the Analysis*, ed. Luigino Bruni and Pier Luigi Porta, 29 – 64. Oxford: Oxford University Press.

Felton, Andrew, and Carol Graham. 2005. "Variance in Obesity across Cohorts and Countries: A Norms-Based Explanation Using Happiness Surveys." Mimeo., The Brookings Institution.

Finkelstein, Eric A., Christopher J. Ruhm, and Katherine M. Kosa. 2005. "Economic Causes and Consequences of Obesity." *Annual Review of Public Health* 26: 239 - 257.

Flegal, Katherine M., Margaret D. Carroll, Cynthia L. Ogden, and Clifford L. Johnson. 2002. "Prevalence and Trends in Obesity amongU. S. Adults, 1999 - 2000." *Journal of the American Medical Association* 288, no. 14: 1723 - 1727.

Frank, Robert. H. 1985. *Choosing the Right Pond: Human Behavior and the Quest for Status*. New York: Oxford University Press.

Frank, Robert H. 1999. *Luxury Fever: Why Money Fails to Satisfy in an Era of Excess*. New York: Free Press.

Frederick, Shane, and George Loewenstein. 1999. "Hedonic Adaptation." In *Well-Being: The Foundation of Hedonic Psychology*, ed. Daniel Kahneman, Ed Diener, and Norbert Schwarz, 302 - 329. New York: Russell Sage Foundation.

Frederick, Shane, George Loewenstein, and Ted O'Donoghue. 2002. "Time Discounting and Time Preference: A Critical Review." *Journal of Economic Literature* 40, no. 2: 351 - 401.

Frey, Bruno S., Christine Benesch, and Alois Stutzer. 2007. "Does Watching TV Make Us Happy?" Forthcoming in the*Journal of Economic Psychology*.

Frey, Bruno S., and Matthias Benz. 2003. "Being Independent Is a Great Thing: Subjective Evaluations of Self-Employment and Hierarchy." IEW Working Paper No. 135, University of Zurich.

Frey, Bruno S., Matthias Benz, and Alois Stutzer. 2004. "Introducing Procedural Utility: Not Only What, but Also How Matters." *Journal of Institutional and Theoretical Economics* 160, no. 3: 377 - 401.

Frey, Bruno S., and Alois Stutzer. 2002a. *Happiness and Economics: How the Economy and Institutions Affect Well-Being*. Princeton, NJ: Princeton University Press.

Frey, Bruno S., and Alois Stutzer. 2002b. "What Can Economists Learn from Happiness Research?" *Journal of Economic Literature* 40, no. 2: 402 - 435.

Frey, Bruno S., and Alois Stutzer. 2004. "Economic Consequences of Mispredicting Utility." Institute for Empirical Research in Economics Working Paper No. 218, University of Zurich.

Frey, Bruno S., and Alois Stutzer. 2006. "Mispredicting Utility and the Political Process." In *Behavioral Public Finance*, ed. Edward J. McCaffery and Joel Slemrod, 113 - 140. New York: Russell Sage Foundation.

Gentzkow, Matthew. 2006. "Television and Voter Turnout." *Quarterly Jour-*

nal of Economics 121, no. 3: 931 - 972.

Gilbert, Daniel T., Elizabeth C. Pinel, Timothy D. Wilson, Stephen J. Blumberg, and Thalia P. Wheatley. 1998. "Immune Neglect: A Source of Durability Bias in Affective Forecasting." *Journal of Personality and Social Psychology* 75, no. 3: 617 - 638.

Greeno, Catherine G., Christine Jackson, Elizabeth L. Wiliams, and Stephen P. Fortmann. 1998. "The Effect of Perceived Control over Eating on the Life Satisfaction of Women and Men: Results from a Community Sample." *International Journal of Eating Disorders* 24, no. 4: 415 - 419.

Gruber, Jonathan H., and Michael Frakes. 2006. "Does Falling Smoking Lead to Rising Obesity?" *Journal of Health Economics* 25, no. 2: 183 - 197.

Gruber, Jonathan H., and Botond Koszegi. 2001. "Is Addiction 'Rational?' Theory and Evidence." *Quarterly Journal of Economics* 116, no. 4: 1261 - 1303.

Gruber, Jonathan H., and Sendhil Mullainathan. 2005. "Do Cigarette Taxes Make Smokers Happier." *Advances in Economic Analysis and Policy* 5, no. 1: 1 - 43.

Hennigan, Karen M., Linda Heath, J. D. Wharton, M. L. Delrosario, T. D. Cook, and B. J. Calder. 1982. "Impact of the Introduction of Television on Crime in the United States: Empirical Findings and Theoretical Implications." *Journal of Personality and Social Psychology* 42, no. 3: 461 - 477.

Hsee, Christopher K., Xiao Zhang, Fang Yu, and Yiheng H. Xi. 2003. "Lay Rationalism and Inconsistency between Predicted Experience and Decision." *Journal of Behavioral Decision Making* 16, no. 4: 257 - 272.

Jürges, Hendrik. 2004. "The Welfare Costs of Addiction." *Schmollers Jahrbuch* 124, no. 3: 327 - 353.

Kahneman, Daniel. 1999. "Objective Happiness." In *Well Being: The Foundations of Hedonic Psychology*, ed. Daniel Kahneman, Ed Diener, and Norbert Schwarz, 3 - 25. New York: Russell Sage Foundation.

Kahneman, Daniel. 2003. "Experienced Utility and Objective Happiness: A Moment Based Approach." In *The Psychology of Economic Decisions*, vol. 1, ed. Isabelle Brocas and Juan D. Carillo, 187 - 208. Oxford: Oxford University Press.

Kahneman, Daniel, Ed Diener, and Norbert Schwarz, eds. 1999. *Well -Being: The Foundations of Hedonic Psychology*. New York: Russell Sage Foundation.

Kahneman, Daniel, Jack L. Knetsch, and Richard H. Thaler. 1991. "The Endowment Effect, Loss Aversion, and Status Quo Bias: Anomalies." *Journal of Economic Perspectives* 5, no. 1: 193 - 206.

Kahneman, Daniel, Peter P. Wakker, and Rakesh Sarin. 1997. "Back to Bentham? Explorations of Experienced Utility." *Quarterly Journal of Economics* 112, no. 2: 375 - 405.

Kasser, Tim. 2002. *The High Price of Materialism*. Cambridge, MA: MIT Press.

Komlos, John, Patricia K. Smith, and Barry Bogin. 2004. "Obesity and the Rate of Time Preference: Is There a Connection?" *Journal of Biosocial Science* 36, no. 2: 209 - 219.

Korkeila, M., J. Kaprio, A. Rissanen, M. Koskenvuo, and T. I. A. Sorensen. 1998. "Predictors of Major Weight Gain in Adult Finns: Stress, Life Satisfaction and Personality Traits." *International Journal of Obesity* 22, no. 10: 949 - 957.

Kubey, Robert, and Mihaly Csikszentmihalyi. 1990. *Television and the Quality of Life: How Viewing Shapes Everyday Experience*. Hillsdale, NJ: Lawrence Erlbaum Associates.

Kubey, Robert, and Mihaly Czikszentmihalyi. 2002. "Television Addiction Is No Mere Metaphor." *Scientific American* 286, no. 2: 74 - 80.

Laibson, David. 1997. "Golden Eggs and Hyperbolic Discounting." *Quarterly Journal of Economics* 112, no. 2: 443 - 477.

Lakdawalla, Darius, and Tomas Philipson 2002. "The Growth of Obesity and Technological Change: A Theoretical and Empirical Examination." Working Paper No. 8946, National Bureau of Economic Research.

Lane, Robert E. 1991. *The Market Experience*. Cambridge: Cambridge University Press.

Layard, Richard. 2005. *Happiness: Lessons from a New Science*. New York: Penguin.

Lebergott, Stanley. 1993. *Pursuing Happiness: American Consumers in the Twentieth Century*. Princeton, NJ: Princeton University Press.

Loewenstein, George, and Daniel Adler. 1995. "A Bias in the Prediction of Tastes." *Economic Journal* 105, no. 431: 929 - 937.

Loewenstein, George, Ted O'Donoghue, and Matthew Rabin. 2003. "Projection Bias in Predicting Future Utility." *Quarterly Journal of Economics* 118, no. 4: 1209 - 1248.

Loewenstein, George, and David A. Schkade. 1999. "Wouldn't It Be Nice? Predicting Future Feelings." In *Well-Being: The Foundation of Hedonic Psychology*, eds. Daniel Kahneman, Ed Diener, and Norbert Schwarz, 85 - 105. New York: Russell Sage Foundation.

McElroy, Susan L., Renu Kotwal, Shishuka Malhotra, Erik B. Nelson, Paul E. Keck, and Charles B. Nemeroff. 2004. "Are Mood Disorders and Obesity Related? A Review for the Mental Health Professional." *Journal of Clinical Psychiatry* 65, no. 5: 634 - 651.

Meier, Stephan, and Alois Stutzer. 2007. "Is Volunteering Rewarding in Itself?" Forthcoming in *Economica*.

Muraven, Mark, Dianne M. Tice, and Roy F. Baumeister. 1998. "Self-Control as Limited Resource: Regulatory Depletion Patterns." *Journal of Personality and Social Psychology* 74, no. 3: 774 - 789.

Needham, Belinda L., and Robert Crosnoe. 2005. "Overweight Status and Depressive Symptoms during Adolescence." *Journal of Adolescent Health* 36, no. 1: 48 - 55.

Organisation for Economic Co-operation and Development (OECD). 2005. *OECD Factbook* 2005: *Economic, Environmental and Social Statistics*. Paris: OECD.

Prelec, Drazen, and Richard J. Hermstein. 1991. "Preferences or Principles: Alternative Guidelines for Choice." In *Strategy and Choice*, ed. Richard J. Zeckhauser, 319 - 341. Cambridge: MIT Press.

Putnam, Judith Jones, and Jane E. Allshouse. 1999. "Food Consumption, Prices, and Expenditures, 1970 - 1997." Economic Research Service, Statistical Bulletin No. 965, U. S. Department of Agriculture.

Roberts, Robert E., William J. Strawbridge, Stephane Deleger, and George A. Kaplan. 2002. "Are the Fat More Jolly?" *Annals of Behavioral Medicine* 24, no. 3: 169 - 180.

Robinson, Michael D., and Gerald L. Clore. 2002. "Belief and Feeling: Evidence for an Accessibility Model of Emotional Self-Report." *Psychological Bulletin* 128, no. 6: 934 - 960.

Ross, Michael. 1989. "Relation of Implicit Theories to the Construction of Personal Histories." *Psychological Review* 96, no. 2: 341 - 357.

Schor, Juliet B. 1991. *The Overworked American: The Unexpected Decline of Leisure*. New York: Basic Books.

Scitovsky, Tibor. 1976. *The Joyless Economy: An Inquiry into Human Satisfaction and Consumer Dissatisfaction*. New York: Oxford University Press.

Shafir, Eldar, Itamar Simonson, and Amos Tversky. 1993. "Reason-Based Choice." *Cognition* 49, nos. 1 - 2: 11 - 36.

Sirgy, M. Joseph. 1998. "Materialism and Quality of Life." *Social Indicators Research* 43, no. 3: 227 - 260.

Skiba, Paige, and Jeremy Tobacman. 2005. "Payday Loans, Consumption Shocks, and Discounting." Mimeo., University of California at Berkeley.

Stroebe, Margaret S., Wolfgang Stroebe, and Robert O. Hansson, eds. 1993. *Handbook of Bereavement: Theory, Research, and Intervention*. Cambridge: Cambridge University Press.

Stutzer, Alois. 2004. "The Role of Income Aspirations in Individual Happiness." *Journal of Economic Behavior and Organization* 54, no. 1: 89 - 109.

Tatzel, Miriam. 2002. "Money Worlds'and Well-Being: An Integration of Money Dispositions, Materialism and Price-Related Behavior." *Journal of Economic Psychology* 23, no. 1: 103 - 126.

Thaler, Richard H. 1999. "Mental Accounting Matters." In *Choices, Values and Frames*, ed. Daniel Kahneman and Amos Tversky, 241 - 268. Cambridge: Cambridge University Press.

Tyler, Tom R., Yuen J. Huo, and Edgar Allan Lind. 1999. "The Two Psychologies of Conflict Resolution: Differing Antecedents of Pre-Experience Choices and Post-Experience Evaluations." *Group Processes and Intergroup Relations* 2, no. 2: 99 - 118.

van Herwaarden, Floor, Arie Kapteyn, and Bernard M. S. van Praag. 1977. "Twelve Thousand Individual Welfare Functions: A Comparison of Six Samples in Belgium and the Netherlands." *European Economic Review* 9, no. 3: 283 - 300.

van Praag, Bernard M. S. 1968. *Individual Welfare Functions and Consumer Behavior: A Theory of Rational Irrationality*. Amsterdam: North-Holland.

van Praag, Bernard M. S. 1993. "The Relativity of the Welfare Concept." In *The Quality of Life*, ed. Martha Nussbaum and Amartya Sen, 362 - 385. New York: Oxford University Press.

Williams, Tannis Macbeth, ed. 1986. *The Impact of Television: A Natural Experiment in Three Communities*. Orlando: Academic Press.

Wilson, Timothy D., and Daniel T. Gilbert. 2003. "Affective Forecasting." In *Advances in Experimental Social Psychology*, vol. 35, ed. M. Zanna, 345 - 411. New York: Elsevier.

Wilson, Timothy D., and Jonathan W. Schooler. 1991. "Thinking Too Much Introspection Can Reduce the Quality of Preferences and Decisions." *Journal of Personality and Social Psychology* 60, no. 2: 181 - 192.

World Health Organization. 2002. *The World Health Report* 2002. Geneva: World Health Organization.

World Health Organization Europe. 2005. "The Challenge of Obesity in the WHO European Region." Fact sheet EURO/13/05.

第五部分

过程效用和决策机制

第8章　过程效用和经济学的相关性

马蒂亚斯·本茨（Matthias Benz）

一、引　言

经济学是以人们注重事物的结果这一视角为基础的。例如，假设这样一种情形：个人作为诉讼当事人参与仲裁过程。在仲裁程序结束时，人们必须选择是接受当庭作出的没有约束力的裁决还是继续进行下一步的正式审判。从经济学的角度，可以明确地预测人们在这种情形下将会做出何种行为：他们会对摆在面前的两种选择进行比较，然后选择其中一个能给他们带来更高的预期货币补偿的结果（例如，Cooter and Ulen 2000，377－381）。但实际上，人们的行为方式似乎却颇为迥异。林德等（1993）对现实中的仲裁过程进行了开创性的研究，研究结果表明对结果的考虑只对人们决定是否接受当庭裁决具有一定的重要性。相反，诉讼当事人似乎把所采用的仲裁程序的公正性看得极其重要。当人们感觉他们是被法院机关以尊敬、公平、信任的方式对待并且在仲裁过程中他们的声音得以充分体现时，他们极有可能接受当庭作出的裁决，而不考虑涉及金额高达800 000美元的货币赔偿结果。

在本章中，我将论述到，上述仲裁案例中所涉及的类似过程效用出现在经济和社会生活中的许多领域，并且因此应当被更加广泛地纳入到经济理论和实证研究中。过程效用的总体概念是指人们不仅关注结果，而且也会重视产生结果的过程和条件。人们往往不仅关心“是什么”，而且关心“如何实现”，换句话说，就是他们重视最终结果以外的实现方式。

与经济学中所采用的标准方法相比，过程效用代表着一种迥然不同的影响人类幸福感和行为方式的方法。但是，有相当多的经验证据表明，人们关注与其自身权利相关的各种过程。我将阐述与经济学有关的八个方面：消费、工作和就业、政治参与、公共产品提供、税收、不平等与再分配、组织和法律。研究发现，在任何方面人们从所采用的制度和过程中得到的直接效用都超过了对物质结果的考虑。

本章是对弗雷、本茨和斯塔特勒（Frey，Benz，and Stutzer 2004）旨在将过程效用的概念引入经济学的早期调查论文的拓展和补充。与早期的研究工作相比，本文更详尽地阐述了过程效用的概念，并论述了该概念与经济学中的其他相关方法，例如结果效用、不平等厌恶（结果公平）或分配动机的不同之处。此外，本章还描述了有关过程效用在经济、政治和社会几个领域中的作用的新证据。第二节从概述过程效用概念的心理学基础开始，并阐明了它与其他经济学方法的不同之处。它还进一步介绍了过程效用的主要来源，即，在社会层面上的各种制度（市场决策机制、等级制度和民主制度）以及从更小的层面来说，社会关系中所应用的公平过程。在第三节中，我将此概念应用于与经济学相关的八个方面，并给出了有关过程效用在这些方面存在的新经验证据。第四节是对本章的总结，它探讨了如何将过程效用的概念有效地融入到传统经济学研究方法中。

二、过程效用的概念

（一）超越结果

当经济学家们运用经济理论去分析具体疑难和问题时，他们通常会假设人类效用仅仅由结果构成，就像在引言中论述的仲裁案例一样。此处将以另外三个例子来证实经济学方法的结果导向性，其中两个例子与制度经济学有关，另一个与组织经济学有关。

首先假设一种情况，一群人（譬如少数群体）被赋予民主投票权。在经济学中，由于投票可以使人们有权让政治进程朝有利于自己的方向发展，通常是假设人们重视该投票权。譬如，少数群体能改变所提供的公共产品的范围或组成，或投票赞成有利于该群体的再分配措施（例如，Mueller 2003，79－84）。虽然这样的结果毫无疑问是重要的，而过程视角却更注重人们可从选举权中获得的直接效用。人们可能会单纯地高度重视民主权利，因为这给予他们一种参与感、认同感和自决感。即使选举权并未从实质上影响政治结果，这种过程效用仍会持续存在。

第二个例子，假设人们可以进行分等级决策。在某一等级制度中工作的人们通常对其工作内容和他们如何开展工作拥有不同程度的自主权。如果此类决策权能带来更好的结果的话——譬如，能有更高的收入，那么经济学家通常假设员工看重这样的决策权（例如，Williamson 1975，39；Aghion and Tirole 1997；Baker，Gibbons，and Murphy 1999）。与此相反，过程效用的概念则认为人们可能会在乎自主权本身。提高自主权可被看做是一个好的决策过程，因为它给人们带来可以自主工作这一直接效用。

第三个例子，设想在经济不景气时公司计划减薪。经济模型预测工人们往往会抵制这种减薪，因为减薪本身就构成了一种坏的结果，或者因为工人们认为与企业相比就结果公平而言是无法接受的（例如，Bewley 1999；Fehr and Götte 2005）。与此相反，过程效用的视角则重视宣布和实施减薪的过程。如果减薪是通过公平的过程实施的，例如，当管理层全面而机敏地解释了减薪的依据时，员工对减薪的反应也许就不那么不情愿了（Greenberg 1990a）。因此，过程因素能产生实质性的结果，因为它们可能有助于避免不必要的裁员和降低经济层面上的失业率。

这三个例子说明了经济学方法的结果导向性。当用经济理论来解决具体的困难和问题时，人类效用往往被还原到对结果的考虑。这可能从某种程度上揭示了经济学中的重要理论基础（例如预期效用理论或者博弈论）一般都是解释人们对货币报酬的选择偏好（Harsanyi 1993）。但在许多方面，这种理论约束是不合理的。总体来说，经济学是一门在确定人们的选择偏好方面故意含糊不清的科学。在20世纪30年代的实证主义运动期间，经济学家放弃了效用能被直接观察到的观点，采纳了效用只能从相关的行为中进行推断的观点。但是，一般而言，人们所重视的可以是任何东西。因此，经济学大力朝着融合各种形式的人类需求和心愿的方向发展。近年来已经引起经济学界关注的一些人类精神动机包括身份（例如，Akerlof and Kranton 2000，2004）、地位（例如，Frank 1985）或尊重、自尊和自豪（例如，Khalil 1996；Köszegi 2002a，2002b）。总体来说，经济学也面向人们享受过程效用的观念敞开了大门。到目前为止，只有很少的经济学学者反对把结果视为效用的唯一来源和行为背后的唯一推动力这一经济学发展趋势。最为值得注意的是，森（Sen 1995，1997）已再三强调经济选择模型应把对结果的偏好与对过程的偏好结合起来（同时参见 Anand 2001；Le Menestrel 2001；Sandbu 2004）。

（二）心理学基础

如前所述，过程效用的总体概念是指人们不仅关心结果，而且重视产生结果的过程和条件。为了将过程效用重新融入经济学，必须对这一概念的心理学基础进行概述。过程效用是以三个构建模块为基础的，这三个模块在一些重要方面偏离了标准经济学，但是在其他社会科学领域的研究中却具有牢固的基础。

第一，过程效用强调效用的幸福内涵。效用从广义上被理解为快乐与痛苦，正面或负面的情绪反应，或生活满意度。[1]这就回到了最初的经济学观点，即认为效用包含了所有为人们所珍视的事物。根据大量的主观幸福或幸福感报告研究，经济学家再次发现，幸福是对人类效用的一种直接衡量，它受社会心理的影响极大（参考 Frey and Stutzer 2002a，2002b；Diener et al. 1999；Oswald 1997 for surveys）。

第二，与第一点密切相关，过程效用以更广阔的视角看待人类效用的决定性因素。它的假设是，人们的生活和行为所依赖的过程和制度，除了产生具有效用的结果以外，其本身也是效用的独立来源。如果所采用的过程是“良好的”，那么人们可以将不利的结果判断为是可以接受的；而如果产生结果的过程是“不好的”，那么有利的结果也可能会给他们带来极少的总体满意度。从这个意义上讲，不能像传统经济学那样，仅仅根据结果而对过程和决策机制进行判断。

第三，过程效用的出现是因为人们具有自我意识。事情的处理方式给人们提供了重要的反馈信息，使其了解必须如何认知自身以及如何被他人认知。此外，不同的过程和决策机制允许人们根据其自我形象在不同的程度上进行生活和活动。通过关注人们的自我意识，过程效用的概念将社会心理学的核心原理重新融入经济学中（参见例如，Baumeister 1998 的调查）。在最近几十年中，心理学家们已经详细了解了人类自己的基本心理需求，在德西和瑞安（Deci and Ryan 2000）的“自决理论”中进行了非常严密的概括。[2]

有三种内在需要被认为是至关重要的，即自主、能力和关系。自主的渴望包括对自身行为的自我组织或者是对事情前因后果的掌控。能力需要是指人们控制环境，验证自己具有胜任能力并能起到有效作用的倾向。关系需要是指希望感受到与他人之间的关爱，以及作为群体成员能在社会群体中受到尊重。不同的过程可以提供能够满足这些内在需要的不同过程产品。重要的是，满足内在心理需求的过程有助于提高个人幸福感，这种幸福感超越了经济学家传统研究的结果。例如，自决理论强调，给个人带来自主权的过程被如此重视，不是因为它们能带来更好的结果，而是因为对个人行动的控制权满足了人类的基本心理需求。

总体来说，这三个构建模块形成了过程效用的概念。一般来说，过程效用能被应用于人类行为受到过程和制度影响和约束的所有情形。根据这一概念的心理学基础，可以衍生出对何时预计过程效用更重要以及何时预计过程效用不那么重要的理论假设。这就使得这个概念经得起验证。总之，过程效用可被定义为人们在制度化的过程中通过生活和活动所获得的幸福——这些制度化过程因为满足了对自主、能力和关系的内在需要而有助于产生积极的自我意识。

（三）过程效用的来源

过程效用有不同的来源。这些来源可分为两大类。

第一类，人们从各种制度中获得的过程效用。在社会层面上，促成决策的最重要的正式制度包括价格体系（市场）、民主制度、等级制度和协商（Dahl and Lindblom 1953）。人们能从这些制度中获得过程效用，因为它们除了影响结果外，还不同程度地满足了人们对自主、能力和关系的内在需要。制度对人们幸福感的直接影响使过程效用成为一个与制度导向的社会科学（例如制度经济学）极其相关的概念。

第二类，过程效用呈现于人与人之间的交往中。人们评价对其的行为不只是根据这些行为的结果，同时也会根据自己所感受到的被对待情况。在有关过程公平或过程正义（可被视为过程效用得到最佳研究的方面）的大量文献著作中，这种形式的过程效用已被广泛地研究（参见例如，Lind and Tyler 1988）。很多研究发现，人们对过程公平的关注程度超过了对结果的关注，尤其是在与公共和私人领域的权威机构打交道时。

当然，这两类过程效用之间经常会发生自然转换。一方面，制度根据人们如何对待其同事、公民和消费者来选择和激励人们。在一种民主体制下，政治家和公共官员对待公民的方式可能与在一种独裁体制下有所不同。另一方面，人们在评价制度、过程或权威部门时，经常会根据所涉及的特定人群被对待的方式来做出判断。在这方面，由制度所产生的过程效用总会在某些程度上被这些制度内产生的社会相互作用所调和。

虽然有时候过程效用的来源很难区分，但并不意味着该概念可以被任意地应用。不管过程效用是来源于各种制度（例如市场机制、民主决策或等级制度等），还是来源于较小范围内的过程差异（例如一个组织、一个政治体制或一个法律框架中的过程差异），所有这些影响渠道都具有一个共同点：人们对过程做出的积极判断是基于它们能满足自决的内在需要。因此，理论上的假设是可行的。

关于较小范围内的过程差异，在有关“过程公平”的文献著作里，对于构成良好过程的要素有着清晰的理解。由于这个层面上的过程往往涉及在组织、公共管理部门或法律环境中如何发挥权威性作用，因此内在需求主要是受到过程所传达的相关信息的影响，例如对公正性的评价、对上级和政府的信任度、人们感受到的被尊重程度和人们的意见表达程度（参见例如，Tyler et al. 1997）。当从较大范围内考虑各种制度（例如民主制度和等级制度）时，可以推导出相似的假设。本节开端所举的例子可以说明这一点。例如，民主权利将会产生正面的过程效用，因为民主权利提高了人们的自决感。与此相反，等级决策则有可能导致过程负效用，因为它干扰了人们的自决。关于这方面的实证结果将在第三节给出。

(四) 与其他经济学方法的区别

到目前为止，虽然过程效用还未被严格纳入经济学中，但现存的一些相关方法已经受到经济专业人士的关注。在本小节中，我将论述过程效用的观点如何将其自身与这些现存经济学方法区别开来。除了已经讨论过的与传统结果效用的区别外，还有三点似乎是最重要的：赌博偏好、不平等厌恶（结果公平）和目的。

首先，“过程效用”这个术语有时会在关于赌博偏好的经济文献著作中使用。早期，帕斯卡（Pascal 1670）认为从赌博中获得效用是一种有趣的现象；后来，马尔沙克（Marschak 1950）、冯纽曼和摩根斯坦（Von Neumann and Morgenstern 1944）的研究表明，它与预期效用最大化是不相符合的。近年来，勒曼尼斯特尔（Le Menestrel 2001）建立了风险和不确定性条件下合理决策的模型原理，它包含了过程和结果，明确地使用了“过程效用”术语来描述人们从各种行为（例如赌博）中获得的效用。尽管赌博确实可能涉及过程的各个方面，然而这与本文提到的过程效用概念有非常大的区别。赌博（在非病态形式下）也可以称得上是一种无形的消费，这一点采用标准经济学方法可以很容易地理解。与本文提出的过程效用概念的主要区别是，该种赌博和其他形式的无形消费一样，通常都不涉及一种“过程影响明显的”环境。过程效用的概念强调应当采用对比的观点来分析不同的过程和制度如何满足人们自决的内在需求。如果过程和制度实现了这一作用，它们就会超越最终结果，产生过程效用并影响人类的幸福感。

其次，近年来经济学家们已经充分关注将结果公平性纳入个体效用函数中（例如，Bolton and Ockenfels 2000；Fehr and Schmidt 1999；Konow 2003）。这些理论与过程效用概念的共同之处就是均详尽地考虑了人类效用是由哪些因素构成的。尽管如此，它们还是有很大的差异。一方面，不平等厌恶模型依然是以传统经济学中的结果导向观点为基础建立的，而过程效用强调的是过程和制度对人类效用的影响超过了结果本身和结果公平性所带来的影响。在有关过程公正的文献著作中，这个差异已经被详细地研究，并且很多研究结果屡屡显示人们对过程公平的重视程度超过了对个人结果和分配公平的重视（例如，Lind and Tyler 1988；Tyler and Blader 2000）。另一方面，过程效用的概念采用了不平等厌恶文献里所缺少的比较制度观点。例如，按照结果公平的观点，不论一种特定的收入分配制度是在民主政权下还是在独裁政权下制定的，同一个国家的人们的幸福感应当是没有差异的。而过程效用的观点则认为人们对这两种情况的评价结果可能颇有不同，因为他们重视跟自身权利有关的体制（关于这点请参考 Sen 1995 和本章中所论述的证据）。

再次，在经济学中，与过程效用最密切相关的观念就是人们的目的关乎人类的幸福和行为。目的理论认为，人们在乎在社会交往中如何被别人对待，而不考虑货币报酬或其他分配内容。一些经济学文献已经把与目的具有广泛关联的几个方面进行了辨认和实验论证，比如互惠（例如，Falk，Fehr，and Fischbacher 2003；Falk and Fischbacher 2000；Rabin 1993）、背叛厌恶（Bohnet and Zeckhauser 2004）、过程依赖偏好（Sandbu2004）和过程公平，它们与分配公平形成了明显的对比（Bolton，Brandts，and Ockenfels 2005）。尽管有相似之处，但目的与过程效用的概念仍然存在着本质的差异。一方面，目的主要是与大量的有关过程公平的文献密切相关，但就心理学的内涵而言，有关过程公平的研究已经掌握了有关现实生活中目的的实际构成元素的更详细内容（参考例如 Lind and Tyler 1988 的调查）。迄今为止，经济学实验所采用的都是较为狭隘的目的观点，它们通常表明，如果分配结果是通过随机机制产生的而不是由另一人刻意选择而导致，则即使这一分配结果不好，人们也更易于接受。另一方面，过程效用的概念已远远超出了单纯过程公平方面的范围。更重要的是，过程效用强调在社会层面上的各种制度（例如市场、民主制度或等级制度）对人类幸福感的影响已经超过了其结果。因此，过程效用的概念采用了比较制度法，也涵盖了形成社会组织的基本决策机制。

总之，过程效用是一个与传统经济学中所研究的结果效用截然不同的概念。它以心理学文献里的充分研究为基础；产生于与经济分析极为相关的各种来源，例如社会层面上的制度和更小层面上的社会人际关系中的公平过程。并且，它明显不同于现有经济学文献中已经有所关注的一些相关方法，例如赌博偏好、结果公平和目的。

三、过程效用的相关性：经验证据

过程效用是否是一种有效的效用类别最终取决于其实证相关性。在本节，我将从广泛的领域探讨经验证据，它们已经表明过程效用确实是重要的。以下八大领域似乎与经济学尤为相关：消费、工作和就业、政治参与、公共产品供给、税收、不平等与再分配、组织和法律。

（一）消费

消费领域可能是人们认为不会存在过程效用的一个领域：消费通常发生在完善的市场机制中，交易活动所关注的是物质性的结果。不过人们发现，过程效用对消费者决策起到了一定作用。弗雷和帕莫瑞恩（Frey and Pommerehne 1993）在一项对卡尼曼、尼奇和泰勒（Kahneman，Knetsch，and Thaler 1986）的著名调研课题所进行的扩展研究中，分析了在过度需求情况下消费者对不同分配机制的不同反应。他们特别调查了消费者如何评价不同的体系机制，例如，在炎热的天气里，如何将有限数量的水壶分配给山顶上的徒步旅行者。73%的受访者认为采用水壶涨价的方式来应对不足是不公平的，因此他们将正常的市场机制运作看做是不可接受的。相比之下，其他的决策机制结果好一些。极少的人（24%）认为按照“传统方法”（先到先得）进行分配也是不公平的，而与此类似，通过行政程序（由地方当局）进行分配也被57%的人认为是不公平的。只有一种随机分配方式比起价格机制来还要糟糕，仅有不到14%的受访者认为这种机制看上去可以接受。这项研究因此表明，消费者对分配的总体评价不只是依赖于结果。特别是，市场配给机制受到反对，尽管基本经济学观点认为它会导致最有效的结果。过程似乎对消费者效用起着一种独立的作用，尽管人们还不是十分明白为什么比起价格机制来，其他替代性的分配机制可以更好地满足消费者的内在心理需求。

在一个较低的制度层面，可以发现人们对其作为消费者所感受到的被对待方式的关注要超过对结果的考虑。比如，在一项由泰伦和恩格尔曼（Tyran and Engelmann 2005）所进行的有关消费者抵制的实验研究中，发现人们经常会对涨价采取抵制行动，尽管这并未能压低价格，对消费者也无利可图。无论集体行动是否获胜（成功的抵制是一种公共产品），人们还是会这么做。相反，实验研究结果表明，消费者进行抵制是为了对卖方明显“不公平”的涨价的惩罚。当人们察觉到别人的行为是种剥削时，他们会受到消极情绪的影响，主要是因为这种行为轻视了他们的消费者身份，本来他们被假定为是与生产者地位平等的。如果消费者关心这些过程方面，就可以给供应商的利润最大化形成一种制约，从而影响市场平衡甚至宏观经济变量（参见，例如，Rotemberg 2005）。

除此之外，消费者在购买一件商品时还可能会关注价格和质量以外的东西。凯萨尔（Kysar 2004）认为，消费者常常对商品的制造方式有偏好，特别是生产过程是否符合基本的环境标准或劳动法规。举例来说，面对完全一样的鞋子，人们可能更愿意购买生产过程方面尊重工人权利的工厂所出产的。如果通过购买商品，消费者不仅能满足物质需求，而且还觉得维护了自己明智消费者的个人形象，这就为强制性向消费者提供有关商品生产工艺的信息提供了理由。可靠的有关产品生产过程的信息有助于消费者按照他们的过程喜好去购买，而所导致的“政治性”消费选择甚至可以代替政治过程中所制定的统一规定。

总的来说，有关消费选择最有意思的问题是，作为资本主义经济的基本制度，市场机制是否是过程效用的一个来源。弗雷和帕莫瑞恩（1993）提供的证据显示，在过量需求的情形下，市场价格的应用常常遭到所涉及的个体的强烈反对。但这并不意味着在更为普遍的情形下市场不会被人们视为在过程方面有吸引力的制度。有趣的是，相关争论已经出现在了心理学文献里，而经济学家们却未作讨论，他们通常还是在以效率为由来捍卫市场。社会心理学的一个悠久的传统认为，选择的自由是市场决策的根本特征，它满足了人类的一个重要的基本心理需要（例如，Brehm 1966；deCharms 1968；Heider 1958；White 1959）。实证研究已经反复表明，如果人们可以有多种选择，而不是被迫接受外部强加的某种选择，则他们能够获得更高的幸福感（不论客观结果如何，参见，例如，Brehm 1966；Botti 2002；Cordova and Lepper 1996；Langer and Rodin 1976；Schulz and Hanusa 1978；Zuckerman et al. 1978)。结果就是，心理学文献已经广泛达成了一种共识，即人们看重选择的自由性，因为这能让他们满足天生的自主、自控和自决的心理需求（关于相反观点，参见，例如，Loewenstein 2000；Iyengar and Lepper 2000；Schwartz 2000)。因此，不可像典型的经济学一样，仅仅将市场机制作为一种提升结果效率的机制来捍卫，也可以将其看做是一个过程效用的来源，因为它给人们提供了自决的可能性。

（二）工作和就业

当个人作为收入获得者时，他们往往面临着等级制度体系。等级制度意味着生产和就业被整合到了一个组织中，决策的特征是一定程度的权威。等级制度可以被认为是最基本的制度，通过这种等级制度来进行社会中与工作组织和生产相关的决策，因此它成为了经济的一个本质和普遍特征。

那么等级制度是否涉及过程效用方面呢？第二节中所讨论的理论观点引出了一个明确的观点：比起受制于等级化的决策，人们更喜欢独立性。等级构成了过程负效用，因为它妨碍了人们自决的内在需求：自主性和能力体验通常受限于等级制度，却与独立性紧密关联。

弗雷和本茨（2007）针对人们是否能从独立性或等级制度中获得过程效用进行了一个实证性实验。他们利用了一种观点——收入在原则上大致来自于两种方式：等级制度（作为雇员）和独立性（作为自由职业者）。以来自英国、德国和瑞士的个体面板数据为基础，他们发现自由职业者的确比雇员更能从工作中享受到效用（以工作满意度作为考量），尽管诸如工资水平、工作时间和许多其他因素都受到限制。此外，本茨和弗雷（2003）通过研究由世界不同区域23个国家组成的样本得出，自由职业者较高的工作满意度完全直接来自于高度的自主性，而不是其他的与结果相关的因素。自由职业者看上去很喜欢作为市场中独立的角色，享受不受制于等级制度的感觉，这纯粹是由于过程方面的原因，因为自主性和独立性被看做是一个良好决策过程的特征。

有一种假说是雇员受制于等级制度的程度越高（别无其他情形），满意度就越低，针对这种假说也有证据。弗雷和本茨（2003）的研究表明，在英国、德国和瑞士，在大公司工作的人们的工作满意度要比在小公司工作的人们的工作满意度低。埃德森（Idson 1990）发现美国也有类似的情形，他认为大公司员工的满意度较低主要归结于过程因素："大企业的员工在工作类型和工作方式上的自由度更低，并且在工作小时数和天数方面也面临着更大的约束"（1013)。因此对于在依赖性雇佣制度中工作的人来说，过程效用似乎也有着很大的相关性。

自主性和对工作的掌控性是工作中过程效用的来源，这种观点在由迈克尔·马尔默特（Michael Marmot）及其合作者（例如，Marmot et al. 1997；Marmot 2004）从事的白厅研究中得到了进一步的支持。这项白厅研究显示，与组织等级中的高层人士相比，在英国行政机关底层工作的人们罹患冠状动脉心脏病的可能性显然更高。马尔默特等（Marmot et al. 1997）认为，这种健康方面的"社会梯度"在很大程度上归因于工作的过程方面。虽然标准的冠心病危险因素，比如抽烟以及以身高为代表的生命先天影响因素，都是这种社会健康梯度的部分原因，不过，在较低雇佣阶层的人们高频的冠心病发生率最大的影响因素却是他们对工作较低的控制度。这个发现表明在工作中缺乏自主性不仅会由于过程效用较低而影响人们的幸福感，也会从本质上让人们的健康状况变坏。

在其他与过程公平在工作关系中的作用更为相关的背景中，也对等级制度中的过程因素进行了研究。例如，一个众所周知的事实是，工人通常都会抵制哪怕象征性的降薪。无法避免的降薪趋势从而也产生了一些宏观经济后果，因为它会导致经济衰退过程中伴随过高的失业率（例如，Bewley 1999；Fehr and Götte 2005）。关于工人抵制降薪的原因，不仅仅结果公平或分配公平的问题看似十分关键，也包含着一些关于过程的考虑因素。研究已经证明，例如，如果降薪是通过公平的过程来进行的，比如管理层对降薪的理由进行了合情合理的详尽解释，员工对降薪的抵触反应就会轻一些（Greenberg 1990a）。该研究结果具有非常深远的影响。这就意味着通过采用公平的过程，企业可以在经济衰退的时候更容易地进行必要的工资削减，从而降低经济中的失业率。

总之，过程效用似乎是人们在其工作生活中所看重的一个重要因素。一方面，过程效用是自主性、对工作的掌控性或者去除等级化决策的结果，与传统上对结果的考虑相比，人们更看重这些因素。另一方面，如果在工作关系中采用了公平的过程，过程效用即会凸现。尽管劳动经济学家和组织经济学家通常不否认"恶劣的工作条件"可能会导致负效用，但正式的模型中通常却并未考虑自主性、工作掌控性和过程公平这些非金钱方面的因素（参见，例如，Aghion and Tirole 1997；Baker，Gibbons，and Murphy 1999）。然而，慎重地考虑过程效用问题也可以丰富人们对工作和组织的经济分析。

（三）民主参与

在政治领域中，民主制度体现了进行社会决策的基本机制。不管一种民主制度的具体形式为何，公民参与政治决策的权利却是任何一种民主体制的关键特点。在专制或独裁政治体制中，公民参与权甚至可能是完全缺失的。在代表民主制中，公民的民主权利通常包括选举表决和参选议会议员；而在直接民主制中，公民还可以发起并进行全民公投和倡议活动。公民能够从这种参与权中获得政治过程所产生的结果之外的过程效用，因为这些权利给人们提供了一种参与感和政治影响感，同时也给人们一种融入、身份和自决的观念。通过参与其中，公民可以感觉到政治界将他们的意愿考虑到了公平的政治进程中；如果参与受到限制，他们可能会感觉到现有政治体制的疏远和冷漠。事实上，社会科学尤其是心理学、政治学和社会学领域的大量文献，都对参与进行了积极的肯定，因为它增强了个人的自决认知感（相关的广泛调查，参见 Lane 2000，13 章）。

可以从实证上证明公民能够从政治参与权中获得过程效用吗？弗雷和斯塔特勒（2005）所进行的一项研究采用了一种基于一名本国人的地位从根本上不同于一名外国人的观点的实证证明策略。本国公民有选举和参与政治决策的权利，而外国人却没有。如果本国公民喜欢过程效用，他们能够因此从政治参与权利中获得比外国人更多的效用。在一项对瑞士（该国不同公民的政治参与权利具有独特的差异）六千多名居民的采访调查中，对这一假说从计量经济学的角度进行了证实。除了选举以外，公民还可以参与直接的民主活动（倡议活动，全民投票），各州之间差别很大。为了对效用进行间接衡量，采用了一个报告的主观幸福感指数作为因变量。由更广泛的政治参与权利所带来的预估总体效用，正如在所报告的生活满意度中所体现的一样，本身是相当大的。不论是本国公民还是居住在辖区内的拥有较高政治参与权利的外国人，都拥有较高水平的主观幸福感。然而，调查发现，参与权对外国人生活满意度的积极作用较小，这反映了他们被排斥在过程效用之外。参与权给公民带来的积极影响是外国人的三倍，换句话说，从良好的政治过程所获得的很大一部分福利看起来归因于过程效用。当其他条件不变，当大量的主观幸福感决定因素或者相关因素（尤其是社会人口分布特征、职业地位、家庭收入、政治结果的代表性）可控时，所得到的结论保持不变。

政治参与的过程效用也可以体现在人们的外在行为上。在 1994 年德国国会选举之前所进行的一项实验性研究中，古斯和威克·汉尼曼（Göth and Weck-Hannemann 1997）调查了需要支付多少钱才能让人毁掉手中的选票，从而放弃其在这个特别的选举中的选举权。尽管实际上一张选票几乎根本不会改变一次选举的结果，但是大多数人仍然不愿意出售他们的选举权，即使出价很高：63%的选民即使在面对最高出价（200 德国马克，相当于当时的 100 美元）时也拒绝毁掉他们的选票，只有 5%的选民同意为了不到 10 德国马克（大约 5 美元）的价格而放弃他们的投票权利。这些发现表明，人们高度重视他们的选举权，超越了由改变选举结果而可能获得的任何结果效用。因此，政治参与权看起来是一种过程效用的来源，因为它们能够提高人们自决和共同决定的可能性。

(四) 公共产品分配

政府部门经常会面对人们对一些重要而又必需的公共项目的抗拒，诸如精神病院、机场或者核废料处理厂的选址。这些避邻（NIMBY：Not In My Back Yard）项目通常是被大多数民众所支持的，但又没人愿意在自己的社区里看到它们（因此称为“避邻”）。按照经济学的思路，这一问题最直接的解决方法就是采用市场机制：预期得益者必须缴税，所得收入必须重新分配给项目所在地的预期受害者（例如，Kunreuther and Kleindorfer 1986；O'Sullivan 1993）。但是现实中，基于价格体系的过程所起到的作用却少得可怜（例如，Frey and Oberholzer 1997）。人们将这种金钱补偿视为一种行贿，这种做法既忽视了他们作为良好公民的自我感觉，又可能会带来负面过程效用。其他形式的对公众所关注问题更公平的补偿方式看上去效果要好些。举例来说，如果提供一种预定方向的赔偿（例如，对于机场噪音，通过帮助人们做好住宅隔音来进行赔偿），则项目被接受的可能性就会增加，虽然按照传统的社会福利理论，这种形式的转变是无效的，因为它是不可替代的。

更普遍的是，人们已经发现不同的分配过程会在很大程度上影响人们接受一个公共项目的意愿。一项由弗雷和奥本豪泽尔（Frey and Oberholzer 1996）所进行的研究调查了有关瑞典一个有毒工厂项目选址的不同决策过程的可接受性。访问对象对各种过程的排序如下：72%的人认为谈判（讨价还价）是可接受的选址过程，32%的人认为公众投票（民主）是可以接受的，26%的人认可抽签决策，只有一小部分人将价格机制看做是一种可接受的过程（20%的人愿意接受，4%的人愿意付款）。进一步的研究表明，受访者认为可接受性包括三个组成部分：安全性、区域影响和公平性。由此得知，按照公平性进行的排序准确地反映了上述按照可接受性进行的排序。该结果因此可以从过程角度进行透彻的理解。这就意味着，不只是项目后果（例如给本地带来的影响程度）影响人们对选址过程的接受程度，而且人们还会对不同的分配机制进行单独的过程考虑。值得注意的是，在公民和消费者公共服务项目的分配上，例如在保健领域（Wailoo and Anand 2005；Tsuchiya et al. 2005），也有类似的研究结果。

（五）税收

税收是为了给公共产品和再分配措施提供资金支持，它是涉及公民和国家之间关系的一个重要元素。原则上，过程效用在这个关系上可以起到一个双重作用。首先，用来确定税率和税收支出的政治制度可能会影响公民对政府职能的满意度，它超越了结果的影响。其次，从更低的层面来说，纳税人可能会对税收部门对待他们的方式做出系统回应——举例来说，当税收官员以一种过程公平的方式来对待他们时，他们纳税的意愿可能会得到支持甚至提高。

近年来，有关这两种影响渠道的实证证据已经被发现，这些证据进一步强调了过程因素在税收方面的作用。关于体制因素，主要探讨了民主参与权利是如何影响人们的纳税意愿的。若干实验性研究表明，如果人们有机会对税收方案进行投票，那么他们就极少会出现逃税现象（例如，Alm，McClelland，and Schulze 1999；Feld and Tyran 2002；Torgler，Schaltegger，and Schaffner 2003）。因此，投票权的影响超过了各种结果因素的影响（在这些实验中，逃税受到处罚的可能性、罚款数额、税率、个人收入和政府“绩效”等因素都严格保持不变）。在经济学领域的研究中也发现了相关的结果。例如，帕莫瑞恩和威克·汉尼曼（1996）的研究表明，在公民具有更广泛的直接民主参与权的瑞士的一些州中，逃税几率也很低，托格勒（Torgler 2005）在有关税收道德的调查数据中也有类似的发现。

研究还发现，在公民和税收部门的直接关系上，过程因素也起着一定的作用。弗雷和菲尔德（2002）以及菲尔德和弗雷（2002）对一个1970—1995年瑞士各州的样本进行了研究，得出的结论表明公民关心税收部门对待他们的方式。当收税人员以一种尊重的方式对待公民时，人们似乎就会避免偷漏税。而且，税收部门总体来说表现得也像是他们意识到了当尊重纳税人时他们的反应，比如说，震慑只是当局所采用的纳税动员方式之一，他们更多地还是采用尊重性的收税方式。

税收中的过程效用因素当然还需要做进一步的详细调查以证实其重要性，然而上述的证据已经表明，通过将过程效用纳入考虑，可以获得有关依法纳税和偷漏税的新发现。毫无疑问，过程效用方法的引入极大地延伸了经典的纳税人行为经济模型（Allingham and Sandmo 1972；Andreoni，Erard，and Feinstein 1998，824－835；Slemrod and Yitzhaki 2002），该模型是以单纯的结果考虑为基础的，不能很好地从实证角度解释人们的纳税意愿（例如，Alm，McClelland，and Schulze 1992，22）。

（六）再分配和不平等

社会不平等是众多社会中的一个普遍现象。大多数政府的目的都是要通过向富人征税和让穷人受益的再分配措施以至少在一定程度上减少社会不平等。如何解释公民为什么支持这样的再分配措施，或者相反，反对这些措施呢？

在经济学中，最主流的观点或许认为，人们对再分配方式的支持度取决于他们在收入分配中所处的位置（即，是富还是穷）或者，如果他们是具有远见性的，则取决于他们的收入上升前景（关于更早期的论文，参见Hirschman 1973）。贝勒伯和欧克（Bénabou and Ok 2001）提出了一个基于这种结果导向观点的有影响力的模型，认为如果社会收入流动性较高，则人们就会更加反对再分配政策。不过，人们发现，有关向上的收入流动性的客观措施只能在一定程度上解释人们对再分配的需求（例如，Alesina and La Ferrara 2005；Fong 2005）。相反，实证证据显示，人们对再分配方案的支持度取决于初次分配的产生方式。如果人们相信成功取决于个人努力，比起相信成功取决于运气来说，他们会将再分配的必要性看得更低一些；相反，如果人们认为贫穷主要是由个人控制能力以外的因素所引起的话，他们则会支持再分配（例如，Fong 2001，2005）。

这一有关人们再分配需求的证据从过程的角度明确解释了社会不平等的问题。人们在判断一种收入分配方式的优劣时，似乎不单纯依据其给个人带来的结果或者结果的公平性，还在相当程度上依据产生该分配方案的社会过程。如果相关的社会过程给每个人都提供了一次公平的“成功”的机会，则与社会过程偏向和不公平的情况相比，人们就会将不平等问题看得更轻一些。这就表明“机会平等”可被视为过程效用的一个来源。第二节中的理论阐述也支持了这一论断。一方面，人们会重视过程方面的机会平等性，因为它给每个人提供了自主生活和主宰自己命运的机会。另一方面，机会平等意味着每一个人在原则上都是一名被尊重的社会成员。人们可能会关注结果以外的这两个方面，因为它们满足了人们自决的内在需求，形成了过程效用的基础。最近，贝勒伯和泰勒尔（2005）利用一个正式的再分配模型也得出了一个与该类过程效用相似的结论（他们称之为“信任正义世界的需要”）。

（七）组织

组织是过程效用因素研究最为集中的领域。正如在等级制度内，许多决定都是用一种专制的方式做出的；研究主要集中于过程公平对幸福感和行为的影响。有关组织中的过程公平或公义的文献是如此之多，元分析业已存在（例如，Cohen-Charash and Spector 2001）。研究一致发现，对过程公平的关心已经成为雇佣关系中一个高度相关和广泛的现象。研究表明，过程公平在公司变革（兼并和收购、裁员、重组、战略规划）和人事管理（人事选聘、业绩评估、报酬；参考 Konovsky 2000 和 Colquitt et al. 2001 的综述及 Lind et al. 2000 的示范性实证研究）方面关乎着员工的行为、满意度和态度。研究人员所看重的过程因素包括组织策略和原则，例如决策前进行事先通知并给予员工发表意见的机会（参见，例如，Greenberg 1990b；Lind and Tyler 1988），但是这些因素也包括人们的人际待遇（Bies and Moag 1986）。人们通常更注重超越组织结果的公平过程。相关分析发现（例如，Tyler and Blader 2000），当个人结果和分配公平因素得以控制时，过程公平的影响更加重要。因此，对于在各种组织中工作的人们来说，过程效用无疑成了他们所重视的一个相关部分。

本茨和斯塔特勒（2003）的一项研究可以作为过程公平与工作关系的相关性的一个实证例子。他们采用 22 000 多名英国工人作为代表性样本，研究了人们从薪水中所获得的满意度。结果表明，薪水满意度不仅受到绝对结果（个人通过付出得到的报酬）或者是相对结果（相对于同级工人的收入）的影响，更是强烈地受到过程因素的影响。尤为明显的是，在其他条件相同的情况下，经常被上级询问薪酬问题的员工，比起那些从未被问及报酬情况的工人来说，明显对其薪水更为满意。因此，支持公平的薪酬决定方案的组织过程比单纯的物质结果更能影响员工的幸福感。

（八）法律

与组织类似，在法律方面过程因素也可能是很重要的，这是因为人们经常会受制于政府当局的决定。因此，在法律领域，体现为过程公平性的过程效用已经得到了彻底的研究。许多研究发现，人们对不公正的法律程序会有逆反反应，不论法庭所做出的客观判决如何。不公正的法律程序使得人们看低当局的合法性，对审判的满意度降低，还会影响人们后续的守法行为（参见，例如，Tyler 1997，2003 的综述）。

在引言部分已经以例子的形式概述了一项研究，它调查了实际生活中的行为，并因此引起了经济学家的极大兴趣。林德等（Lind et al. 1993）研究了现实生活中仲裁当事人对法庭裁决的接受程度，此处的当事人包括联邦法院中的企业当事人和个人当事人。研究者发现，如果当事人认为仲裁过程是公平的，则其更可能会接受法庭做出的裁决（不论客观结果如何）。决定继续进行正式审判的大多都是受到了过程公平考虑因素的影响。当争议涉及的金钱数量最高达到 800 000 美元时，这种现象尤为明显。裁决的客观金额和其他结果因素也影响接受程度，但是影响程度要小得多。因此，该研究表明，过程效用在法律诉讼中所起的作用超越了结果效用。

四、结束语

人们不仅关心结果，也重视产生结果的过程和条件。这种“过程效用”是一种有别于传统经济学中所研究的结果效用的概念。它以心理学文献中的广泛研究为基础，产生于具有极大经济分析价值的各种来源，例如社会层面上的各种体制以及更小方面上的社会关系中的公平过程；它也有别于已经在经济文献中引起关注的相关方法，例如结果公平和目的。研究发现，过程效用在经济、政治和社会中的许多领域都对人们的幸福感起着重要的作用。本章讨论的经验证据表明，作为不同的社会角色例如消费者、员工、公民、纳税人、社会成员和受制于各种公共和私营机构的个体，人们关注与自身权利有关的过程。因此，经济科学能够通过将过程效用更广泛地融入到经济理论和实证研究中而受益。

如果将过程效用纳入到传统的经济研究方法中，会怎么样呢？需要强调的是，过程效用的概念在原则上并不与理论经济对效用的理解相矛盾，后者的基本观点是效用包括个人所看重的各个方面。不过，过程效用与针对具体问题的经济理论应用中通常所定义的效用不同，也与众多正式的经济学模型中使用的效用不同。因此，将过程效用纳入经济方法中主要需要扩展的人类幸福感观点。在实证研究中，一种更广泛的观点似乎相对更易于实施。举例来说，在同一个实证框架内，往往会对“好的过程”和“好的结果”的相对重要性进行研究，它采用生活或工作满意度数据作为对个人幸福感的衡量，具体阐释见第三节。就理论工作来说，在正式的经济学理论中纳入过程效用看上去更像是一种挑战，有待未来继续努力。然而，可以利用第二节中概述的理论考虑事项和心理学基础研究作为指导，来开发将人类对过程和结果的关注同时纳入考虑的正式模型（有关更广泛模型的探讨，参见 Frey, Benz, and Stutzer 2004）。

尽管本章所论述的证据激发了对一些领域（例如消费、工作和职业、人们接受公共事业或者纳税的意愿，以及社会不平等问题、法律或组织策略）的经济分析和推理，然而，在若干未开拓的领域肯定还存在着进一步研究的空间。例如，过程效用的概念还可以应用到本书未考虑的其他政治体制中，比如财政联邦制或者多数和比例选举制度。财政联邦制可以是一种过程效用的来源，因为它允许进行分散的自主政治决策。比例选举制在过程影响方面也会得到重视，因为它具有更广泛、更包容的政治代表性。在经济组织领域中，等级制度会带来过程负效用的观点可以增加我们对企业边界的理解，而且可以提供关于工作组织的新见解。例如，与营利性企业相比，非营利性企业趋向于采用系统性不同的组织过程，这可能是因为过程效用对于这些特别的亲社会动机的非营利工作人员来说，是一个先决条件（参见，例如，Benz 2005）。至于再分配问题，不只是“机会平等”的社会过程至关重要，而且分配是现金形式还是实物形式，或者是以公开方式还是私密形式兑现，也都有所影响。公平的过程更加有助于解决冲突，比如工会和企业之间的讨价还价。最后，过程因素对于人们在工作场合和公众生活中所感受到的待遇差别也是至关重要的。一项针对这些相关问题的研究有希望超越对经济结果的标准考虑，实现对人类幸福感和行为的更深刻的理解。

注　释

本章所含的大部分资料都是以与布伦诺·S·弗雷和阿洛伊斯·斯塔特勒共同提出的观点为基础的。在此，我对他们二人以及参加 2005 年 7 月 18 日—19 日威尼斯经济学和心理学 CESifo 研讨会的与会人员表示感谢，感谢他们所给出的有价值的评论和讨论。除此之外，我还收到了两位匿名专业人士就如何进一步改进本章内容而给出的宝贵建议。

[1] 针对这种效用观念，丹尼尔·卡尼曼创造性地提出了“体验效用”的说法，它明显区别于传统的决策效用（Kahneman，Wakker，and Sarin 1997）。

[2] 德西和瑞安（2000）的自决理论可被视为对一系列强调类似自我动机的基本理论的概括。相关的理论包括，例如，人们为了自身利益而掌控所处环境的欲望（White 1959）和人们保持自我灼见的欲望（DeCharms 1968）、人们对失控的抗拒（Brehm 1966），以及人们的控制感在更有效的行为和更大的积极影响上的体现（Bandura 1977；Peterson 1999；Seligman 1992）。根据对人类功能的类似推理，研究人员提出了若干种考量幸福的方法，比如自我接受、良好的人际关系、自主、环境掌控、人生目标和个人成长等（Ryff and Keyes 1995）。在有关过程公正的文献中，几大心理学模型已经将过程公正与人类的自我意识联系在了一起，正如泰勒和布莱德（Tyler and Blader 2003）的研究发现。

[3] 事实上，如果真的存在的话，这种观点也只是经济学中的保守辩解。一个少见的支持过程因素在市场体系中的作用的例子来自于自由经济学家詹姆斯·布坎南（James Buchanan 1986，22）：“由于人与人之间的自愿交换具有积极意义，

而强迫交换具有消极意义，这就意味着，人们希望以前者来代替后者，当然，前提条件是这种取代在技术上是可行的而且不会产生惊人的资源代价。”

[4] 关于自由职业者的工作满意度的类似结果已被布兰奇费罗尔和奥斯瓦德（Blanchflower and Oswald 1998），布兰奇费罗尔（2000），布兰奇费罗尔、奥斯瓦德和斯塔特勒（2001），亨得利（Hundley 2001）和川口（Kawaguchi 2002）的研究发现。而且，弗雷和本茨（2007）、川口（2002）和亨得利（2001）在面板数据中采用了一种个体固定效应方法，表明了自由职业者较高的工作满意度并非源于不同的性格特点（不随时间而改变）。自由职业者和企业家身份的非货币性回报也在哈密尔顿（Hamilton 2000）中以及莫斯科维茨和维辛-乔根森（Moskowitz and Vissing-Jorgensen 2002）的研究中被证明了。有关企业家身份应当被视为一种非营利活动的一般概述，请参考本茨（2007）。

参考文献

Aghion, Philippe, and Jean Tirole. 1997. “Formal and Real Authority in Organizations.” *Journal of Political Economy* lOS, no. 1: 1－29.

Akerlof, George A., and Rachel E. Kranton. 2000. “Economics and Identity.” *Quarterly Journal of Economics* 115, no. 3: 715－753.

Akerlof, GeorgeA., and Rachel E. Kranton. 2004. “Identity and the Economics of Organizations.” *Journal of Economic Perspectives* 19, no. 1: 9－32.

Alesina, Alberto, and Eliana LaFerrara. 2005. “Preferences for Redistribution in the Land of Opportunities.” *Journal of Public Economics* 89, nos. 5/6: 897－931.

Allingham, Michael G., and Agnar Sandmo. 1972. “Income Tax Evasion: A Theoretical Analysis.” *Journal of Public Economics* 1, nos. 3－4: 323－338.

Alm, James, Gary H. McClelland, and William D. Schulze. 1992. “Why Do People Pay Taxes?” *Journal of Public Economics* 48, no. 1: 21－38.

Alm, James, Gary H. McClelland, and William D. Schulze. 1999. “Changing the Social Norm of Tax Compliance by Voting.” *Kyklos* 52: 141－171.

Anand, Paul. 2001. “Procedural Fairness in Economic and Social Choice: Evidence from a Survey of Voters.” *Journal of Economic Psychology* 22, no. 2: 247－270.

Andreoni, James, Brian Erard, and Jonathan Feinstein. 1998. “Tax Compliance.” *Journal of Economic Literature* 36, no. 2: 818－860.

Baker, George, Robert Gibbons, and Kevin J. Murphy. 1999. “Informal Authority in Organizations.” *Journal of Law, Economics and Organization* 15, no. 1: 56 - 73.

Bandura, Albert. 1977. "Self-Efficacy: Toward a Unifying Theory of Behavior Change." *Psychological Review* 84: 191 - 215.

Baumeister, Roy F. 1998. "The Self." In*The Handbook of Social Psychology*, vol. 1, ed. Daniel T. Gilbert, Susan T. Fiske, and Gardner Lindzey, 680 - 740. New York: Oxford University Press.

Bénabou, Roland, and Efe Ok. 2001. "Social Mobility and the Demand for Redistribution: The POUM Hypothesis." *Quarterly Journal of Economics* 116, no. 2: 447 - 487.

Bénabou, Roland, and Jean Tirole. 2005. "Belief in a Just World and Redistributive Politics." Working Paper No. 11208, National Bureau of Economic Research.

Benz, Matthias. 2005. "Not for the Profit, but for the Satisfaction? Evidence on Worker Well-Being in Non-Profit Firms." *Kyklos* 58, no. 2: 155 - 176.

Benz, Matthias. 2007. "Entrepreneurship as a Non-Profit-Seeking Activity." Forthcoming in*International Entrepreneurship and Management Journal*.

Benz, Matthias, and Bruno S. Frey. 2003. "The Value of Autonomy: Evidence from the Self-Employed in 23 Countries." Institute for Empirical Research Working Paper No. 173, University of Zurich.

Benz, Matthias, and Alois Stutzer. 2003. "Do Workers Enjoy Procedural Utility?" *Applied Economics Quarterly* 49, no. 2: 149 - 172.

Bewley, Truman E. 1999. *Why Wages Don't Fall During a Recession*. Cambridge, MA: Harvard University Press.

Bies, R. J., and J. S. Moag. 1986. "Interactional Justice: Communication Criteria of Fairness." In *Research on Negotiation in Organizations*, vol. 1, ed. R. J. Lewicki, B. H. Sheppard, and B. H. Bazerman, 43 - 55. Greenwich, CT: JAI Press.

Blader, Steven L., and Tom R. Tyler. 2003. "A Four Component Model of Procedural Justice." *Personality and Social Psychology Bulletin* 29, no. 6: 747 - 758.

Blanchflower, David G. 2000. "Self-employment in OECD Coutries." *Labour Economics* 7, no. 5: 471 - 505.

Blanchflower, David G., and Andrew Oswald. 1998. "What Makes an Entrepreneur?" *Journal of Labor Economics* 16, no. 1: 26 - 60.

Blanchflower, David G., Andrew J. Oswald, and Alois Stutzer. 2001. "Latent Entrepreneurship Across Nations." *European Economic Review* 45, nos. 4 - 6: 680 - 691.

Bohnet, Iris, and Richard Zeckhauser. 2004. "Trust, Risk and Betrayal."

Journal of Economic Behavior & Organization 55, no. 4: 467 - 484.

Bolton, Gary E., ordi Brandts, and Axel Ockenfels. 2005. "Fair Procedures: Evidence from Games Involving Lotteries." *Economic Journal* 115, no. 506: 1054 - 1076.

Bolton, Gary E., and Axel Ockenfels. 2000. "ERC: A Theory of Equity, Reciprocity, and Competition." *American Economic Review* 90, no. 1: 166 - 193.

Botti, Simona. 2002. "Preference for Control and its Effect on Evaluation of Consumption Experience." Working Paper, Graduate School of Business, University of Chicago.

Brehm, Jack W. 1966. A*Theory of Psychological Reactance*. New York: Academic Press.

Buchanan, James M. 1986. *Liberty, Market and the State*. Brighton: Wheatsheaf.

Cohen-Char ash, Yochi, and Paul E. Spector. 2001. "The Role of Justice in Organizations: A Meta-Analysis." *Organizational Behavior and Human Decision Processes* 86, no. 2: 278 - 321.

Colquitt, Jason A., Donald E. Conlon, Michael J. Wesson, Christopher Porter, and K. Yee Ng. 2001. "Justice at the Millenium: A Meta-Analytic Review of 25 Years of Organizational Justice Research." *Journal of Applied Psychology* 86, no. 3: 425 - 445.

Cooter, Robert, and Thomas Ulen. 2000. *Law and Economics*, 3rd edition. Reading, MA: Addison-Wesley.

Cordova, Diana I., and Mark R. Lepper. 1996. "Intrinsic Motivation and the Process of Learning: Beneficial Effects of Contextualization, Personalization, and Choice." *Journal of Educational Psychology* 88, no. 4: 715 - 730.

Dahl, Robert A., and Charles E. Lindblom. 1953. *Politics, Economics and Welfare: Planning and Politico-Economic Systems Resolved into Basic Social Processes*. New York: Harper.

DeCharms, Richard. 1968. *Personal Causation*. New York: Academic Press.

Deci, Edward L., and Richard M. Ryan. 2000. "The What and Why of Goal Pursuits: Human Needs and the Self-Determination of Behavior." *Psychological Inquiry* 11, no. 4: 227 - 268.

Diener, Ed, Eunkook M. Suh, Richard E. Lucas, and Heidi L. Smith. 1999. "Subjective Well-Being: Three Decades of Progress." *Psychological Bulletin* 125, no. 2: 276 - 303.

Falk, Armin, Ernst Fehr, and Urs Fischbacher. 2003. "On the Nature of Fair

Behavior." *Economic Inquiry* 41, no. 1: 20 – 27.

Falk, Armin, and Urs Fischbacher. 2000. "A Theory of Reciprocity." Institute for Empirical Research in Economics Working Paper No. 6, University of Zurich.

Fehr, Ernst, and Lorenz Gotte. 2005. "Robustness and Real Consequences of Nominal Wage Rigidity." *Journal of Monetary Economics* 52, no. 4: 779 – 804.

Fehr, Ernst, and Klaus M. Schmidt, 1999. "A Theory of Fairness, Competition, and Cooperation." *Quarterly Journal of Economics* 114, no. 3: 817 – 868.

Feld, Lars P., and Bruno S. Frey. 2002. "Trust Breeds Trust: How Taxpayers Are Treated." *Economics of Governance* 3: 87 – 99.

Feld, Lars P., and Jean-Robert Tyran. 2002. "Tax Evasion and Voting: An Experimental Analysis." *Kyklos* 55, no. 2: 197 – 222.

Fong, Christina. 2001. "Social Preferences, Self-Interest, and the Demand for Redistribution." *Journal of Public Economics* 82: 225 – 246.

Fong, Christina. 2005. "Prospective Mobility, Fairness, and the Demand for Redistribution." Working Paper, Carnegie Mellon University.

Frank, Robert H. 1985. *Choosing the Right Pond*. New York: Oxford University Press.

Frey, Bruno S., and Matthias Benz. 2007. "Being Independent is a Great Thing: Subjective Evaluations of Self-Employment and Hierarchy." Forthcoming in*Economica*.

Frey, Bruno S., Matthias Benz, and Alois Stutzer. 2004. "Introducing Procedural Utility: Not Only What, But Also How Matters." *Journal of Institutional and Theoretical Economics* 160, no. 3: 377 – 401.

Frey, Bruno S., and Lars P. Feld. 2002. "Deterrence and Morale in Taxation: An Empirical Analysis." Mimeo., Institute for Empirical Research in Economics, University of Zurich.

Frey, Bruno S., and Felix Oberholzer-Gee. 1996. "Fair Siting Procedures: An Empirical Analysis of Their Importance and Characteristics." *Journal of Policy Analysis and Management* 15, no. 3: 353 – 376.

Frey, Bruno S., and Felix Oberholzer-Gee. 1997. "The Cost of Price Incentives: An Empirical Analysis of Motivation Crowding-Out." *American Economic Review* 87, no. 4: 746 – 755.

Frey, Bruno S., and Werner W. Pommerehne. 1993. "On the Fairness of Pricing-An Empirical Survey among the General Population." *Journal of Economic Behavior and Organization* 20, no. 3: 295 – 307.

Frey, Bruno S., and Alois Stutzer. 2002a. *Happiness and Economics: How the Economy and Institutions Affect Human Well-Being*. Princeton, NJ: Princeton University Press.

Frey, Bruno S. and Alois Stutzer. 2002b. "What Can Economists Learn from Happiness Research?" *Journal of Economic Literature* 40, no. 2: 402 - 435.

Frey, Bruno S. , and Alois Stutzer. 2005. "Beyond Outcomes: Measuring Procedural Utility." *Oxford Economic Papers* 57, no. 1: 90 - 111.

Greenberg, Jerald. 1990a. "Employee Theft as a Reaction to Underpayment Inequity: The Hidden Cost of Pay Cuts." *Journal of Applied Psychology* 75, no. 5: 561 - 570.

Greenberg, Jerald. 1990b. "Organizational Justice: Yesterday, Today, and Tomorrow." *Journal of Management* 16, no. 2: 399 - 432.

Güth, Werner, and Hannelore Weck-Hanneman. 1997. "Do People Care About Democracy? An Experiment Exploring the Value of Voting Rights." *Public Choice* 91, no. 1: 27 - 47.

Hamilton, Barton H. 2000. "Does Entrepreneurship Pay? An Empirical Analysis of Returns to Self-Employment." *Journal of Political Economy* 108, no. 3: 604 - 632.

Harsanyi, John C. 1993. "Normative Validity and Meaning of von Neumann Morgenstern Utilities." In *Frontiers of Game Theory*, ed. Ken Binmore, Alan Kirman, and Piero Tani, 307 - 320. Cambridge, MA: MIT Press.

Heider, Fritz. 1958. *The Psychology of Interpersonal Relations*. New York: Wiley.

Hirschman, Albert O. 1973. "The Changing Tolerance for Income Inequality in the Course of Economic Development." *Quarterly Journal of Economics* 87, no. 4: 544 - 566.

Hundley, Greg. 2001. "Why and When Are the Self-Employed More Satisfied With Their Work?" *Industrial Relations* 40, no. 2: 293 - 317.

Idson, Todd L. 1990. "Establishment Size, Job Satisfaction and the Structure of Work." *Applied Economics* 22: 1007 - 1018.

Iyengar, Sheena S. , and Mark R. Lepper. 2000. "When Choice is Demotivating: Can One Desire Too Much of a Good Thing?" *Journal of Personality and Social Psychology* 79, no. 6: 995 - 1006.

Kahneman, Daniel, Jack L. Knetsch, and Richard H. Thaler. 1986. "Fairness as a Constraint on Profit Seeking: Entitlements in the Market." *American Economic Review* 76, no. 4: 728 - 741.

Kahneman, Daniel, Peter P. Wakker, and Rakesh Sarin. 1997. "Back to Bentham? Explorations of Experienced Utility." *Quarterly Journal of Economics* 112, no. 2: 375 - 405.

Kawaguchi, Daiji. 2002. "Compensating Wage Differentials Among Self-Employed Workers: Evidence from Job Satisfaction Scores." Discussion Paper No. 568, Institute of Social and Economic Research, Osaka University.

Khalil, Elias L. 1996. "Respect, Admiration, Aggrandizement: Adam Smith as Economic Psychologist." *Journal of Economic Psychology* 17, no. 5: 555 - 577.

Konovsky, Mary A. 2000. "Understanding Procedural Justice and its Impact on Business Organizations." *Journal of Management* 26, no. 3: 489 - 511.

Konow, James. 2003. "Which Is the Fairest One of All? A Positive Analysis of Justice Theories." *Journal of Economic Literature* 41, no. 4: 1188 - 1239.

Köszegi, Botond. 2002a. "Ego Utility and Information Acquisition." Mimeo., University of California at Berkeley.

Köszegi, Botond. 2002b. "Ego Utility, Overconfidence, and Task Choice." Mimeo., University of California at Berkeley.

Kunreuther, Howard, and Paul R. Kleindorfer. 1986. "A Sealed-Bid Auction Mechanism for Siting Noxious Facilities." *American Economic Review* 76, no. 2: 295 - 299.

Kysar, Douglas A. 2004. "Preferences for Processes: The Process/Product Distinction and the Regulation of Consumer Choice." *Harvard Law Review* 118, no. 525: 526 - 624.

Lane, Robert E. 2000. *The Loss of Happiness in Market Economies*. New Haven, CT: Yale University Press.

Langer, Ellen, and Judith Rodin. 1976. "The Effects of Choice and Enhanced Personal Responsibility for the Aged: A Field Experiment in an Institutional Setting." *Journal of Personality and Social Psychology* 34, no. 2: 191 - 198.

Le Menestrel, Marc. 2001. "A Process Approach to the Utility for Gambling." *Theory and Decision* 50, no. 3: 249 - 262.

Lind, E. Allen, Jerald Greenberg, Kimberley S. Scott, and Thomas D. Welchans. 2000. "The Winding Road from Employee to Complainant." *Administrative Science Quarterly* 45, no. 3: 557 - 590.

Lind, E. Allen, Carol T. Kulik, Maureen Ambrose, and Maria V. de Vera Park. 1993. "Individual and Corporate Dispute Resolution: Using Procedural Fairness as a Decision Heuristic." *Administrative Science Quarterly* 38, no. 2: 224 - 251.

Lind, E. Allan, and Tom R. Tyler. 1988. *The Social Psychology of Procedural Justice*. New York: Plenum Press.

Loewenstein, George. 2000. "Is More Choice Always Better?" Working Paper, Carnegie Mellon University.

Marmot, Michael. 2004. *The Status Syndrome: How Social Standing Affects Our Health and Longevity*. New York: Times Books.

Marmot, Michael, Hans Bosma, Harry Hemingway, Eric Brunner, and Stephen Stansfeld. 1997. "Contribution of Job Control and Other Risk Factors to Social Variations in Coronary Heart Disease Incidence." *Lancet* 350, no. 9073: 235–239.

Marschak, Jacob. 1950. "Uncertain Prospects, and Measurable Utility." *Econometrica* 18: 111–141.

Moskovitz, Tobias J., and Annette Vissing-Jorgensen. 2002. "The Returns to Entrepreneurial Investment: A Private Equity Premium Puzzle?" *American Economic Review* 92, no. 4: 745–778.

Mueller, Dennis C. 2003. *Public Choice Ⅲ*. Cambridge: Cambridge University Press.

O'Sullivan, Arthur. 1993. "Voluntary Auctions for Noxious Facilities: Incentives to Participate and the Efficiency of Siting Decisions." *Journal of Environmental Economics and Management* 25, no. 1: 12–26.

Oswald, Andrew J. 1997. "Happiness and Economic Performance." *Economic Journal* 107, no. 445: 1815–1831.

Pascal, Blaise. 1670. *Pensees*. Paris: Port-Royal.

Peterson, Christopher. 1999. "Personal Control and Well-Being." In *Well-Being: The Foundation of Hedonic Psychology*, ed. Daniel Kahneman, Ed Diener, and Norbert Schwarz, 288–301. New York: Russell Sage Foundation.

Pommerehne, Werner W., and Hannelore Weck-Hannemann. 1996. "Tax Rates, Tax Administration and Income Tax Evasion in Switzerland." *Public Choice* 88, nos. 1–2: 161–170.

Rabin, Matthew. 1993. "Incorporating Fairness into Game Theory and Economics." *American Economic Review* 83, no. 5: 1281–1302.

Rotemberg, Julio. 2005. "Customer Anger at Price Increases, Changes in the Frequency of Price Adjustment and Monetary Policy." *Journal of Monetary Economics* 52, no. 4: 829–852.

Ryff, Carol D., and Corey Lee M. Keyes. 1995. "The Structure of Psychological Well-Being Revisited." *Journal of Personality and Social Psychology* 69, no. 4: 719–727.

Sandbu, Martin. 2004. "Fairness and the Road Not Taken: An Experimental Test of NonReciprocal Set-Dependence in Distributive Preferences." Working Paper, Columbia University.

Schulz, Richard, and Barbara H. Hanusa. 1978. "Long-term Effects of Control and Predictability-Enhancing Interventions: Findings and Ethical Issues." *Journal of Personality and Social Psychology* 36, no. 11: 1194 - 1201.

Schwartz, Barry. 2000. "Self-Determination: The Tyranny of Freedom." *American Psychologist* 55, no. 1: 79 - 88.

Seligman, Martin E. P. 1992. *Helplessness: On Depression, Development, and Death*. New York: Freeman.

Sen, Amartya K. 1995. "Rationality and Social Choice." *American Economic Review* 85, no. 1: 1 - 24.

Sen, Amartya K. 1997. "Maximization and the Act of Choice." *Econometrica* 65, no. 4: 745 - 779.

Slemrod, Joel, and Shlomo Yitzhaki. 2002. "Tax Avoidance, Evasion, and Administration." In *Handbook of Public Economics*, vol. 3, ed. Alan J. Auerbach and Martin Feldstein, 1423 - 1470. New York: Elsevier.

Torgler, Benno. 2005. "Tax Morale and Direct Democracy." *European Journal of Political Economy* 21: 525 - 531.

Torgler, Benno, Christoph A. Schaltegger, and Markus Schaffner. 2003. "Is Forgiveness Divine? A Cross-Culture Analysis of Tax Amnesties." *Swiss Journal of Economics and Statistics* 139: 375 - 396.

Tsuchiya, Aki, Luis S. Miguel, Richard Edlin, Allan Wailoo, and Paul Dolan. 2005. "Procedural Justice in Public Healthcare Resource Allocation." *Applied Health Economics and Health Policy* 4, no. 2: 119 - 128.

Tyler, Tom R. 1997. "Procedural Fairness and Compliance with the Law." *Swiss Journal of Economics and Statistics* 133, no. 2: 219 - 240.

Tyler, Tom R. 2003. "Procedural Justice, Legitimacy, and the Effective Rule of Law." In *Crime and Justice—A Review of Research*. Vol. 30, ed. M. Tonry, 431 - 505. Chicago: University of Chicago Press.

Tyler, Tom R., and Steven L. Blader. 2000. *Cooperation in Groups: Procedural Justice, Social Identity, and Behavioral Engagement*. Philadelphia: Psychology Press.

Tyler, Tom R., and Steven L. Blader. 2003. "The Group Engagement Model: Procedural Justice, Social Identity, and Cooperative Behavior." *Personality and Social Psychology Review* 7, no. 4: 349 - 361.

Tyler, Tom R., Robert J. Boeckmann, Heather J. Smith, and Yuen J. Huo. 1997. *Social Justice in a Diverse Society*. Boulder, CO: Westview Press.

Tyran, Jean-Robert, and Dirk Engelmann. 2005. "To Buy or Not to Buy? An Experimental Study of Consumer Boycotts in Retail Markets." *Economica* 72, no. 285: 1 – 16.

Von Neumann, John, and Oskar Morgenstern. 1944. *Theory of Games and Economic Behavior*. Princeton, NJ: Princeton University Press.

Wailoo, Allan, and Paul Anand. 2005. "The Nature of Procedural Preferences for HealthCare Rationing Decisions." *Social Science and Medicine* 60, no. 2: 223 – 236.

White, R. Winthrop. 1959. "Motivation Reconsidered: The Concept of Competence." *Psychological Review* 66, no. 5: 297 – 333.

Williamson, Oliver E. 1975. *Markets and Hierarchies: Analysis and Antitrust Implications*. New York: Free Press.

Zuckerman, Miron, Joseph Porac, Drew Latin, Raymond Smith, and Edward L. Deci. 1978. "On the Importance of Self-Determination for Intrinsically Motivated Behavior." *Personality and Social Psychology Bulletin* 4, no. 3: 443 – 446.

第9章　帮助——简要分析

菲利克斯·奥伯霍尔泽-吉（Felix Oberholzer-Gee）

假设有这样一个公司，员工之间不愿互相帮助。没有人加班去完成同事的项目，没有人将错放的文件送还，没有人提醒销售代表有关顾客的怪癖，或者是告知已经有另一个工程师在研究相同的问题了。公司里没有人为同事开门，挪开成堆的文件以防绊倒同事，或者是告诉比萨送餐员正确的送货地点。从普通乏味的事情到要紧的公司业务，员工之间互相支持的意愿对于公司的绩效是非常重要的。

许多社会学家认为，对帮助行为的最好理解是，它是在互惠的激励下产生的。[1]在经济学上，互惠被视为帮助那些帮助过我们的人的一种意愿（Rabin 1993；Fehr and Gächter 2000；Charness and Rabin 2002）。社会学家使用一个更广泛的互惠观念区分狭义和广义的交换（Blau 1964；Lévi-Strauss 1949；Malinowski 1922；Mauss 1925）。就经济学中使用的意义而言，狭义的交换就是一种互惠：A 帮助 B 是因为 A 期待 B 能够支持她。在广义的交换中，A 给予 B 是因为 A 期待来自 C 的帮助。这种互惠不是相互的而是间接的。直接的互惠在小群体中具有明显的重要性，对于公司也是至关重要的；不过在更多的不确定情况下，人们并不期待将来能够有所回报，这种情况下广义的交换能够增强团结。举例来说，人们非常乐于帮助迷路的游客（Rabinowitz 1997）。这种帮助行为基本不是受直接互惠所激励的，因为当地人不太可能跟游客再次相逢。随着群体和组织的壮大，相互支持的行为更多是出于广义交换而不是直接交换。例如，在专业服务公司，项目团队经常交换信息，虽然没有正式的激励支持这种类型的交流（Levine 2004）。由于在大企业内部有很多团队，一个乐于帮助别人的团队不太可能要求过去他们所帮助过的团队提供协助。相反，有益信息的提供经常发生在广义交换的体系内。

直接互惠和间接互惠之间的区别也值得关注，因为这两种类型的互惠会产生颇为迥异的结果。直接互惠是基于一种等值交换的心态，这种心态使得参与方对交易平衡负责，并且常常导致有关交易公平性的冲突（Ekeh 1974）。相反，广义的互惠有利于信任和社会团结（Uehara 1990）。

尽管广义的互惠鼓励助人行为，也没有理由相信所产生的合作水平会是最理想的。因此，一个重要的疑问就是，哪些类型的激励和干预措施可以更好地鼓励团结互助行为。自20世纪70年代以来，社会心理学家们对众多鼓励助人行为的因素单独剥离开来进行了研究。但不幸的是，许多此类因素（例如性别和情绪）是很难操纵的。我们对影响助人行为的因素了解得很多，但是这些信息却极少能够帮助我们增加个体互相帮助的可能性（Latane′ and Nida 1981）。为了了解经济激励是否能够加强广义交换，我进行了一次通过金钱激励来鼓励亲社会行为的实验。我的实验内容是，如果一个有急事的陌生人支付金钱报酬的话，被调查对象是否会更加愿意让这名陌生人插队。我发现，金钱确实会鼓励助人行为，但是仅仅是因为那些排队的人相信越着急的陌生人所支付的金钱会越多。正如我在下文中将要详细论述的，为了金钱而提供帮助并不是普通的市场交易。

本章的第一部分给出了有关帮助行为研究的简要调查。对那些能够预测何时可能出现广义交换的因素，我尤其感兴趣。在第二部分，我探讨了上述排队实验的结果。第三部分是结束语。

一、对帮助的理解

广义交换的经典例子是库拉圈（Malinowski 1922）和母方交表联姻（Lévi-Strauss 1949）。在这些早期研究之后，社会学家们又发现了一些有关广义交换引导人们行为的实例。这些例子包括信用合作社、匿名评论、献血、提供开源软件以及许多自发帮助的事例（Bearman 1997；von Hippel 2001；Osterloh and Rota 2005）。在很多这样的例子中，人们会辩解说，个人是出于私人激励才去帮助集体。举例来说，软件开发人员提供开放源代码，可能是为了向未来的雇主展示他们的实力

(Lerner and Tirole 2002)。然而，私人激励与广义交换并不是一致的。前面说过A帮助B是因为A期待来自别人的帮助，“自私”的动机将广义互惠和利他主义区分开来。因此，若要了解开源软件是否代表了一种广义交换，了解雇主招聘开源软件开发人员的动机是十分重要的。如果仅仅把这当成一种经济的人才识别方法，那么即无互惠可言。不过，如果公司雇佣开源编程人员是为了在将来面临技术挑战时，开源社区的其他成员能够提供更多的帮助，则这种招聘策略实际上是与间接互惠体系相一致的。

关于帮助行为和广义互惠的研究已经确定了影响帮助可能性的三大因素：帮助的成本和收益、有关求助人的信息、情境因素。我将依次论述这些因素。

(一) 成本和收益

毫无疑问，当人们在决定是否向他人提供援助时，他们会考虑提供帮助的代价和收益（Batson 1987；Dovidio 1984；Dovidio et al. 1991）。例如，如果考试不是用来根据分数划分等级的，学生们更有可能去帮助同班同学（Bell et al. 2001）。与此类似，在晋升竞争激烈的公司里，员工们互相帮助的可能性也会更小（Drago and Garvey 1998）。在这两个例子中，竞争力提高了支持别人的代价，从而阻碍了人们之间的相互帮助。同样，帮助的收益也很重要。例如，长相好看的人更容易得到别人的帮助，这大概是因为当帮助一个长得好看的人的时候，所获得的帮助收益更大一些吧（West and Brown 1975；Benson，Karabenick，and Lerner 1976）。

(二) 信息

我们所了解的有关求助人的信息是至关重要的，原因有两点。首先，如果受助人的困境并非咎由自取，人们会更愿意提供帮助（Weiner 1995；Fong 2004）。例如，一个因为生病而摔倒的人比一个因为喝醉而摔倒的人更能得到人们的搀扶（Piliavin，Rodin，and Piliavin 1969）。同样，学生们通常会愿意帮助一名遭遇意外事故的同学，而经常会拒绝帮助一名因为逃课聚会而需要帮助的同学（Betancourt 1990）。其次，只要人们有理由相信自己的帮助意愿在一定程度上与将会获得的帮助有关，广义交换就能持续下去。例如，高桥（Takahashi 2000）对一个小组进行了研究，这个小组的成员对一个随机选定的人提供帮助，前提是这个人能够满足给予者的“公平感”。越是慷慨的小组成员在选择受助人时就越是精挑细选，反映了一种亚里士多德式的公平感。按照这些简单的规则，进化仿真研究表明，稳健的广义交换将会出现在理性的利己主义者中。这种类型的模型其一个关键部分就是有关受助人的信息。除非被请求帮助的人了解有关受助者的一些事情，否则很难看出施助者的公平感表现如何。在这一点上，社会学和相邻学科中所建立的广义交换理性模型能够解释大公司和稳定社区（其中的许多成员将会赢得声誉）里的广泛合作。

然而，建立有关给予完全陌生的人单边资源的理论模型，仍旧是未来的一个任务（Takahashi 2000，1129）。

（三）情境因素

许多社会心理学家将帮助行为看做是特定短暂情形下的一种结果，其中旁观者能够在别人寻求他们的帮助时发现自我（Amato 1990）。一个重要的规律是，当有许多旁观者时，人们不太可能会提供帮助（Latane′ and Darley 1970）。这是一种理性反应，因为在这种情况下旁观者的责任感会下降（Harrington 2001）。另外一个重要的情境变量是帮助者的情绪（Batson 1998）。当天气晴朗时（Schneider，Lesko，and Garrett 1980），以及在人们观看了一部快乐的电影之后（Wilson 1981；Oswald 1996），帮助别人的可能性就会更大。

帮助的成本、有关受助人的信息和情境因素都会影响以可预知的方式进行帮助的可能性。然而，目前尚无理由相信此类助人行为一般情况下已经是尽力而为。因此，对那些可能会增强一般互惠的因素进行研究是十分有意义的。进一步深化广义交换的最简单的方式就是奖励那些愿意帮助别人的人。接下来的章节描述了一个实验，其中我采用了物质激励措施来鼓励人们的助人行为。

二、金钱激励和帮助

经济学家研究了多任务模型环境下帮助行为和经济激励之间的关系（Holmstrom and Milgrom 1991；Baker 1992）。基本的观点认为，将员工的金钱报酬和并不完美的成果考核措施相结合将会削减员工执行无报酬任务，例如帮助别人的动力。如果报酬是以相关的绩效表现为基础的，则相似的效果也会出现。例如，激烈的晋升激励机制很有可能破坏合作（Lazear 1989；Drago and Garvey 1998）。

如果把经济激励同帮助行为本身联系起来，这些问题就会消失。为了验证人们对用金钱激励换取帮忙的反应，我进行了一个简单的现场实验：在该实验中，我以 0 美元、1 美元、3 美元、5 美元和 10 美元几种不同的价格，请求 500 名排队的人允许我插队（有关本实验的详细分析，参考 Oberholzer-Gee 2005）。这个实验在多个场所进行，包括大学咖啡厅、火车站和政府办公室。在每一种情况下，实验人员都会接近一个随机选取的排队者。在提出给予积极的经济补偿时，开场白是："我能排在你前面么？我可以给你［　　］美元"。对所有想要钱的研究对象都会立即付现。表 9—1 中记录了这次实验的结果。

表 9—1　　答应插队请求的人所占的比例是多少?

出价 (美元)	观察对象数量 (人)	允许请求	出售位置(占允许数量的比例)
不付钱	100	0.45 (0.5)	
1美元	100	0.5 (0.50)	0.1 (0.30)
3美元	100	0.65 (0.48)	0
5美元	100	0.75 (0.43)	0.2 (0.40)
10美元	100	0.76 (0.43)	0.11 (0.31)

所有排队的调查对象中有62%的人同意实验人员插队。更大的激励显然更能鼓励帮助行为。45%的调查对象在没有金钱激励的情况下允许了插队的请求，76%的人同意以10美元的价格允许插队。然而，实际上却极少有人出卖插队权。面对1美元的出价，50个允许插队的人中有5个人拿了这份钱。尽管65个人允许了插队请求，却没有人接受所提供的3美元。在那些允许实验人员插队的人中，接受四种不同出价的概率却没有明显的差异趋势。20%的人收了5美元，11%的人收了10美元。

金钱激励在这个实验中起着一种非同寻常的作用。价钱通常发挥两种功能：它们反映了稀缺性，并且在资源所有者舍弃他们的资产时提供补偿。在插队实验中，价钱仅扮演了第一种角色。对大多数实验对象来说，并没有补偿这回事。支持这种交换的逻辑是广义互惠的逻辑。帮助陌生人不需要即刻回报，有益的帮助带来的回报是期望在需要的时候能够得到别人的帮助。有意思的是，这次插队实验的结果表明，允许插队请求的人不仅仅愿意无偿提供帮助，而且大多数人感觉收钱实际上使得他们更掉价。作为让实验人员插队的回报，如果金钱的价值是负面的，理性的人就会拒绝收钱。这种行为回应了有关公平价格机制的文献中的发现。许多人感到在供不应求的情况下涨价是不公平的（Kahneman，Knetsch，and Thaler 1986；Frey and Pommerehne 1993）。[2]就像排队实验表明的一样，大多数人即使条件允许也不会趁机图利。调查对象付出了高达10美元的代价来践行公平规则。

当一个人的需求增加时，帮助的义务也会增加。在一项有关公平交换的实证调查研究中，库努（Konow 2003）认为，需求、效率和平等是指引公平判断的三大原则。公正要求每个人的基本需求都能得到满足（Rawls 1971；Raphael 1980），但是在这种最低要求之上，平等和效率指导公平分配。有许多实证证据表明人们在受惠者迫切需要帮助时更乐意伸出援手（Eckel and Grossman 1996；Gärtner，Jungeilges，and Neck 2001）。在插队实验中，价钱看上去起作用了，是因为它们体现了人们的急切需求。需求越迫切，花钱插队的意愿就越大。由于价格反映了紧急程度，当实验人员看上去时间更紧迫的时候，人们也就更愿意提供帮助。

有关帮助行为的理论预测，如果实验人员的紧急处境并非源于自己的过错，则排队的人们更乐意提供插队的便利。为了验证这一预测，我接近了先前答应我插队请求的15个人，问他们我是否能再插队一次。对每一个人我都提出给予相同的经济补偿。每个人都拒绝了我的请求。大多数人看上去显得很心烦，有些人也很愤怒，甚至一些人充满敌意，这表明我的实验再进行下去就不安全了。

由于重复请求一个相同的便利，我破坏了人们提供帮助的意愿。前一天看上去很紧急的事情原来是规划和设计好的，这是一种我要为之负责的行为。请注意，这种反应并不符合简单的利他主义模型，这是一种经常用来解释帮助行为的动机。当他人的福利增加的时候，利他主义者们的境况也会更好。重复帮助同一个人似乎并不会使利他主义者感到不快，但是这违反了广义交换的规则。

人们会对符合某些分配公正原则的结果表现出偏好，这一点可以成为对本次试验结果的另一种解释。这种观点认为，人们乐意让别人插队仅仅是因为这么做是正确的。为了区分这种基于结果的偏好和广义交换，有必要考虑进行一个思想试验。假设你生活在一个没有人乐意让别人插队的国家，不管你的需求多么迫切，所有插队的请求都会被拒绝。你有多大的可能性让别人插队呢？如果这种充满敌意的环境削弱了人们施以援手的意愿，广义互惠在解释帮助行为时就是一股重要的力量。

三、结　论

在最近的研究中，经济学家们已经开始认真考虑人类的交往常常受到互惠影响的观点。基于等值交换心态的直接互惠是这种研究的典型重点。[3]然而，早期的社会学和人类学研究认为，直接和广义的交换都是重要的社会力量。通过研究陌生人寻求帮助的若干情形，有关帮助行为的研究文献发现，在众多的情况下，大部分人都是乐意满足陌生人请求的。人们的帮助意愿体现为各种不同的方式，这些方式已经得到很好的理解。

遗憾的是，有关帮助行为的研究在寻找能够增强团结的可行机制方面并不是很成功。经济激励只是研究能否增强非正式支持体系的一种自然尝试。所得到的研究结果是复合性的：提供的报酬越有吸引力，引发的帮助就会更多。但是这种恩惠交换并不是普通的市场交易。在帮助行为的范畴内，价钱起作用是因为它们表明了紧急性。很多人更倾向于帮助那些需求更为急切的受助人。另一方面，金钱也并不一定能够激发更大的帮助。如果陌生人由于自身过错而陷于困境，并且有意利用一些刺激来诱惑人们提供帮助，一旦施助者意识到这一点，这些刺激措施就会变得无效。看起来，广义交换的规则本身就包含一些保障，保护那些善意的人们免受别人肆意的利用。

注　释

[1] 另一种解释是利他主义。我随后会讨论为什么我认为利他主义动机与本章提出的实证结果相矛盾。

[2] 这种涨价被认为是不公平的，因为卖方无权获得额外利润。如果将这种额外利润用于慈善事业，那么大多数人就不会再反对涨价了（Frey and Gygi 1998）。

[3] 最近一些文章开始在某些特定方面研究间接互惠。例如，费尔和费施巴赫（2004）以及卡朋特和马修斯（Carpenter and Matthews 2004）研究了人们惩罚那些违反社会规范的人的意愿。科洛森和库努（Croson and Konow 2005）调查了实验对象是否愿意报答另外一个对别人友善的人。

参考文献

Amato, Paul R. 1990. "Personality and Social Network Involvement as Predictors of Helping Behavior in Everyday Life." *Social Psychology Quarterly* 53, no. 1: 31-43.

Baker, George P. 1992. "Incentive Contracts and Performance Measurement." *Journal of Political Economy* 100, no. 3: 598-614.

Batson, C. Daniel. 1987. "Prosocial Motivation: Is It Ever Truly Altruistic?" *Advances in Experimental Social Psychology* 20: 65-122.

Batson, C. Daniel. 1998. "Altruism and Prosocial Behavior." In *Handbook of Social Psychology*, vol. 2, ed. D. T. Gilbert, S. T. Fiske, and G. Lindzey, 282-316. New York: McGraw Hill.

Bearman, Peter. 1997. "Generalized Exchange." *American Journal of Sociology* 102: 1383-1415.

Bell, Jennifer, Jana Grekul, Navjot Lamba, Christine Minas, and W. Andrew Harrell. 2001. "The Impact of Cost on Student Helping Behavior." *Journal of Social Psychology* 135, no. 1: 49-56.

Benson, Peterl., Stuart A. Karabenick, and Richard M. Lerner. 1976. "Pretty Pleases: The Effects of Physical Attractiveness, Race, and Sex on Receiving Help." *Journal of Experimental Social Psychology* 12, no. 5: 409 – 415.

Betancourt, Hector. 1990. "An Attribution-Empathy Model of Helping Behavior." *Personality and Social Psychology Bulletin* 16: 573 – 591.

Blau, Peter M. 1964. *Exchange and Power in Social Life*. New York: Wiley.

Carpenter, Jeffrey Paul, and Peter Hans Matthews. 2004. "Social Reciprocity." Working Paper, Middlebury College.

Croson, Rachel, and James Konow. 2005. "Double Standards: Social Preferences and Their Self-Serving Biases." Working Paper, University of Pennsylvania.

Charness, Gary, and Matthew Rabin. 2002. "Understanding Social Preferences with Simple Tests." *Quarterly Journal of Economics* 117, no. 3: 817 – 869.

Dovidio, John F. 1984. "Helping Behavior and Altruism: An Empirical and Conceptual Overview." *Advances in Experimental Social Psychology* 17: 361 – 427.

Dovidio, John F., J. A. Piliavin, S. Gaertner, D. A. Schroeder, and R. D. Clark III. 1991. "The Arousal: Cost-Reward Model and the Process of Intervention: A Review of the Evidence." In *Prosocial Behavior: Review of Personality and Social Psychology*, ed. M. Clark, 86 – 118. Newbury Park, CA: Sage.

Drago, Robert, and Gerald T. Garvey. 1998. "Incentives for Helping on the Job: Theory and Evidence." *Journal of Labor Economics* 16, no. 1: 1 – 25.

Eckel, Catherine C., and Philip J. Grossman. 1996. "Altruism in Anonymous Dictator Games." *Games and Economic Behavior* 16, no. 2: 181 – 191.

Ekeh, Peter Palmer. 1974. *Social Exchange Theory: The Two Traditions*. London: Heinemann Educational.

Fehr, Ernst, and Urs Fischbacher. 2004. "Third-Party Punishment and Social Norms." *Evolution and Human Behavior* 25: 63 – 87.

Fehr, Ernst, and Simon Gächter. 2000. "Fairness and Retaliation: The Economics of Reciprocity." *Journal of Economic Perspectives* 14, no. 3: 159 – 181.

Frey, Bruno5., and Beat Gygi. 1998. "Die Fairness von Preisen." *Schweizerische Zeitschrift für Volkswirtschaft und Statistik* 124: 519 – 541.

Frey, Bruno S., and Werner W. Pommerehne. 1993. "On the Fairness of Pricing-an Empirical Survey Among the General Population." *Journal of Economic Behavior and Organization* 20: 295 – 307.

Fong, Christina. 2004. "Empathic Responsiveness: Evidence from a Randomized Experiment on Giving to Welfare Recipients." Working Paper, Carnegie Mellon University.

Gärtner, Wulf, Jochen Jungeilges, and Reinhard Neck. 2001. "Cross-Cultural

Equity Evaluations: A Questionnaire-Experimental Approach." *European Economic Review* 45, nos. 4 - 6: 953 - 963.

Harrington, Joseph E. 2001. "A Simple Game-Theoretic Explanation for the Relationship between Group Size and Helping." *Journal of Mathematical Psychology* 45: 389 - 392.

Holmstrom, Bengt, and Paul Milgrom. 1991. "Multitask Principal-Agent Analyses: Incentive Contracts, Asset Ownership, and Job Design." *Journal of Law, Economics, & Organization* 7: 24 - 52.

Kahneman, Daniel, Jack L. Knetsch, and Richard Thaler. 1986. "Fairness as a Constraint on Profit Seeking: Entitlements in the Market." *American Economic Review* 76: 728 - 741.

Konow, James. 2003. "Which Is the Fairest One of All? A Positive Analysis of Justice Theories." *Journal of Economic Literature* 41, no. 4: 1188 - 1239.

Latané, Bibb, and John M. Darley. 1970. *The Unresponsive Bystander: Why Doesn't He Help?* New York: Appleton-Century Crofts.

Latané, Bibb, and S. Nida. 1981. "Ten Years of Research on Group Size and Helping." *Psychological Bulletin* 89: 308 - 324.

Lazear, Edward P. 1989. "Pay Equality and Industrial Politics." *Journal of Political Economy* 97, no. 3: 561 - 580.

Lerner, Josh, and Jean Tirole. 2002. "Some Simple Economics of Open Source." *Journal of Industrial Economics* 50: 197 - 234.

Lévi-Strauss, Claude. 1949. *Les structures élémentaires de la parenté*. Paris: Presses Universitaires de France.

Levine, Sheen S. 2004. "The Strength of Performative Ties: Network Exchange in a Knowledge Intensive Firm." Working Paper, Wharton School, University of Pennsylvania.

Malinowski, Bronislaw. 1922. *Argonauts of the Western Pacific*. London: Routledge.

Mauss, Marcel. 1925. *The Gift: Forms and Functions of Exchange in Archaic Societies*. London: Cohen & West.

Oberholzer-Gee, Felix. 2005. "A Market for Time: Fairness and Efficiency in Waiting Lines." Working Paper, Harvard Business School.

Osterloh, Margit, and Sandra Rota. 2005. "Open Source Software Development-Just Another Case of Collective Invention?" Working Paper no. 2005 - 8, Center for Research in Economics, Management, and the Arts.

Oswald, Patricia A. 1996. "The Effects of Cognitive and Affective Perspective

Taking on Empathic Concern and Altruistic Helping." *Journal of Social Psychology* 136, no. 5: 613 - 624.

Piliavin, Irving M., Judith Rodin, and Jayne Allyn Piliavin. 1969. "Good Samaritanism: An Underground Phenomenon?" *Journal of Personality and Social Psychology* 13: 289 - 299.

Rabin, Matthew. 1993. "Incorporating Fairness into Game Theory and Economics." *American Economic Review* 83, no. 5: 1281 - 1302.

Rabinowitz, Frederic E. 1997. "Helpfulness to Lost Tourists." *Journal of Social Psychology* 137, no. 4: 502 - 509.

Raphael, David Daiches. 1980. *Justice and Liberty*. London: Athlone.

Rawls, John. 1971. *A Theory of Justice*. Cambridge, Mass.: Belknap Press.

Schneider, Frank W., Wayne A. Lesko, and William A. Garrett. 1980. "Helping Behavior in Hot, Comfortable, and Cold Temperatures: A Field Study." *Environment and Behavior* 12: 231 - 240.

Takahashi, Nobuyuki. 2000. "The Emergence of Generalized Exchange." *American Journal of Sociology* 105, no. 4: 1105 - 1134.

Uehara, Edwina. 1990. "Dual Exchange Theory, Social Networks, and Informal Social Support." *American Journal of Sociology* 96, no. 3: 521 - 557.

von Hippel. Eric. 2001. "Innovation by User Communities: Learning from Open-Source Software." *Sloan Management Review* 42, no. 4: 82 - 86.

Weiner, Bernard. 1995. *Judgments of Responsibility: A Foundation for a Theory of Social Conduct*. New York: Guilford Press.

West, Stephen G., and T. Jan Brown. 1975. "Physical Attractiveness, the Severity of the Emergency and Helping: A Field Experiment and Interpersonal Simulation." *Journal of Experimental Social Psychology* 11, no. 6: 531 - 538.

Wilson, D. W. 1981. "Is Helping a Laughing Matter?" *Psychology* 18: 6 - 9.

第六部分

评　价

第10章　有效的社会工程和现实主义认知模型构建：一位心理学家的思考

拉夫尔·赫特维希（Ralph Hertwig）

20年前，也就是1985年，一批知名的经济学家、心理学家和其他社会科学家齐聚芝加哥大学，对越来越多的记录系统性偏离理性经济行为指标的实验证据进行讨论。会议后出版了论文集《理性选择：经济学与心理学的对比》，其中包括不少于两位诺贝尔经济学奖得主（赫伯特·A·西蒙（Herbert A. Simon）和肯尼斯·J·阿罗（Kenneth J. Arrow））和三位未来得主（丹尼尔·卡尼曼（Daniel Kahneman）、罗伯特·E·卢卡斯（Robert E. Lucas）和默顿·M·米勒（Merton M. Miller））的著作。本书的两位编者为他们的著作作序如下。

> 经济学与心理学这两门现代学科是一个常见哲学思想体系的直接分支。但由于它们各自独立的演变，这两门学科对其思想的阐释截然不同，并且通常使用完全不同的调查和分析方法来研究不同的研究对象。尽管如此，由于在许多人类活动领域中经济学家和心理学家研究的现象是相同的，所以人们很自然地就会问，目前的分离是否对这两门学科更

有利……换言之，经济学和心理学这两门现代学科是否能相互学习，如果能，能学习什么？(Hogarth and Reder 1987，1)

对心理学和经济学之间有点疏远的关系这一描述让人们真切地回想起了在过去不久，西蒙（Simon 1987，26）指出，通过使单纯可观察选择的理性（实质理性）概念化，经济学走了一条不同于其他社会科学的道路。作为对比，西蒙还指出，心理学了解其采用的过程方面的理性，包括“非理性过程”（过程理性）。这些牵涉到动机、情感和用于推理从而使有限的信息处理能力能够解决复杂的现实问题的简单近似策略。无论是什么不同的理性观念把心理学与经济学引向不同的方向，你都不需要成为一位幼稚的理想主义者以至于认为芝加哥会议后仅 20 年就可以明确地回答“心理学和经济学是否能相互学习”这一问题：是的，它们可以的。

如今，正如弗雷和斯塔特勒（第 1 章）指出的，有数个活跃的领域是由心理学家和经济学家共同进行研究的。其中包括，如，行为经济学（如对金融和博弈论的应用参见 Camerer，Loewenstein，and Rabin 2004)、人类行为的动机决定因素（如利他主义和公平，参见 Fehr and Schmidt 2003)、内在动机的作用（Frey 1997)，以及人类幸福的决定因素（例如 Frey and Stutzer 2002；Kahneman，Diener，and Schwarz 1999；Layard 2005)。此外，随着实验法越来越被公认为是经济学中的一个合理研究工具，即使以前不同的调查方法也变得有点相同了。因此，现状向大家提出了一个问题：我们是否能相互学习得过多。所以，今天的挑战反而是要不满足于已推理出的相互关系，继续寻找其他的相互关系。

这也正是本章的目标。为了完成从心理学家的有利位置对本书文献的评论这一任务，我以两个主题为重点，每门学科一个主题，在我看来这两个主题都应受到另一学科的关注。这两个主题都以某种形式出现在了本书几个章节的内容中。第一个主题涉及经济学分析的一个巨大优势，也就是，对社会制度的有效分析及其工程设计以及心理学为何对其言之甚少。第二个主题涉及心理分析的一个巨大优势，也就是，对可观察行为在认知过程方面的分析和模型化以及经济学为何对其言之甚少。在我开始论述这些主题之前，请允许我偏离一下主题，讨论一下这两个学科在 20 世纪的历史，因为这两个主题的根源都在于此。

一、关于人类行为的两门学科的一些历史根源

在 20 世纪的上半叶，经济学和心理学都经历了一场重新定义了各自基础的概念革命。虽然革命都具有一种类似的认识论精神（如，实证主义科学哲学），但却似乎都表现出了对对方领域的极少关注。要想了解这场始于约 1913 年的心理学行为主义革命，就让我们再回到有助于引发革命的势力上来。19 世纪科学心理学创立时，一个关键主题是意识。事实上，早期的一些杰出人物，如威廉·翁特（Wilhelm Wundt）将心理学定义为对意识经验理解的探索（Baars 1986），如威廉·詹姆斯（William James）认为意识经验——这一心理学领域最令人费解的现象之一，是科学心理学的基础（Baars 1988）。但建立在本身就令人费解和难以理解的基础上似乎是一个无效用的配方。直到 19 世纪末这一问题依旧没有得到解决，科学思想家，特别是西格蒙德·弗洛伊德（Sigmund Freud），开始转向更难以捉摸的过程，并推测可以通过分析心理学成果来推断出无意识过程，例如口误、动机性遗忘现象、梦等。

20 世纪初的行为主义革命是一场反对拥护意识经验作为合理的科学课题的科学心理学的革命。行为主义者虽然并不否认心理事件的存在，但他们主张，无论有意识还是无意识的心理事件都不是公开可观察到的。因此，行为主义——也就是被作为一种行为科学的心理学，将自己禁锢在了对可观察事物的研究上。用 B. F. 斯金纳（B. F. Skinner）（1953）的话说，这指的是有机体的现时刺激、强化过程和现时反应。行为主义彻底改变了心理学，在 20 世纪 50 年代以前一直都是美国大学的主流。乔治·米勒（George Miller 2003）的《计划和行为的结构》（1960 年与加兰特（Galanter）和普利布兰（Pribram）合著）被视为现代认知心理学的奠基作之一，该书对心理学的行为主义转变描述如下："感知变成了辨别，记忆变成了学习，语言变成了言语行为，智力变成了智力测验的测试对象。"

不同于 19 世纪和 20 世纪初的心理学家，经济学家对有意识的心理事件本身从不感兴趣，无论感觉还是想法。感觉和想法反而成了脱离行为的预测工具。但由于感觉和想法不能被单独直接测量，若只从行为来评定，他们最终就被视为了无用的介入构想。正如卡默勒、路文斯汀和普雷勒克（Camerer，Loewenstein，and Prelec 2005）所叙述的：

> 19 世纪 40 年代，序数效用和显示性偏好概念消除了假定不可估量感觉的多余中间步骤。显示性偏好理论简单地将未观察到的偏好等同于观察到的选择。假定人们的行为始终如一，就避免了循环性，从而使理论可以被证伪；一旦他们表现出偏好 A 胜于 B，人们随后就不应选择 B 而不选择 A。稍后扩展开……假如类似的"好像"工具避开了心理学上的细节。只要大脑实质上仍是一个黑匣子，"好像"理论就有很大意义。

心理学和经济学的这段简史表明，在 20 世纪中叶的一段时间里，由于不同的原因，两门学科都支持对可观察行为的研究，代价是不可观察、不可估量的心理事件，如想法和感觉。事实上，对于想法和感觉的研究，最好也不过被视为不必要，最差只不过被视为不科学。但这种认识平行论并未持续很久。当年轻的诺姆·乔姆斯基（Noam Chomsky）开始抨击那些被证实是对美国实验心理学行为主义统治地位的沉重打击的因素时，它便开始终结。

1957 年，最杰出的行为主义者斯金纳发表了一篇关于语言和交流的行为主义报告，从而回应了阿尔弗雷德·诺思·怀特黑德（Alfred North Whitehead）主张的简单学习原则无法解释言语行为这一观点。麻省理工学院的一位年轻语言学家乔姆斯基偶然发现了斯金纳的《言语行为》，并在评论（1959）中对其中的多个假定提出了质疑。一般说来，他批评斯金纳对语言习得的解释完全缺乏对说话者的内置信息处理过程结构的任何参考。斯金纳推测，外在因素——特别是强化刺激的存在与否及其频率和排列——足以解释儿童是如何掌握复杂的言语行为的。相比之下，乔姆斯基却得出这样的结论，“所有正常的孩子基本上都较快地掌握了特别复杂的可比较语法，这表明人类在某种程度是专为这样做而设计的。”

乔姆斯基对斯金纳试图将操作性行为规律推广到语言行为的批评常被视为行为主义终结的开端，这是一个旷日持久的过程，随后被一系列事件推向了高潮，例如加西亚和科林（Garcia and Koelling 1966）对行为主义对等性假定的质疑，根据这个假定，任何事件都可以同等地与其他事件联系到一起。正如米勒（2003）所说，随着这些批评的出现，很明显行为主义无法成功：“如果科学的心理学将获得成功，那么心理概念将不得不融合并解释行为数据。”而事实上，这也正是所发生的情况。而经济学中的显示性偏好概念（并未涉及任何心理概念）被提出并且取得很大成功，而心理学则经历了20世纪的第二次观念转变，即认知革命。结果，心理学家重新将心理事件作为合理的研究对象。于是大脑不再是一个不可理解的黑匣子。但这正是我想提出的论点，借助于个体心理的心理过程，心理学也已抛弃了在设计社会制度时的行为能力。

二、社会工程：心理学中一个被遗忘的目标

作为一位心理学家，在阅读本书章节时，我被经济学家对社会制度有效组织的有说服力的分析所震撼。举例来说，史蒂芬·迈耶（第三章）提出的疑问——“一个人如何才能增加人们向公共产品捐赠的意愿呢?”具体地说，他研究的是制度安排、匹配机制是否能增加人们的捐款意愿，当然这也是非政府及政府组织（例如公立大学）的关注重点。他的研究涉及苏黎世大学的学生，每学期开始时都要求学生为两个不同的慈善基金捐款，一个是资助外籍学生，另一个是资助经济困难的学生。学生们可以以匿名的方式决定不捐或向其中一项或两项基金都捐预定金额。这样，他们的捐款意愿或向两项基金而非一项基金捐款的意愿能被提高吗?

从经典经济学理论的角度来看，很难解释人们在匿名情况下的捐赠行为。虽然从人们关心其他人的福利（效用）的意义上来说，降低每货币单位捐款的成本应该能刺激捐款，从而募集到更多资金。而单位捐款的价格可以通过回扣（例如，对慈善捐款减免课税）或匹配机制来降低。迈耶（第3章）以后者为重点。如果你收听美国国家公共广播电台，就可能很熟悉这个机制。国家公共广播电台的运营费用和

基础设施的相当一部分都是靠听众的捐款资助的。为了鼓励捐款，基金会或富有的慈善家的捐赠与听众捐款额相等的款项。在迈耶的现场试验中，学生知道，一个匿名的捐赠者将匹配其捐款额的 50%（或 25%），但他们必须向两项基金都捐款？如果是这样，那么在匹配的要约到期后，他们还会继续如此慷慨吗？

迈耶（第 3 章）发现，虽然匹配很难使先前的非捐款者变成捐款者，但 50% 的匹配机制使一些节俭的捐款者（仅向一项基金捐款）变成了慷慨的捐款者（向两项基金捐款）。有趣的是，尽管如此，在匹配结束后，慷慨的捐款者并没有变回节俭的捐款者，而是在下个学期中完全停止了捐款。而慷慨的捐款者在匹配结束前（在下个学期）就停止了捐款。迈耶讨论了对于这些结果的不同解释。最符合捐款者行为的解释认为，金钱激励可以挤出亲社会行为。

不考虑别人对我有所保留的情况，我还是由于一些原因而有幸了解了上述观点，以及有关匹配和其他机制对人们向公共产品捐赠的意愿的影响的相关分析。首先，该研究说明了经济学家已准备好解决那些对于社会如何组织其制度具有重要意义的问题。其次，对于研究自然环境下的制度，经济学家已经成功找到了在实验室和现场环境下复制这些制度的方法，从而能够控制那些与不同的真实世界制度混淆不清的因素（例如，参见 Eckel and Grossman's 2003 关于调查回扣和匹配机制对慈善事业的影响的实验室试验）。再次，经济理论提供了一个用于分析和研究回扣和匹配机制的行为影响的连贯的框架和语言，从诸如价格弹性的构念到框架安排的信号值。我们以不同制度可能表示不同的信息这一观念为例进行说明。亲社会行为的金钱激励可以表示与任务的性质有关的信息（参见 Benablu and Tirole 2003）。匹配，举例来说，可以表示一个过去未成功募集到资金的慈善团体现在需要借助于提供额外激励这一措施。换句话说，捐赠者匹配人们的捐赠水平可能被视为该基金可以信赖的一个标志。这两种解释都意味着制度安排传达了关于慈善事业优点的信息，以及关于其他人向慈善事业捐款意愿的信息。

至此，很明显心理学家很少关注对制度的分析。虽然我们拥有一个用来分析和构建思维活动模型的丰富的理论框架，但我们用来描述制度的语言却很少甚至没有。尽管我们已经具备了较高的实验技巧，但我们却很少转而在实验室中研究制度。即使我们是这些不同领域（如人们的工作空间、人际关系或其心理健康）的成功工程师，但我们似乎没有有效设计社会制度的欲望。然而，在理论上和试验上对制度的忽视并不是命中注定的。很可能是心理学认知革命和行为主义框架后来移置的微小副作用。

要正确评价这一推测，让我们再转向历史。从一开始，行为主义者并未从狄尔泰（Dilthey）对解释和理解的区分这一角度来定义他们的科学目标（Erklaren and Verstehen; von Wright 2004）。而是采用了沃森（Watson 1913）的话："在行为主义者看来，心理学是自然科学的一个纯粹客观的实验分支，其理论目标是预测和控制行为。"(158)。基于这一意见，斯金纳（1957）对"操作性条件反射"的分析以预测和控制行为的可观察到的环境事件为重点，特别是目标行为之前（如，辨别刺激）和之后（如，强化刺激）的事件。在行为学家称为行为的实验分析中，以丰富的概念框架术语来描述行为，举几个例子，框架包含诸如惩罚、回避、逃避、歧视、泛化、习得、消退等概念。这些关键术语中有一个“强化刺激”，其在斯金纳的《超越自由与尊严》(1971) 中被定义如下：“当一些行为后紧跟着某种结果时，这种行为就更有可能再次发生，具有这种效应的结果被称为强化刺激。例如，食物对饥饿的有机体来说就是一种强化刺激。如果有机体做出任何行为后获得食物，那么只要有机体饥饿时，这种行为就更有可能再次发生”(27)。换言之，当行为的结果增加了行为发生的频率时，这种结果就被称为强化刺激。类似地，当一种结果降低了行为发生的可能性时，这种结果就被称为负强化刺激。

根据其行为实验分析，斯金纳（1971）确信把人类行为归因于目的、目标和追求是毫无意义的。相反，就像他在《超越自由与尊严》中所预见到的：“我们无法通过提高责任感来解决酗酒和未成年人违法犯罪的问题。应当对这种不良行为‘负责’的是环境，所以应该改变的是环境而非个体的某种品质”(122)。

就环境结构而言，其中的体制结构是不良行为的基础，改变他们才是改变行为的关键。换句话说，制度的分析和设计要符合行为主义观点。事实上，在他的乌托邦式小说《沃尔登第二》里，斯金纳（1948）甚至从细节上描写了一个小型社区的体制结构——儿童福利设施、经济结构及其政治自制，他认为在当时的条件下这些都有利于追求幸福，用今天的行话说，称为可持续发展。实际上，他在《沃尔登第二》第二版的注释中概括了他对建立有效体制的不懈追求。斯金纳（1976）的怪异言论似乎预见了今天的担忧：

> 目前公认的是，必须使美国人的生活方式发生巨变。我们浪费和污染时，不仅无法面对世界的其他地区，也无法在承认我们的生活中充满暴力和混乱的同时长期面对我们自己。这个选择很明确：要么我们什么也不做，让充满灾难和痛苦的未来突然袭击我们，要么我们利用对于人类行为的知识来创建一个社会环境，在那里我们可以过着富裕且有创意的生活，而且不会危及那些跟随我们将能够做同样事情的人的机会（16）。

这些引文说明，在行为主义的全盛时期，科学家们（如斯金纳）致力于环境和体制的设计。无疑，通过“逃进”更多的应用领域，如临床和教育心理学，有些努力的成果在行为主义消亡后得以幸存。在理论层面上，一旦使自己脱离了行为主义，主流的实验心理学便放弃了对体制的分析和设计。换句话说，恢复对科学准则的认知付出的代价是忽略了个人心理之外的世界。但行为主义与认知心理学之间的斗争早就注定了。今天的心理学是一门对认知能力的理解和人类心理过程做出巨大贡献的学科。得益于这一成就，现在心理学家与经济学家一道在制度背景下进行行为分析和认知比以前更为可行，并且贡献这一构念的含义超出了效用函数。

三、匹配和慈善捐款：来自行为主义框架的一个观点

从心理学的角度来看，通过首先调查哪种行为主义构念可以完善和丰富对体系的经济分析，可以重新进行制度分析。我们以匹配机制应如何设计才能鼓励长期的慈善捐款的问题为例。在分析这个问题时，将“提供匹配”视为一种有可能会具有启发性的强化刺激。也就是说，匹配是一种强化刺激，目标在于从可能性和捐款金额方面增加亲社会行为发生的频率。因此，匹配是工具性条件反射的一个最普通实例，也就是正强化（与惩罚和负强化相反）。其中，工具性反应的显示产生了一种正强化（即，回报）。糖果、金钱、表扬、感官刺激和社会认可都可以是对某些行为的丰厚回报和强化刺激。一种解释“提供匹配”的方法是从社会强化方面入手。这是一种经过其他人社会调节的强化——例如，老师、父母、或同事——他们对于适当行为表现出认可和赞扬。依此类推，通过对一个人的行为提供匹配，制度可以表现出它对亲社会行为的肯定。打个比方，赞扬捐赠者。至少在提供匹配的过程中，赞扬似乎起到了作用：它促进了所期望的工具性行为（迈耶，第3章）。

因此，将框架匹配作为一种社会强化，现在就可以利用行为主义者所了解的影响正强化的因素，例如强化时间表、强化延迟或对比效应，来分析慈善捐款的驱动因素了。对于工具性条件反射影响最大的可能就是强化时间表了，它决定了行为产生回报的频率。在自然环境下，许多回报是间歇发生的——一月支付一次工资，或在不确定的天数后收到朋友的回电等。回报无论是经常发生还是间歇发生都对预期行为发生的比率和可能性有深远影响。举例来说，“可变比率时间表”的反应率（例如，1∶3的可变比率意味着，平均每三个人里有一个人将得到回报）往往高于强化刺激是在定量反应后或固定间隔时间内出现的其他强化时间表（Tarpy and Mayer 1978）。

行为被认识的强化时间表对其稳健性高低也有影响。举例来说，学习研究中最可靠的现象之一是部分强化效应（Tarpy and Mayer 1978）。它描述了这样一种情况：当在间歇而非连续强化下最初认识行为时，对消退的抗性较强。一个可能的原因是，在间歇回报条件下，有机体的行为已经习惯于表现出挫折。相反，被连续强化的有机体在消退过程中第一次经历厌恶挫折的全面影响。因此，根据这一看似合理的推测，他们较快地停止了反应。

如果人们认可匹配捐赠的作用就像强化刺激这一类比，那么部分强化效应就对匹配机制具有即时影响。有一个预测是，如果目标行为——向公共产品捐赠——是在间歇强化条件下观察到的（这里是指间歇匹配），则一旦所有匹配都被撤销后，目标行为将更坚定。换句话说，如果不时进行慈善捐款，则不一定会受到匹配的强化，即使在某些不提供匹配的时候，人们也会继续捐款。

由于现实世界环境中的回报频率改变了，其量值也会变动，从而形成一种对比效应。“对比”是指发生什么事时有机体在一组回报条件下观察到一种行为时会随即转向一组不同的回报条件。在一项典型实验中，训练两组有机体对一个小奖励做出反应，而另外两个组获得了一个大奖励。当行为稳定后，让各奖励体制中一个组获得另一个奖励量值，而另一组继续获得同样的奖励。观察到的行为会由于奖励逆转的影响发生怎样的变化呢？典型结果是交替组中的行为发生了相应变化：由低向高变化的有机体的行为变得更好，而由高向低变化的有机体的行为则变得更差。而更有趣的是，观察结果显示，交替有机体分别趋向于超过和不足（与高—高和低—低有机体相比较）。换言之，变化后，低—高组的行为甚至要优于高—高组。同样，高—低组的行为比低—低组的行为要差（Tarpy and Mayer 1978）。这一发现回应了迈耶的观察结果（第 3 章）：当捐赠匹配停止——从而由高奖励转为无奖励时，人们会表现出“过度补偿”。也就是说，他们捐赠得比以前少。

从行为主义者的角度来看匹配捐赠行为可以发现另一个有趣的观察结果：苏黎世大学做出的匹配捐赠的承诺（在迈耶的分析里，第 3 章）和捐赠者的反应可以演化成两种彼此强化的行为。为了了解这种可能性，让我们再次假设提供匹配促进了个体捐赠的意愿。但同时，机构的行为至少部分受到捐赠者行为的控制。对应匹配的捐赠可能性有所增加，这很有可能会强化大学的行为，从而增加未来匹配捐赠的可能性。

我相信这几个例子足以阐明，丰富的行为主义框架可以被用作评价社会制度的有效设计和影响时的启发式工具，如匹配机制。为了避免误解，我既不祈求心理学中行为教条主义的复兴，也不想暗示行为主义构念应当取代经济构念。恰恰相反，我确信通过重回行为主义的范例，认知心理学家会发现很多理论构念和实验结果，这些为完善和丰富制度的经济分析带来了希望。经济学家和行为学家有着共同的信条，那就是通过结果来选择行为。这一共同的信条可能已经形成了提供等量概念透镜集的理论框架。现在该是看他们是否可以协同使用的时候了。

这样做，心理学家将获得一个向世界的有效工程做出更大贡献的机会。

四、认知模型构建：经济学中一个被忽视的目标

具有讽刺意味的是，这个时期前后的经济学家厌恶心理力量转而重视行为，心理学家则是从外显行为转向心理过程。就像他们之前的行为主义者那样，经济学家开始怀疑，除了通过其行为来观察推断之外，没有任何其他方式可以对心理实体予以衡量。为了避免无谓的重复，经济学家采用了另一种被证明很有效，即介于未被观察的效用和观察到的（显性）偏好之间的方式。经济学家为此付出的代价是众所周知的，至少在许多心理学家看来是这样：对人们心理现实性的忽视是由于时间、

信息和计算能力的限制而造成的。西蒙（1987）可能是对这一忽视最直言不讳的评论家，在对理性的论述中，他就新古典经济学写道，它在推理时选择现实情况中的某些方面作为被观察到的和假定的“已知”条件，忽略了个体的和社会的过程，也忽视了推理中用到的计算策略，以至于在应付复杂的现实情况时信息处理能力非常有限（26），这是它与其他社会科学的不同之处。

为了概括某种在这个领域发展很普遍但是现在却已一去不复返的观点，人们可能会弄错上面的描述。今天，许多经济学家会赞同认知资源、时间和资金是有限的，并会主张经济模型应明确地考虑到这些限制，例如，假定有限而非无限的信息搜索。有限搜索需要一个终止规则，即一个决定什么时候终止搜寻更多消息的方法。有些经济模型通常以“限制条件下的优化”的名义，假定终止规则在时间、计算、资金和其他资源有限的情况下优化了搜索。根据这个观点，大脑应该计算搜索进一步信息的边际效益和边际成本，当成本超过效益时应当停止搜寻（如 Sargent 1993；Stigler 1961）。尽管“当成本超过效益时停止搜索”这一规则乍听起来有理，但限制条件下的优化要求比有关无限理性的古典模型更多的知识和计算。这是因为它假定决策者不仅要考虑到损益计算，而且还要考虑机会成本和计算的二次成本（Conlisk 1996；也可参见 Gigerenzer et al. 1989，10－12）。

因此，得出如下结论看来似乎不会有太大争议：不仅新古典经济学而且许多现代经济学模型也都很少或根本没有注意人类参与者的有限的信息处理能力。相反，心理学家却经常能注意到。事实上，这种情况下他们已经积累了对认知限制（例如，在记忆、处理能力和注意力方面），以及与这些限制协同出现的认知过程（参见 Hertwig and Todd 2003）的可靠理解。此外，心理学家还提议认知过程的模型以广泛的行为，例如判断、选择、推断和分类为基础。下面我描述了一个最近的有关风险选择的认知模型，我相信它丰富了我们对于风险判断过程和判断结果的理解，增强了我们的预测能力。根据我的论文，从对经济理论化有着巨大影响的调查（例如人们是否错误预测了未来效用）中，也能获得相同的好处。

五、占优启发式：风险选择时在没有权衡启发的情况下做出选择

决策论历史上的最重大事件之一发生在 18 世纪早期，而且涉及数学史上一项错综复杂的赌博和可能是最显赫家庭的两名成员。在与皮埃尔·雷蒙德·德·蒙莫尔（Pierre Rémond de Montmort）的书信来往中，瑞士巴塞尔的一位法学教授尼古拉斯·伯努利（Nicholas Bernoulli）提出了圣彼得堡博弈。在这项赌博中，投掷硬币直到出现带人头的一面。如果人头在第一次投掷时出现，投掷人员将可以得到两个硬币；如果出现在第二次投掷，投掷人员将得到四枚硬币。因此这个赌博的得

益是 2 的 k 次方，k 是人头在出现时的投掷次数。虽然这项赌博有一个无限的期望值（参见 Jorland 1987），但几乎没有人介意为获得赌博的权利而支付一笔不小的数额。

为了解决关于有教养开明人士如何推理的主流心理学理论与人们的良好判断力之间的矛盾，尼古拉斯的堂兄弟丹尼尔·伯努利（Daniel Bernoulli 1954）保留了期望值理论的核心——换言之，货币收入与其概率相乘并最大化——但是建议用主观效用替代客观的钱数。在他看来，货币的乐趣或效用并没有随钱数而出现线性增加。相反，效用的增加值下降了（递减的边际效用），他通过假定货币的主观与客观值之间的关系服从一个对数函数而构建了这一下降的模型。

丹尼尔·伯努利提出的圣彼得堡悖论的解决方法所提供的完全是期望效用理论的基础，但它也介绍了一个关于如何解决风险选择理论与行为之间的差异的有影响的先例。正如伯努利已成功证明的，一个人可以通过给原理论增加一个或多个可调整参数来做到这一点——在伯努利的案例中，效用概念——同时保留了原框架，也就是说这样一个概念，人们的行为好像是用期望值乘以某一概率函数，然后使其最大化。

时至今日，学术界已经提出了无数有意无意中采用了伯努利策略的风险行为理论。例子包括失望理论（Bell 1985；Loomes and Sugden 1986）、后悔理论（Bell 1982；Loomes and Sugden 1982）、注意力转换模型（Birnbaum and Chavez 1997）、决策情绪理论（Mellers 2000）、前景理论（Kahneman and Tversky 1979）以及累积前景理论（Tversky and Kahneman 1992）。他们代表了一个“修正”计划，即通过引入心理学变量，如情绪和参考点，以拯救伯努利框架（Selten 2001）。例如，前景理论的创始人将其目标设为“收集能描述简单货币赌博之间选择的……期望效用函数理论的即便是最细微的修改”（Kahneman 2000，x）。尽管有其他的心理学含义，但由于涉及了复杂的计算，许多期望效用函数理论修正一般都被解读为“好像”模型。也就是说，他们描述并完美地预测了选择结果，但并不解释基本过程。

然而，还有一种截然不同的对实证做出反应的方式，人类行为常常与期望效用函数理论相悖。人可以走出由来已久的框架，并将人们的选择解释为使用启发式工具的直接结果，并不是通过更多可调节变量的方式为伯努利框架添加更多心理学内容。这是布兰德斯达特（Brandstatter）、吉仁泽和赫特维希（2006）已经采用的一种方法（相关理论参见 Payne，Bettman，and Johnson 1993）。具体来说，他们调查了，一个顺序启发式——“占优启发式”是否能预测对期望效用函数理论和主要选择数据的典型违背。与结果模型不同，启发式的目的是构建选择结果和过程的模型。为此，他们需要有一个有关（1）过程规则、（2）终止规则和（3）决策规则的规范。

为了阐明占优启发式，让我们来考虑一个简单的货币赌博，其中“赢得钱数 x 的概率为 p；赢得钱数 y 的概率为（$1-p$）”（x，p；y）。这里，决策者提供了 4 个理由：最大获益、最小获益及其各自的概率。全部理由都同时出现，而且没有成本。因此，由此产生的选择是“来自描述的决策”，而不是“来自经验的决策”（Hertwig et al. 2004）。“优先原则”指的是人们审查这些理由的顺序，筛选之后做出其决策。启发式从下列三个方面描述了在两项简单货币赌博之间做出选择的心理过程。

1. 占优规则。按这个顺序审查理由：最小获益、最大获益的概率、最大获益。

2. 终止规则。如果最小获益与最大获益相差达 1/10（或更多），就终止搜索；否则，当最小获益概率与最大获益概率之间相差达到 1/10（或更多）时就终止搜索。

3. 决策规则。选择获益（概率）方面更具吸引力的赌博。

“有吸引力”一词是指具有更高（最小或最大）获益和更低最小获益概率的赌博（关于如何从实验证据中得出这一规则，详情参见 Brandstatter，Gigerenzer，and Hertwig 2006）。启发式具有三个不同特色。它最初的重心是结果而非概率（Deane 1969；Loewenstein et al. 2001；Sunstein 2003）。它以用于推断的既快速又节俭的启发式的顺序结构为基础（参见 Gigerenzer 2004）。最后，占优启发式将期望水平并入了其选择算法（Luce 1956；Simon 1983）。对于非正面和复杂前景以及对于 2 个以上结果，占优启发式的一般化是显而易见的。

（一）确定性效应

为了阐明占优启发式的工作原理，让我们转向确定性效应，这是一个众所周知的对期望效用函数理论的违背。根据阿莱士（Allais）（1979，441）的观点，确定性效应记录的是人们在确定性范围内对安全感的偏好。下面是一个简单的示范（Kahneman and Tversky 1979）：

A：	4 000	其中 $p=0.80$
	0	其中 $p=0.20$
B：	3 000	其中 $p=1.00$

大多数人（百分之八十）选择了确定选项 B

C：	4 000	其中 $p=0.20$
	0	其中 $p=0.80$
D：	3 000	其中 $p=0.25$
	0	其中 $p=0.75$

现在大多数人（65%）选择了赌博 C 胜于 D。要注意，选项 B 意味着 u（3 000）/ u（4 000）$>4/5$，而选项 C 则相反。

占优启发式模型以比较选项 A（0）和 B（3 000）的最小获益开始。当差异超过最大获益（4 000）期望水平的 1/10 时，即终止搜索，模型预测人们偏好选项 B，而事实上这也是多数选择。C 与 D 之间，最小获益（0 和 0）没有差异。在下一步中，启发式比较了最小获益的概率（0.80 和 0.75）。由于这一差异并未达到 10%（第二个理由的阈值），所以将检查最后一个理由——最大获益。这一理由支持选项 C 胜于 D。

占优启发式在某些方面是很简单的。它通常仅参考一个或几个理由，即使筛选了所有理由，它也仅以一个理由为基础。概率被视为线性的，在除最后一个之外的所有理由中都采用了 1/10 的期望水平，并忽略了差异值。此外，并未内置任何用于过分重视小概率和忽略大概率，或有关价值函数的参数。

（二）占优启发式的实证检验

这一简单模型像多参数结果模型一样解释了人们的选择吗？布兰德斯达特、吉仁泽和赫特维希（2006）发现，启发式可以对不符合期望效用函数理论的许多不同现象做出解释。例如，像确定性效应那样，它可以预测阿莱士悖论、概率效应和非可迁性。为了调查启发式能够在多大程度上预测各种赌博中的选择，布兰德斯达特、吉仁泽和赫特维希通过 4 类赌博对启发式进行了检验，这 4 类赌博分别是：（1）简单的选择问题（不超过两个非零结果；Kahneman and Tversky 1079）；（2）多结果赌博（Lopes and Oden 1999）；（3）从确定等价值推断出的赌博；（4）随机取样赌博（Erev et al. 2002）。

4 类赌博共计 260 个问题。其中，将每个问题中预测模型选择所用的占优启发式的效能与期望效能理论的 3 个修正的效能（累积前景理论（Tversky and Kahneman 1992）、安全潜能/期望理论（Lopes 1987，1995，详情参见 Lopes and Oden 1999）和注意力转换模型（Birnbaum and Chavez 1997））相比较。尽管其参数的数量和性质不同，但所有修正均保留了人们的行为就像他们将概率与价值的某个函数相乘然后最大化这一假定。有关学者也将占优启发式与之前提出的经典启发式进行了比较（参见 Thorngate 1980；Payne，Bettman，and Johnson 1993）。对于每个策略来说，确定了其平均节约（定义为，在做决策时一个模型所忽略的信息的比例），以及正确预测的比例（即，对模型选择的预测）。

图 10—1 描述了不同策略如何解释人们的选择。出现了 3 个策略集群：期望效用和计算的修正、经典选择启发式和占优启发式。第一个集群，涉及对期望效用和计算的修正，可以相当准确地预测选择，但需要大量的信息。具体来说，安全潜力/期望理论、累积前景理论和注意力转换模型分别正确预测了大多数选择的 79%、77%和 69%。第二个集群，经典启发式，相当节约，但在预测人们的选择时表现得比较沉闷。实际上，除了最不可能的启发式和计算外，大多数经典启发式的效能并未超过机会水平。举例来说，极大极小和词典编撰策略的效能分别是 49%和 48%。占优启发式代表了第三和最后一个集群。这一启发式达到了所有策略中最高的预测准确度（87%），同时又相当节约。

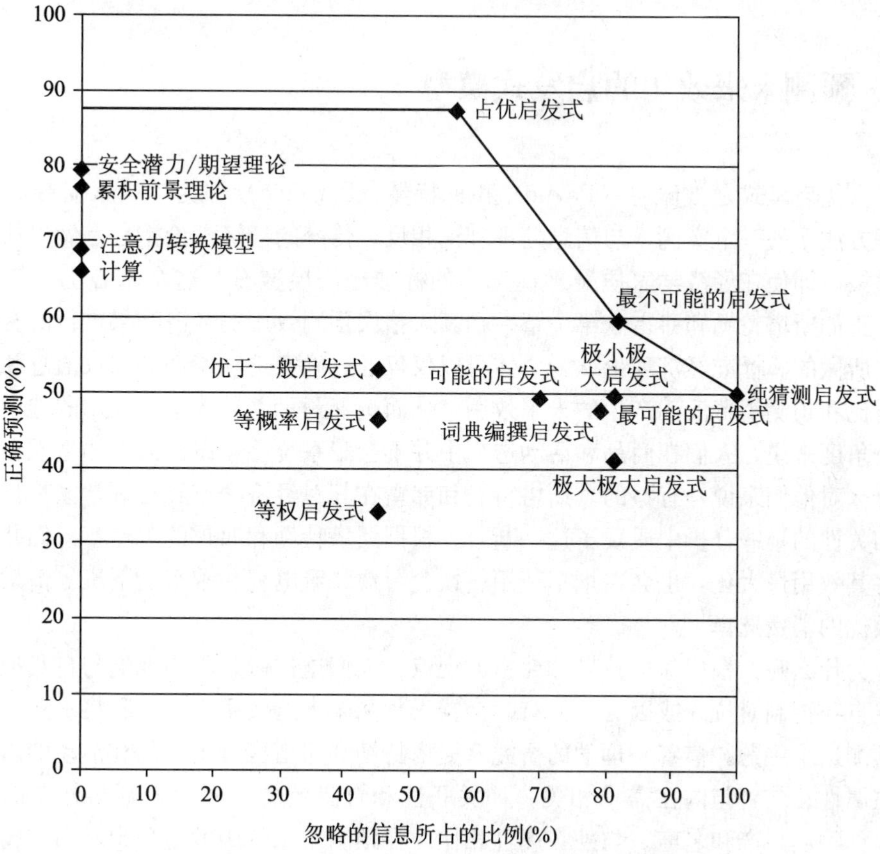

图 10—1　关于启发式的描述

资料来源：Branstatter，Gigerenzer，and Hertwig (2006)。经美国心理学协会批准再版。

总而言之，布兰德斯达特、吉仁泽和赫特维希的目标是从实验证据中得到一个既能预测风险选择又能详细说明其基本心理过程的模型。为了实现这一目标，确定了（1）审查理由。最小结果——最小结果概率——最大结果这一顺序。（2）停止审查理由的条件。（3）决策规则。这里每个过程假设都产生了超越结果预测的经验预测。因此，可以在两个层面上检验该模型，即选择层面和过程层面（对后者的检验参见 Brandstätter，Gigerenzer，and Hertwig 2006）。虽然占优启发式在预测人们在受检查的赌博中的选择时具有出色效能，但也有局限性。例如，额外结果表明，当选择很困难时，占优启发式做得最好，这是由于选项具有类似的期望值。相反，当选择变得简单（由于期望值差异较大）时，期望值理论的预测效能等同于或优于启发式（关于本主题和其他局限性的论述，参见 Brandstatter，Gigerenzer，and Hertwig 2006）。

六、预测未来效用的启发式模型

占优启发式是被佩恩（Payne）和贝特曼（Bettman）称为“决策研究的信息处理方法”的一个实例。与信息处理理论相反，传统的经济理论重心是做出什么样的决策。即使在经济学家质疑理性选择的标准经济模型时，这个重心仍是最重要的，正如斯塔特勒和弗雷（第7章）在其对错误预测效用的经济结果进行的有趣调查中所做的。标准经济理论认为个体可以仅仅通过确定选项特性的加权值总和来准确对比和预测消费活动产生的未来效用，从而选择预示着最大预测效用的选项。从这个角度来说，人们在商品和活动选择中并不会犯系统性错误。人们知道现在和将来什么对他们来说是有益的。斯塔特勒和弗雷在其对经济学家和心理学家都具有绝对相关性的精辟分析中质疑了这一断言。根据斯塔特勒和弗雷的观点，人们并不总是将其效用最大化，也会在烟草使用、饮食习惯、看电视和乘车上下班等情景下做出次优的消费选择。

为什么呢？根据斯塔特勒和弗雷的观点，人们这样做是因为他们与自我控制或缺乏自我控制对抗，或因为他们有时会错误预测未来的效用。往下我将重点讨论错误预测这个主题。借鉴心理学的研究，斯塔特勒和弗雷区分了商品和活动的内在和外在属性。前者与内在需求相关，如关联性和自我效能，而后者则与外在欲望相关，如物质财产和名声。与外在属性相比，在预测未来效用的过程中对内在属性的评价过低。出现低估的原因有：(1) 与内在属性相比，适应性（也就是我们对事件的情感反应逐渐消失）更有可能因外在属性而被低估；(2) 外在属性可能会产生更简短但更强烈的更令人难忘的情感反应；(3) 在面对自己和他人时，人们发现外在属性比内在属性更容易被证明；(4) 具有显著外在需求的人们会更有可能依赖有关形成其主观幸福感的原因的错误直觉理论。

在其他情景中，斯塔特勒和弗雷（2004）在一个普遍存在的决策（即，在两个工作之间做决定，一个提供更高收入但需要较长的通勤时间，另外一个收入较少但同样通勤时间也较少）的背景下检验了其关于在预测未来效用时相对忽视内在属性的论文。他们假定，通勤时间及相关的内在属性，如与朋友和家人在一起的时间为不足之处，而外在属性，如较高的收入和较低的住房费用（从而能实现较高的消费水平）又是权重过大的。根据最大化分析（用通勤者报告的生活满意度代替个体效用），他们发现，那些花较多时间通勤的人们不能通过较高收入、较低的租金或更好的住房条件来完全补偿他们的不悦。与认为人们通过外在属性对未来效用的评价过高这一观点一致，当与他们自身的偏好相比时，人们对自己这样做并不满意。

如果弗雷和斯塔特勒（2004）的目的在于不仅对结果而且对选择过程进行建模，那么他们的调查会发现什么呢？我的猜想是这样的，过程模型可以更好地理解人们为什么会系统性地错误判断未来效用，以及人们如何和为什么会在判断上有所差异。为了说明这一推测，让我们来做一个思维实验，类比两种赌博之间的选择——研究一下人们在两个工作之间的选择。为了简便起见，我们假设每个工作可以用3个理由来描述：两个有形理由，工资和通勤时间（代替用于社会活动的时间），和一个无形理由，也就是，预期的社会地位。工作a的报酬较高并且预示了较高的社会地位但需要长时间的通勤。相反，工作b的报酬较低并且预示了较低的社会地位，是什么样的决策过程使人们始终选择工作a，从而对源于外在属性——收入和地位的满意度的重视过高？

这个问题的答案取决于用于检验理由的启发式的类型。有一类启发式按顺序检验理由（简单的衡量形式）（占优启发式就是一个例子），然后根据第一个判别理由做出决策。这就是“单一理由决策”启发式（Gigerenzer 2004）。其中，如果外在理由在顺序上超越内在理由，那么他们将获得优先权。例如，如果工资的顺序在通勤时间之上，且工资差异恰到好处（满意），那么将停止对其他理由的审查。因此，其他理由，诸如通勤时间，将不会进入决策过程。在这类启发式中，个体差异至少能够通过两个来源进入：一个是理由的顺序。有些重视内在需求的人们可能会将通勤时间而非工资列为最重要的理由。另一个是停止审查的期望水平。例如，一个人可以推测令那些重视外在需求的人们满意的工资差异比令那些重视内在需求的人们满意的工资差异小。

第二类启发式省去了理由的简单排序和所有理由的简单合计（直到满足阈值）。这就是“计算”启发式（Gigernzer 2004）。在这类启发式中，如果进入决策过程的外在理由比内在理由多，那么外在理由就具有优势。在其他条件都相同的情况下，一个工作所有内在理由的积极价值无法补偿另一个工作所有外在理由的积极价值。换句话说，如果外在理由被证实是即时获得和可以计量的，那么外在理由也将具有优势。事实上，人们通常都知道自己要做出选择的两个工作的工资，但可能不太清楚每个工作的时间以及加班会如何影响自己的社会生活，进而影响自己的主观幸福感。如果内在和外在理由之间存在这种信息不对称，那么在其他条件不变的情况下，外在理由就可能具有一定的优势，只是因为人不太可能了解内在理由的价值。

上述只是两类启发式（参见Payne，Bettman，and Johnson 1993）。但我们的思维实验已经呈现出了一些见解。一方面，实验表明，人可能会错误判断未来效用的原因可以是多方面的。根据启发式的类别，原因可能在于，首先，在理由的顺序上，外在和内在理由的生态频率，或内在理由较低的确定性和可预见性。其次，还不清楚人们的“错误判断”是否是一个认知偏差的实例，例如，如果与有形的外在理由相比，人们确实拥有更不可靠和不确定的对无形的内在理由的认识，那么外在理由相对于内在理由的优势就是由于这种信息不对称，而非信息错误处理而产生的。再次，通过详细说明可能的过程，个体间差异的各种来源就很明显了：理由的顺序、期望水平、内在理由相对于外在理由的数量等。最后，不同的启发式产生不同的可能干预措施，即，如果一个人的目的是使人们做出更好的选择（“更好”是以其自身偏好衡量的），与一个不按特定顺序而是因“内在理由必然的不确定性”受损的人相比，能够系统地先给外在理由而不是内在理由排序的人将会从不同反馈中受益。

七、结　论

在21世纪的一个非常狭小的时间窗口内，由于某些原因，心理学和经济学都把重点放在了可观察到的行为上。这两个学科将如何进行合作，心理学并未放弃其行为主义的重点，或者，经济学尚未决定回避有利于观察到的选择的心理过程吗？我们永远无法知道。但也许有办法弥补那些可能错过的跨学科努力。本章中，我论述了两种在我看来尤为重要和有前景的方法。首先，通过协调他们的行动主义历史，心理学家可以了解关于学习理论和实证研究结果的丰富的理论体系。通过补充这个框架和研究它是如何映射、补充，以及有时候可能与经济学家用来分析和设计制度的构念相矛盾的，他们可以使经济学家承担起如一贯的社会工程一样重要的任务。

其次，通过识别除效用函数以外的应予以考虑的构念，经济学家能够利用现有的和不断发展的心理学认知过程理论，例如，启发式科学。通过打开人类大脑这个黑匣子，经济学家和心理学家都有可能更全面地把握，例如人们是否、为何和何时错误预测未来效用。以过程假设来补充我们的模型，使我们有可能同时在外显行为和认知及情感过程的层面上对其进行检验。最后，也相当重要的是，说明促使做出次优选择的过程也会为我们提供促进人们对未来效用的预测从而促进其主观幸福感的新途径。

注　释

我要感谢阿洛伊斯·斯塔特勒和两位匿名校阅者的建设性意见和劳拉·怀尔斯有价值的编辑输入。

[1] 然而，经济学和心理学领域中与经济学家和心理学家相关的实验法（如行为决策）却有着天壤之别（参见 Hertwig and Ortmann 2001；Ortmann and Hertwig 2002）。

[2] 1913年，J. B. Watson在位于巴尔的摩的约翰·霍普金斯大学做了心理学历史上最著名的演讲之一。他呼吁对心理学研究的范围和方法进行彻底修订。

[3] 论述到的所有解释——跨期替代、心理账户和挤出效应——都隐含地假定，6

个月后人们还能记得前段时间他们的捐赠是被匹配的。但他们能记得吗？或者，一个人的行为会根据他是否认识到这种干预而有所不同吗？

[4] 斯金纳的“运作性的”这一术语反映了这样一种观点：有机体实际上在运作，它对环境有影响。

[5] 这里，我故意使用“启发性的成效”这一概念，因为从行为主义的角度来看，有可能存在使提供匹配概念化的不同方法。匹配个人捐赠的制度承诺可以被看做是捐赠者与捐助人之间的一个约定，约定的前提是有条件的强化的形式。我将提供匹配视为一个正面强化。但这种映射并不是没有问题的，可以想象，还有其他更好的有关匹配捐赠与捐赠者行为之间联系的行为主义模型。

[6] 口头和书面意见（例如，“干得好”，“非常”）以及非口头的赞同表示（例如面带微笑、拍拍肩膀）都是社会强化刺激的实例。

[7] 下列各段说明摘自 Brandstatter，Gigerenzer 和 Hertwig（2006）的占优启发式。

参考文献

Allais，M. 1979. “Criticism of the Neo-Bernoullian Formulation as a Behavioural Rule for Rational Man.” In *Expected Utility Hypotheses and the Allais Paradox*，ed. M. Allais and O. Hagen，74－106. Dordrecht，Netherlands：Reidel.

Baars，B. J. 1986. *The Cognitive Revolution in Psychology*. New York：Guilford Press.

Baars，B. J. 1988. *A Cognitive Theory of Consciousness*. New York：Cambridge University Press.

Bell，D. E. 1982. “Regret in Decision Making under Uncertainty.” *Operations Research* 30：961－981.

Bell，D. E. 1985. “Disappointment in Decision Making under Uncertainty.” *Operations Research* 33：1－27.

Bénabou，R.，and J. Tirole. 2003. “Intrinsic and Extrinsic Motivation.” *Review of Economic Studies* 70：489－520.

Bernoulli，D. 1954. “Exposition of a New Theory on the Measurement of Risk.” *Econometrica* 22：23－36.（Original work published in 1738.）

Birnbaum，M.，and A. Chavez. 1997. “Tests of Theories of Decision Making：Violations of Branch Independence and Distribution Independence.” *Organizational Behavior and Human Decision Processes* 71：161－194.

Brandstätter，E.，G. Gigerenzer，and R Hertwig. 2006. “Priority Heuristic：

Making Choices without Trade-Offs." *Psychological Review* 113, no. 2: 409 - 432.

Camerer, C., G. F. Loewenstein, and M. Rabin. 2004. *Advances in Behavioral Economics*. New York: Princeton University Press.

Camerer, C., G. F. Loewenstein, and D. Prelec. 2005. "Neuroeconomics: How Neuroscience Can Inform Economics." *Journal of Economic Literature* 43: 9 - 64.

Chomsky, N. 1959. "A Review of B. F. Skinner's Verbal Behavior." *Language* 35: 26 - 58.

Conlisk, J. 1996. "Why Bounded Rationality?" *Journal of Economic Literature* 34: 669 - 700.

Deane, G. E. 1969. "Cardiac Activity during Experimentally Induced Anxiety." *Psychophysiology* 6: 17 - 30.

Eckel, C. C., and P. J. Grossman. 2003. "Rebate versus Matching: Does How We Subsidize Charitable Giving Matter?" *Journal of Public Economics* 87: 681 - 701.

Erev, I., A. E. Roth, R L. Slonim, and G. Barron. 2002. *Combining a Theoretical Prediction with Experimental Evidence to Yield a New Prediction: An Experimental Design with a Random Sample of Tasks*. Unpublished Manuscript, Columbia University and Faculty of Industrial Engineering and Management, Technion, Haifa, Israel.

Fehr, E., and K. Schmidt. 2003. "Theories of Fairness and Reciprocity: Evidence and Economic Applications." In *Advances in Economics and Econometrics: Vol. 1. Eighth World Congress of the Econometric Society*, ed. M. Dewatripont, L. P. Hansen, and S. J. Turnovsky, 208 - 257. Cambridge: Cambridge University Press.

Frey, B. S. 1997. *Not Just for the Money: An Economic Theory of Personal Motivation*. Cheltenham, UK: Edward Elgar.

Frey, B., and A. Stutzer. 2002. "What Can Economists Learn from Happiness Research?" *Journal of Economic Literature* 40: 402 - 435.

Frey, B. S., and A. Stutzer. 2004. "Economic Consequences of Mispredicting Utility." Working Paper no. 218, Institute for Empirical Research in Economics, University of Zürich.

Garcia, J., and R. A. Koelling. 1966. "Relation of Cue in Consequence to Learning." *Psychonomic Science* 4: 123 - 124.

Gigerenzer, G. 2004. "Fast and Frugal Heuristics: The Tools of Bounded Rationality." In *Handbook of Judgment and Decision Making*, ed. D. Koehler and N. Harvey, 62 - 88. Oxford Blackwell.

Gigerenzer, G., Z. Swijtink, T. Porter, L. Daston, J. Beatty, and L.

Krüger. 1989. *The Empire of Chance: How Probability Changed Science and Everyday Life*. Cambridge: Cambridge University Press.

Hertwig, R., G. Barron, E. U. Weber, and I. Erev. 2004. "Decision from Experience and the Effect of Rare Events." *Psychological Science* 15: 534 - 539.

Hertwig, R., and A. Ortmann. 2001. "Experimental Practices in Economics: A Challenge for Psychologists?" *Behavioral and Brain Sciences* 24: 383 - 451.

Hertwig, R., and P. M. Todd. 2003. "More Is Not Always Better: The Benefits of Cognitive Limits." In *Thinking: Psychological Perspectives on Reasoning, Judgment and Decision Making*, ed. D. Hardman and L. Macchi, 213 - 231. Chichester, England: Wiley.

Hogarth, R. M., and M. W. Reder, eds. 1987. *Rational Choice: The Contrast between Economics and Psychology*. Chicago: University of Chicago Press.

Jorland, G. 1987. "The Saint Petersburg Paradox 1713 - 1937." In*The Probabilistic Revolution: Vol. 1. Ideas in the Sciences*, ed. L. Krüger, G. Gigerenzer, and M. S. Morgan, 157 - 190. Cambridge, MA: MIT Press.

Kahneman, D. 2000. "Preface." In *Choices, Values, and Frames*, ed. D. Kahneman and A. Tversky, ix-xvii. Cambridge: Cambridge University Press.

Kahneman, D., E. Diener, and N. Schwarz, eds. 1999. *Well-Being: Foundations of Hedonic Psychology*. New York: Russell Sage Foundation Press.

Kahneman, D., and A. Tversky. 1979. "Prospect Theory: An Analysis of Decision under Risk." *Econometrica* 47: 263 - 291.

Layard, R. 2005. *Happiness: Lessons from a New Science*. London: Allen Lane.

Loewenstein, G. F., E. U. Weber, C. K. Hsee, and N. Welch. 2001. "Risk as Feeling." *Psychological Bulletin* 127: 267 - 286.

Loomes, G., and R. Sugden. 1982. "Regret Theory: An Alternative Theory of Rational Choice under Uncertainty." *Economic Journal* 92: 805 - 824.

Loomes, G., and R. Sugden. 1986. "Disappointment and Dynamic Consistency in Choice under Uncertainty." *Review of Economic Studies* 53: 271 - 282.

Lopes, L. L. 1987. "Between Hope and Fear: The Psychology of Risk." *Advances* in *Experimental Social Psychology* 20: 255 - 295.

Lopes, L. L. 1995. "Algebra and the Process in the Modeling of Risky Choice." *The Psychology of Learning and Motivation* 32: 177 - 220.

Lopes, L. L., and G. C. Oden. 1999. "The Role of Aspiration Level in Risky Choice: A Comparison of Cumulative Prospect Theory and SP/A Theory." *Journal of Mathematical Psychology* 43: 286 - 313.

Luce, R. D. 1956. "Semiorders and a Theory of Utility Discrimination." *Econometrica* 24: 178 - 191.

Mellers, B. A. 2000. "Choice and the Relative Pleasure of Consequences." *Psychological Bulletin* 126: 910 - 924.

Miller, G. A. 2003. "The Cognitive Revolution: A Historical Perspective." *Trends in Cognitive Science* 7: 141 - 144.

Miller, G. A., E. Galanter, and K. H. Pribram. 1960. *Plans and the Structure of Behavior*. New York: Holt, Rhinehart and Winston.

Ortmann, A., and R. Hertwig. 2002. "The Costs of Deception: Evidence from Psychology." *Experimental Economics* 5: 111 - 131.

Payne, J. W., and J. R. Bettman. 2004. "Walking with the Scarecrow: The InformationProcessing Approach to Decision Research." In *Handbook of Judgment and Decision Making*, ed. D. Koehler and N. Harvey, 110 - 132. Oxford: Blackwell.

Payne, J. W., J. R. Bettman, and E. J. Johnson. 1993. *The Adaptive Decision Maker*. New York: Cambridge University Press.

Sargent, T. J. 1993. *Bounded Rationality in Macroeconomics*. Oxford: Oxford University Press.

Selten, R. 2001. "What Is Bounded Rationality?" In*Bounded Rationality: The Adaptive Toolbox*, ed. G. Gigerenzer and R. Selten, 13 - 36. Cambridge, MA: MIT Press.

Simon, H. A. 1983. *Reason* in *Human Affairs*. Stanford, CA: Stanford University Press.

Simon, H. A. 1987. "Rational Decision Making in Business Organizations." In *Advances in Behavioral Economics: Vol. 1*, ed. L. Green and J. H. Kagel, 18 - 47. Norwood, NJ: Ablex.

Skinner, B. F. 1948. *Walden Two*. New York: Macmillan.

Skinner, B. F. 1953. *Science and Human Behavior*. New York: The Free Press.

Skinner, B. F. 1957. *Verbal Behavior*. Acton, MA: Copley Publishing Group.

Skinner, B. F. 1971. *Beyond Freedom and Dignity*. New York: Alfred A. Knopf.

Stigler, G. J. 1961. "The Economics of Information." *Journal of Political Economy* 69: 213 - 225.

Sunstein, C. R. 2003. "Terrorism and Probability Neglect." *Journal of Risk and Uncertainty* 26: 121 - 136.

Tarpy, R. M. and R. E. Mayer. 1978. *Foundations of Learning and Memory*. Glenview, IL: Scott, Foresman and Company.

Thorngate, W. 1980. "Efficient Decision Heuristics." *Behavioral Science* 25: 219 - 225.

Tversky, A., and D. Kahneman. 1992. "Advances in Prospect Theory: Cumulative Representation of Uncertainty." *Journal of Risk and Uncertainty* 5: 297 - 323.

Von Wright, G. 2004. *Explanation and Understanding*, rev. ed. Ithaca, NY: Cornell University Press.

Watson, J. B. 1913. "Psychology As the Behaviorist Views It." *Psychological Review* 20: 158 - 177.

Economics and Psychology: A Promising New Cross-Disciplinary Field

Edited by Bruno S. Frey and Alois Stutzer

图书在版编目（CIP）数据

经济学和心理学/（瑞士）弗雷，（瑞士）斯塔特勒主编；单爽爽等译. —北京：中国人民大学出版社，2014.3

（行为和实验经济学经典译丛）

书名原文：Economics and psychology：a promising new cross-disciplinary field

ISBN 978-7-300-18928-4

Ⅰ.①经… Ⅱ.①弗…②斯…③单… Ⅲ.①经济心理学—文集 Ⅳ.①F069.9-53.

中国版本图书馆 CIP 数据核字（2014）第 059353 号

"十二五"国家重点图书出版规划

行为和实验经济学经典译丛

经济学和心理学——一个有前景的新兴跨学科领域

布伦诺·S·弗雷　阿洛伊斯·斯塔特勒　主编

单爽爽　张之峰　王淑玲　等译

Jingjixue He Xinlixue

出版发行	中国人民大学出版社		
社　　址	北京中关村大街 31 号	**邮政编码**	100080
电　　话	010－62511242（总编室）		010－62511770（质管部）
	010－82501766（邮购部）		010－62514148（门市部）
	010－62515195（发行公司）		010－62515275（盗版举报）
网　　址	http://www.crup.com.cn		
	http://www.ttrnet.com（人大教研网）		
经　　销	新华书店		
印　　刷	北京易丰印捷科技股份有限公司		
规　　格	185 mm×250 mm　16 开本	**版　　次**	2014 年 4 月第 1 版
印　　张	14.75　插页 2	**印　　次**	2014 年 4 月第 1 次印刷
字　　数	283 000	**定　　价**	58.00 元